高校基层党组织育人的实践探索

高俊玲　董国疆　著

燕山大学出版社
·秦皇岛·

图书在版编目（CIP）数据

高校基层党组织育人的实践探索 / 高俊玲，董国疆著. -- 秦皇岛 : 燕山大学出版社，2025. 6. -- ISBN 978-7-5761-0850-7

Ⅰ. D267.6；G649.2

中国国家版本馆 CIP 数据核字第 2025F77Y30 号

高校基层党组织育人的实践探索

GAOXIAO JICENG DANG ZUZHI YUREN DE SHIJIAN TANSUO

高俊玲 董国疆 著

出 版 人：陈 玉

责任编辑：孙志强

责任印制：吴 波

封面设计：刘馨泽

出版发行：燕山大学出版社

电　　话：0335-8387555

地　　址：河北省秦皇岛市河北大街西段 438 号

邮政编码：066004

印　　刷：涿州市般润文化传播有限公司

经　　销：全国新华书店

开　　本：710 mm×1000 mm　1/16

印　　张：16.5

版　　次：2025 年 6 月第 1 版

印　　次：2025 年 6 月第 1 次印刷

书　　号：ISBN 978-7-5761-0850-7

字　　数：260 千字

定　　价：79.00 元

序　言

党的十八大以来，习近平总书记针对思想政治工作提出一系列新观点新论断新要求。2016 年，习近平总书记在全国高校思想政治工作会议上指出："做好高校思想政治工作，要因事而化、因时而进、因势而新。要遵循思想政治工作规律，遵循教书育人规律，遵循学生成长规律，不断提高工作能力和水平。"习近平新时代中国特色社会主义思想中一系列关于高等教育的重要论述，对高校思想政治工作提出了新的时代要求。2017 年，中共教育部党组印发《高校思想政治工作质量提升工程实施纲要》（以下简称《纲要》）。《纲要》中指出："充分发挥课程、科研、实践、文化、网络、心理、管理、服务、资助、组织等方面工作的育人功能，挖掘育人要素，完善育人机制，优化评价激励，强化实施保障，切实构建'十大'育人体系。"组织育人是指高校在遵循学生成长成才规律的基础上，发挥其政治、组织、管理、服务功能和优势，通过有目的、有计划的组织行为落实立德树人根本任务，实现培养社会主义建设者和接班人这一目标的育人行为。组织育人作为高校思想政治教育的重要载体，是新时代高校"十大"育人体系的重要组成部分，也是推进全员育人、全程育人、全方位育人"三全育人"工作和落实立德树人根本任务的重要抓手。

我国高校包含各级、各类、各种组织，高校组织是高校思想政治教育的重要载体和抓手。新时代高校各类组织构成了高校思想政治工作的组织体系，各类组织协同发挥育人功能。其中，高校党组织是高校的核心组织，在立德树人工作中处于核心地位，在各类组织育人工作中发挥的育人作用最大，协调性和引领性最强。高校要构建以学校党委为领导核心、以院（系）党组织为政治引领、以师生党支部为战斗堡垒的三级组织架构，确立组织育人协同体系的领导核心地位和作用。在这三级架构中，学校党委为领导核心、院（系）党组织为政治核心、党支部是战斗堡垒。其中，院（系）党组织和党支部是高校中的基层党组织。高校基层党组织是高校党组织的终端和末梢，是贯彻落实党在高校教育工作中最直接、最有效的组织，具有极强的育人功能，在高校组织育人工作中有着不可替代的作用，在激发师生积极性、激活师生创造力等方面具有不可替代的优势，是发挥高校党组织育人功能的核心。近些年，全面从严治党不断向基层延伸，党的二十大报告也进一步强调要加强事业单位基层党组织建设。可见，在高校组织育人体系中，高校基层党组织建设是关键，其作用的发挥至关重要，直接决定着高校组织育人体系的整体建设和功能实现。因此，高校基层党组织必须通过方式创新、机制创新等途径，不断提高自身的育人能力和育人质量。

同时，《纲要》提出要建立组织育人质量提升体系，“把组织建设与教育引领结合起来，强化高校各类组织的育人职责，增强工作活力、促进工作创新、扩大工作覆盖、提高辐射能力，发挥高校党委领导核心作用、院（系）党组织政治核心作用和基层党支部战斗堡垒作用，发挥工会、共青团、学生会、学生社团等组织的联系服务、团结凝聚师生的桥梁纽带作用，把思想政治教育贯穿各项工作和活动，促进师生全面发展”。其中指明了高校组织承担着重要的育人职责，明确了各类、各级组织具有的育人责任，为高校组织育人体系建设和质量提升提供了根本遵循。系统性推进新时代组织育人工作，核心在于坚持党建引领，充分发挥党委领导核心作用、院（系）党组织政治核心作用和基层党支部战斗堡垒作用，层层压实党的核心领导作用，落实各级党组织主体责任。开展好高校基层党组织育人工作是整个组织育人中最关键的一环，高校院（系）党组织要顺应新时代发展要求，把握新时代发展方向，紧贴高校人才培养新要求，把组织建设与教育引领结合起来，将思想政治教育贯穿于高校教育教学各项工作与活动中，把党的组织这一政治优势转化为育人优势，以育人功能激发党建工作活力，既充分且有效发挥组织育人的作用，又促进院（系）党组织与党支部自身持续向好发展。

近年来，高校对组织育人的实践越来越重视，开展了诸多创新性探索，比如武汉大学、西南交通大学、湖南大学等高校积极构建组织育人工作体系；东南大学“传承红色基因 推进对标争先”，持续深化组织育人；中国农业大学开展高校组织育人工作体系及机制研究；等等。与此同时，学术界在高校组织育人的内涵、高校组织育人特征与功能、高校组织育人体系、高校组织育人实践路径、高校组织育人质量提升等方面开展了大量研究，取得了较多研究成果，现有《高校组织育人研究》《新时代高校组织育人理论与实践》等著作。党的十八大以来，燕山大学机械工程学院党委践行“赓续奋斗精神，铸大国重器；传承红色基因，育科创英才”的发展理念，以习近平新时代中国特色社会主义思想为指导，充分发挥党组织育人功能，持续提升党组织育人核心力和示范力，创建并实施了“双轮驱动”机制、“精准滴灌”举措、“云智协同”模式、“红色基因”品牌等四要素统筹兼顾、全面推进的“四位一体”组织育人体系，为高校基层党组织建设与育人工作有效结合、深度融合提供参考范例。

本书以现有研究成果为基础，立足于我国高校的实际情况，以高校组织育人面临的典型问题为出发点，重点聚焦高校基层党组织育人的工作体系、工作机制、工作举措、工作模式、工作品牌、创新实践等，开展符合高校组织育人的系统性研究，为加强和改进高校组织育人提供新思想新思路新方法，进一步增强高校组织育人工作质量，促进高校组织育人工作实效。在撰写过程中，本书力求主题鲜明、体系完整、内容丰富，以高校组织育人的基本理论为基础，重点运用了案例分析与介绍的方法，以期达到较强的实践参考价值。本书共分为七章，内容依次为高校组织育人工作概述、高校基层党组织育人工作体系、高校基层党组织育人工作机制、高校基层党组织育人工作方法、高校基层党组织育人工作模式、高校基层党组织育人工作品牌、高校基层党组织育人创新实践。从内容上可以看出，本书聚焦高校基层党组织育人工作，形成了针对性、系统性介绍，是一部开展高校基层党组织育人工作的较为详尽、专门的图书。

本书由长期从事高校和思政工作的高俊玲、董国疆撰写，第一章至第六章由高俊玲撰写，第七章由董国疆撰写。本书反映了河北省高等教育教学改革研究与实践项目“面向特色产业集群数智赋能的新工科专业人才工程实践创新能力培养模式探索与实践”（2023GJJG075）、河北省研究生教育教学改革研究项目“党建引领‘科技创新＋县域经济’校政企融合研究生培养模式探索与实践”（YGJ2024022）、河北省创新创业教改项目“擎动地方特色产业集群数智赋能‘党建引航＋专创融合＋产教协同’多元范式创新创业教育改革探索与实践”（2023cxcy041）等项目的研究成果，得到了教育部2023年度高校思想政治工作精品项目“‘四位一体’党组织育人体系创建与实践”等的支持。

由于著者水平和经验所限，书中难免有错误和疏漏之处，恳请广大读者批评和指正。

作者

2025年5月

目　　录

第一章　高校组织育人工作概述

高校组织尤其是党组织，自新中国成立以来在思想政治教育、落实立德树人根本任务、培养社会主义建设者和接班人等育人过程中发挥了重要的作用。高校组织育人经过长期的发展及经验积累，已经成为高校全员全程全方位育人（以下简称“三全育人”）的重要内容。研究高校组织育人必须把握其工作内涵，在此基础之上，对高校组织育人的特征和功能进行分析，全面了解高校组织育人的意义所在，这是开展高校组织育人研究的逻辑起点。本章主要从高校组织育人工作内涵、高校组织育人研究现状、高校组织育人工作要求与任务三个方面对高校组织育人进行概述。在简要阐述高校组织育人工作的基础上，以高校基层党组织育人工作为重点进行分析，为下一步开展高校基层党组织育人的实践探索提供概念支撑和理论依据。

第一节　高校组织育人工作内涵

开展高校组织育人的实践探索，首先要弄清楚高校组织育人工作的意蕴和内涵，即回答三个问题：什么是高校组织育人？高校组织育人的特征和功能有哪些？高校组织育人的意义是什么？关于高校组织育人工作内涵，要从高校组织、组织育人等核心概念入手，并结合高校组织发展现状和思想政治教育规律进行认识和把握。客观掌握高校组织育人工作内涵，对于更好地落实立德树人根本任务，推进三全育人工作，培养可堪大任、能担重任的时代新人具有重要意义。

一、高校组织育人的内涵

概念的界定是研究的起点，对高校组织育人进行研究的关键在于认识“高校组织”的概念，并以此为出发点，进一步厘清“高校组织育人”的概念，从而科学地把握高校组织育人的内涵，有效推动思想政治工作高质量发展。

（一）高校组织

高校是指提供高等教育的学校，主要类型包括大学、学院、职业技术学院和高等专科学校。这些学校主要分为普通高等学校、职业高等学校和成人高等学校。高校的主要职能是提供专科、本科、硕士和博士等各级学位课程，培养高级专门人才。高校的教学和科研水平通常较高，拥有一流的师资力量和先进的教学设施。除了课堂教学，学校还提供丰富的课外活动和实践机会，帮助学生全面发展自己的能力和潜力。《关于加强和改进新形势下高校思想政治工作的意见》指出，高校肩负着人才培养、科学研究、社会服务、文化传承创新、国际交流合作的重要使命。同时，高校作为高等教育的主阵地、人才培养的高地和多样文化重要聚集地，也是巩固马克思主义指导地位、贯彻落实习近平新时代中国特色社会主义思想、筑牢中国特色社会主义意识形态的重要阵地，在培养堪当民族复兴大任的又红又专、德才兼备、德智体美劳全面发展的中国特色社会主义合格建设者和可靠接班人上承担着重大的历史使命。

关于组织的定义，《牛津百科辞典》记载：“为特定目的所作的有系统的安排。”《现代汉语词典》记载，组织是指“按照一定的宗旨和系统建立起来的集体”。从广义上讲，组织是各种组织要素按照一定的方式组合而成的一个具有相互联系的有机系统。从狭义上讲，组织本身带有一定的目的性，是指按照既定的目标，通过相互协助和协同集合而成的团体。在当代经济社会中，组织作为社会运转的基础，是社会的细胞和基本单位，种类繁多，遍布于社会生活的各个领域，如教育行业的中小学、医疗行业的医院和诊所、娱乐行业的足球协会和篮球队等，组织无处不在，无所不在。组织融入金融学、管理学、心理学等多个学科，不同的学科对组织有不同的定义，难以全面地概括其内涵，但不难看出其实质内容、基本特征的相似性。组织的内涵均满足以下三方面：第一，组织建构的重要前提是共同的、特定的目标，这是组织的起点，也是终点；第二，组织是在人的社会关系基础上建立起来的集合体，其运作依赖于组织成员的沟通、交流、协同；第三，组织与外部环境之间存在着信息交流和资源互换，外部环境影响着组织发展运作的同时，组织也改造着周遭的环境。概言之，组织是按照一定的目的、依靠一定的系统和形式，为完成一定的任务将各类资源相互组合而建立起来的集体。其中，包含三个方面的要素：组织目的、组织形式和组织队伍。

高校组织作为一种复杂的、特殊的社会组织，是围绕学校人才培养目标建立教育形式与外部环境联系的社会动态实体结构系统，是为了全面贯彻党的教育方针、确保高校有序运转而建立起来的机构。习近平总书记在全国高校思想政治工作会议上指出：“做好高校思想政治工作，要因事而化、因时而进、因势而新。要遵循思想政治工作规律，遵循教书育人规律，遵循学生成长规律，不断提高工作能力和水平。”[①] 这为推进深化高校组织发展提供了强大的理论指导和科学原则，也为新时代深化组织育人的理论创新、增强组织育人特色、提高组织育人水平赋予了更为明确的历史使命，提出了更加确切的时代要求。目前，高校的组织众多，类别丰富，各类、各种、各级组织因形式、作用和功能、育人主体范围等不同而多种多样。根据高校组织的形式，可分为包括党团组织等高校正式组织和社团、兴趣小组等高校非正式组织；根据高校组织的作用和功能，可分为党团组织、学术组织、管理服务组织、教学科研组织、学生社团组织等；根据育人主体范围不同，可分为党组织、群团型团体组织、学生工作组织等。中国特色社会主义进入新时代，高校组织最重要的特征就是坚持以党的创新理论为指导，最重要的任务就是坚持用党的理论创新成果培育人，与中国特色社会主义伟大实践同向同行，牢牢抓住全面提高人才培养能力这个核心点，适应新时代高校思想政治教育实践领域的新要求，以立德树人为根本任务，使理论与实践教育实现更好、更充分的融合。

---

① 习近平 . 把思想政治工作贯穿教育教学全过程 [EB/OL].（2016-12-08）[2024-03-26].http：//www.xinhuanet.com/politics/2016-12/08/c_1120082577.htm.

（二）高校组织育人

2023年5月，习近平总书记在中共中央政治局第五次集体学习时强调，培养什么人、怎样培养人、为谁培养人是教育的根本问题，也是建设教育强国的核心课题。这一重要论述为加快推进教育现代化、建设教育强国提供了重要遵循。组织育人作为高校思想政治教育的重要载体，是新时代高校“十大”育人体系的重要组成部分，也是推进三全育人工作、落实立德树人根本任务的重要抓手。深刻理解高校组织育人，有助于解决“培养什么人、怎样培养人、为谁培养人”这一根本问题。

何谓组织育人？组织育人是指高校在遵循学生成长成才规律的基础上，发挥其政治、组织、管理、服务功能和优势，通过有目的、有计划的组织行为落实立德树人根本任务，实现培养社会主义建设者和接班人这一目标的育人行为。2017年2月，《关于加强和改进新形势下高校思想政治工作的意见》（以下简称《意见》）中指明：“高校要坚持全员全过程全方位育人。把思想价值引领贯穿教育教学全过程和各环节，形成教书育人、科研育人、实践育人、管理育人、服务育人、文化育人、组织育人长效机制。”[①] 组织育人工作首次在文件中确定。同年12月，《高校思想政治工作质量提升工程实施纲要》（以下简称《纲要》）中再次强调：“充分发挥课程、科研、实践、文化、网络、心理、管理、服务、资助、组织等方面工作的育人功能，挖掘育人要素，完善育人机制，优化评价激励，强化实施保障，切实构建‘十大’育人体系。”[②] 同时，《纲要》提出：“组织育人质量提升体系。把组织建设与教育引领结合起来，强化高校各类组织的育人职责，增强工作活力、促进工作创新、扩大工作覆盖、提高辐射能力，发挥高校党委领导核心作用、院（系）党组织政治核心作用和基层党支部战斗堡垒作用，发挥工会、共青团、学生会、学生社团等组织的联系服务、团结凝聚师生的桥梁纽带作用，把思想政治教育贯

① 国务院. 关于加强和改进新形势下高校思想政治工作的意见 [EB/OL].（2017-02-27）[2024-03-22].https：//www.gov.cn/xinwen/2017-02/27/content_5182502.htm.

② 教育部. 高校思想政治工作质量提升工程实施纲要 [EB/OL].（2017-12-06）[2024-03-12].http：//www.moe.gov.cn/srcsite/A12/s7060/201712/t20171206_320698.html.

穿各项工作和活动，促进师生全面发展。”①

《意见》和《纲要》两个文件，对“组织育人”的基本任务、主要内容、实施保障等作了规定，其中指明了高校组织承担着重要的育人职责，明确了各级组织具有的政治责任，落实了高校思想政治工作责任主体，这对于增强高校思想政治工作实效性具有重要价值。

我国高校包含各级、各类、各种组织，利用高校组织开展思想政治工作是高校思想政治教育的重要载体和抓手。高校师生按照相应的组织要求和自身发展需求，参与各类组织，在组织中共同参与组织活动，实现对自身思想和行为的提高，实现个人综合素质的提升。各类组织通过组织师生、动员师生、凝聚师生，达到对师生进行思想政治教育的目标，促进师生价值观的形成。同时，同一组织内的师生也在相互的交往、协作中相互影响、相互进步。②

本书认为，高校组织育人是指坚持把立德树人作为中心环节，以思想政治工作为核心，发挥高校各级、各类、各种组织的育人功能，开展全员、全程、全方位育人，培养德智体美劳全面发展的社会主义建设者和接班人的思想政治教育及实践活动。一些学者认为：“组织育人是指以高校党的组织为统领，以高校党的建设带动高校中其他组织的建设，发挥各级各类组织的育人功能并形成合力，强化政治思想和主流价值的引领工作。”③这种观点强调了高校党的组织和党的建设在整个育人体系中的重要作用。伴随着高校组织育人概念的提出，高校党组织育人概念也随之提出，受到广泛关注。一般认为，高校党组织育人是指坚持党对高校的全面领导，坚持社会主义办学方向，坚持党委领导下的校长负责制，以落实立德树人为根本任务，以培养德智体美劳全面发展的社会主义建设者和接班人为目标，以思想引领、行为规范、能力培养等为内容，充分发挥党组织建设的政治统领与教育引领功能的育人实践过程。再向下延伸，关注度最高、影响力最大的就是高校基层党组织育人。

---

① 教育部 . 高校思想政治工作质量提升工程实施纲要 [EB/OL].（2017-12-06）[2024-03-12]. http：//www.moe.gov.cn/srcsite/A12/s7060/201712/t20171206_320698.html.

② 文凡 . 高校组织育人质量提升研究 [D]. 武汉：华中师范大学，2020.

③ 曹锡康 . 高校组织育人：现状考察与机制构建 [J]. 思想理论教育，2018（11）：91-95.

“高校基层党组织的组织育人，是指坚持党对高校的全面领导，充分发挥党委领导下的校长负责制的政治优势与基层党组织建设的政治统领和教育引领功能，促进德智体美劳全面发展的社会主义建设者和接班人的培养”①。

二、高校组织育人的功能

功能是指事物所发挥的有利作用或者效能，但又不同于作用，作用有正面和负面之分，有好坏之分，而功能则是积极正面的。从组织的概念来看，组织功能决定了组织育人功能，高校组织育人功能一般是指高校各类组织在育人过程中发挥的有利作用，体现在组织育人的效果上。高校组织育人功能将直接决定育人效果，从思想政治教育过程中，高校组织育人的功能集中表现为：思想引领功能、行为规范功能、榜样示范功能和能力培养功能。

（一）思想引领功能

思想引领功能是高校组织育人的核心功能，是高校党组织政治功能的集中体现和必然要求。高校组织通过开展理论学习、组织学生活动对学生进行思想政治教育，使学生的思想走在正确的方向上，将学生的思想统一到社会主义建设上来。主要表现在深化理想信念教育、培育社会主义核心价值观和弘扬中国特色社会主义文化方面。

一是深化理想信念教育。理想信念教育是思想政治工作的核心。高校需要在坚定理想信念上下功夫，引导师生树立共产主义远大理想和中国特色社会主义共同理想，立志担负起民族复兴的时代重任。中国共产党是以共同理想信念组织起来的马克思主义政党，自成立之日起，就高度重视理想信念教育。习近平总书记指出：“理想信念是立党兴党之基，也是党员干部安身立命之本。”② 高校组织通过开展理论学习、组织实践活动对学生进行理想信念教育，引导学生树立共产主义远大理想，提升服务社会的责任感和使命感。

① 盛春，汪力．提升新时代高校基层党组织组织育人质量的路径研究 [J]. 思想理论教育，2019（12）：74-79.

② 评论员．理想信念是党员干部安身立命之本 [EB/OL].（2022-03-04）[2024-03-26].http：//www.china.com.cn/opinion/theory/2022-03/04/content_78085579.htm.

二是培育社会主义核心价值观。社会主义核心价值观是中国共产党人结合我国实际、时代特征和人民愿望，在继承中华优秀传统文化，借鉴吸收人类文明优秀成果的基础上形成的重大理论成果。高校是培育和践行社会主义核心价值观的重要阵地。高校各级党组织能有效地将社会主义核心价值观融入日常的组织生活、教育培训和社会实践等活动中，在党员群体中播下社会主义核心价值观的种子，树立价值标杆。并且，他们的模范行为能够影响和带动群众，在校园内形成倡导和培育社会主义核心价值观的良好氛围。

三是弘扬中国特色社会主义文化。文化作为人类社会的重要精神成果，与人的实践活动及其成果密切相关。符合历史发展方向的先进文化能够提供丰富的精神资源，促进人的全面发展。高校各级党组织要将代表先进文化发展方向的中国特色社会主义文化，潜移默化地融入高校各类教育活动中，要发挥社会主义先进文化的价值引领作用，大力推进社会主义先进文化的宣传工作，利用线上线下多元媒介讲好中国故事、传播好中国声音，提升广大师生对中国特色社会主义伟大成就的认知，增进文化认同。

（二）行为规范功能

行为规范功能是高校组织育人的基础功能，主要是指高校组织通过日常管理、组织制度、组织活动等途径对师生进行管理，以规范师生的行为，具体表现为增强师生的规矩意识、培养师生的集体主义精神、引导师生的习惯养成。

一是增强师生的规矩意识。习近平总书记在学习贯彻习近平新时代中国特色社会主义思想主题教育工作会议上的讲话中强调："要教育引导广大党员、干部增强纪律意识、规矩意识。"高校各类组织通过相应的组织制度、组织章程来管理约束师生，以具体的奖励、惩罚等措施来激励师生规范自身行为，引导师生增强规矩意识。就高校党组织而言，《中国共产党章程》是规范大学生及教师党员行为的最基本最权威的准则及规定，党员要按时参加党支部"三会一课"、组织生活会、民主生活会、主题党日等组织生活，自觉遵守组织关系转接、交纳党费等管理制度。在遵守并践行这些组织制度过程中，党员的规矩意识能够得到不断强化。

二是培养师生的集体主义精神。坚持弘扬集体主义精神，是社会主义高校思想政治教育的必然要求。而集体主义教育不是空洞的宣讲，需要立足于师生的日常生活，引导他们正确对待和参与各类高校组织建设、组织活动。高校组织主要是学生开展服务与管理活动的重要载体，发挥着自我管理、自我教育、自我服务和自我监督的功能。引导他们正确对待和参与各类高校组织活动，通过遵守组织制度、参与组织活动，实现与组织成员之间的集体协作，共同为组织目标而努力，学会正确处理个人与集体以及个人与他人之间的相互关系，有利于培养学生的集体主义精神。

三是引导师生的习惯养成。就学习习惯养成而言，学校组织日常会定期开展政治理论学习活动，例如在学习贯彻习近平新时代中国特色社会主义思想主题教育期间，高校党组织组织党员学习习近平总书记系列重要讲话精神、学习党章党规等。同时，借助“学习强国”学习平台，通过设立积分排名奖励制度督促党员、入党积极分子学习政治理论知识，了解国内外时事，引导学生养成学习习惯。此外，学生组织对成员有更严格的要求，比如有考试未通过记录的学生原则上不能担任学生组织的主要负责人，这些要求也能够规范学生的学习行为，使其能够自觉学习、认真学习，养成良好的学习习惯，在组织中营造良好的学习氛围。

（三）榜样示范功能

榜样示范功能主要是指在高校组织育人实践活动中，高校组织通过培养、选拔优秀师生，宣传先进事迹，发挥其在师生群体特别是学生群体中的先进示范作用。这些先进榜样自身具有较高的理论水平、业务能力、道德情操等特质，发挥着价值导向和行为暗示的作用。

一是榜样具有价值导向作用。大学生刚刚进入大学学习时难免会产生孤独、迷茫、焦虑的情绪，尤其是对于大一的新生而言，在适应大学生活的过程中会感到很迷茫，在学习上、在毕业后的职业规划上找不到方向。高校组织选树的榜样一般为骨干、优秀学生，他们代表着一种进步，在学习成绩、在实践活动、在科学研究等某一方面或几方面取得了优异的成就，他们的事迹会对广大学生产生积极影响，能够引导大学生们向着既定的目标而努力奋斗。他们的行为会被更多的学生效仿，让学生找到大学学习和生活的方向，明确自己在四年大学生活中应该成为什么样的人，以消除迷茫、焦虑的情绪。这种价值导向作用具有“春风化雨，润物无声”的特点，能够潜移默化地影响学生的思想和行为。

二是榜样具有精神激励作用。通过典型的宣传和引导，可以帮助学生调整自己的行为规范，形成正确的思想道德和行为方式。学生们通过对先进典型的认同、暗示和模仿，能够自觉地调整自己的行为，实现自我提升和完善。这种典型教育方式将抽象的说理教育转化为生动的形象教育，更能够引起学生思想情感上的共鸣，使他们更加主动地思考和模仿学习。高校组织会定期评选年度大学生、优秀大学生党员、三好学生、优秀学生干部、优秀团干部等，通过荣誉称号的评选能够对学生进行精神激励，激励学生努力学习、积极参加校园文化活动、认真做好学生工作。

（四）能力培养功能

能力培养功能是高校组织育人的重要功能，是指高校组织通过组织活动、组织学习、组织管理等重点提升学生各方面的能力，主要体现在培养组织协调能力、丰富实践技能和培养适应社会的能力方面。

一是培养组织协调能力。高校组织众多，可以形象地称之为“百团大战”。高校的这些组织由不同的个体组成，学生来源于不同的地域、不同的院系、不同的专业等，他们在一起组成团队，在这个团队中大家共同组织活动、讨论分享、交流学习等，能够提升学生个人的组织协调能力，这是学生为什么参加高校组织的一个重要原因。同时，高校各类组织在开展活动的过程中，难免会遇到困难和问题，或学生在参与活动的过程中会面临竞争压力，克服和解决这些问题的过程中，也能够提升组织者或参与者的组织管理、沟通协调等方面的能力。

二是丰富实践技能。亚里士多德认为：“实践是正确的行为，是一个完全圆满地完成自身构成目的的活动。”大学生获得实践技能也能使其变得更加完善，大学生活能够帮助学生更好地从学校过渡到社会，而实践技能是适应社会最重要的硬实力之一，包括演讲技能、写作技能、表演技能，无论是何种学生组织都会结合自身职能和特点开展一些创新创业、社会调查等类型的实践活动。高校组织很重要的一个育人功能就是丰富学生的实践技能，无论是学生会主席在工作中掌握的组织活动的方式方法，还是学生记者在撰写稿子时掌握的写作技巧，都是今后工作中必备的技能。

三是提升适应社会的能力。随着高校的扩招，大学生的就业形势变得越来越严峻，社会竞争日趋激烈，要更好地适应社会，必须具备良好的心理素质、独立处事的能力、人际沟通能力等社会适应能力。社会能力指个体适应社会环境的能力，已经渐渐成为高校毕业生求职就业必备的基本能力。学生在参与组织活动策划、协调、管理等实践的过程中，人际交往、沟通交流、团队协作等能力能够得到极大提升，为毕业后更好地融入社会打下基础。

上述功能是高校组织所具备的基本功能，主要体现于高校学生组织之中。对于不同类型的组织，其育人功能又各有不同，体现着组织本身的功能特性。对于高校党组织特别是高校基层党组织而言，结合其自身的特点，为更好实现高校组织育人的目标，其育人功能又具体包括以下方面。

一是政治功能。加强政治建设是基层党组织建设的前提，在“大思政”视域下，高校院（系）党组织作为开展思想政治教育工作的核心组织，发挥好组织育人优势，必然要把政治功能摆在首位，强调政治引领，凸显政治作用，坚定地做到政治定位不偏移、政治功能不减弱。在院（系）内全面落实好宣传党的主张、贯彻党的决定、领导基层治理、团结动员群众、推动改革发展等五大重点任务，通过师生党支部和广大党员深入宣传党的路线方针政策，及时、全面、准确地把党的声音传递给师生，使党的正确主张变成师生的自觉行动。

二是组织功能。组织功能是高校院（系）党组织的核心功能，这是由党的性质决定的。高校院（系）党组织做好高校师生思想政治教育工作，发挥好组织育人优势，必然要充分运用好其组织功能，团结凝聚师生党支部、共青团组织、学生会、社团、工会等力量，发挥教师党支部“双带头人”和学生党员的头雁作用，通过开展主题党日活动、师生爱党爱国活动、红色微电影大赛、党史校史学习教育、志愿服务等组织路径，把广大师生紧密团结在党的周围，最大限度地把党员作用发挥出来、群众组织起来、力量凝聚起来，实现学院发展中的党群组织以及党员和群众的有机统一。

三是教育功能。高校院（系）党组织的组织育人具有独特的教育功能，是开展师生思想政治教育的重要载体。高校院（系）党组织融合理论教育与实践教育为一体，通过第一议题、“三会一课”、专题讲座、党课、谈心谈话等路径，始终坚持把学习贯彻习近平新时代中国特色社会主义思想落到实处，坚定党员干部信仰信念信心，提高政治站位，对党忠诚、勇于担当、严格自律。同时，组织开展主题党日活动、参观红色教育基地、志愿服务等实践教育，激发师生的主观能动性，增强其情感体验与思想转化，达到“内化于心，外化于行”的成效，自觉在学习和工作中做到实事求是，真抓实干。

四是服务功能。服务功能是基层党组织政治功能的具体延伸，基层党组织要突出党建引领，用优质高效的服务凝聚群众。习近平总书记对于建设服务型党组织明确强调：“把基层党组织的工作重心转到服务发展、服务民生、服务群众、服务党员上来，使基层党组织领导方式、工作方式、活动方式更加符合服务群众的需要。”① 服务功能是基层党组织的“根”，高校院（系）党组织与师生的学习、生活、工作密切相关，必然要贴近师生、服务师生，增强服务意识，创新服务方式，拓宽服务内容，用群众乐于接受的方式去工作，将“根”深植到院（系）各项工作中去，提升学院师生党员、群众对院（系）党组织的认同感和归属感，从而更好地团结群众、联系群众、引导群众、赢得群众，不断增强院（系）党组织的凝聚力和战斗力，通过服务功能来最大限度地发挥好院（系）党组织的政治功能。

三、高校组织育人的价值意义

从“三育人”“五育人”“七个育人”到“十大”育人，高校思想政治教育体系在丰富过程中不断完善。作为“十大”育人体系的有机组成部分，组织育人具有实践育人、文化育人、资助育人等其他育人形式所无法取代的价值意义。其中，高校党组织育人作为组织育人这一传统优势，是保证党对高校教育

① 冯从新 . 加强基层服务型党组织建设 [N]. 西藏日报，2015-02-14.

工作的全面领导，是高校落实立德树人根本任务的必然要求，是高校把牢意识形态工作领导权的根本要求，是促进高校内涵式高质量发展的基本要求。

（一）落实高校立德树人根本任务

高校组织育人目标的首要价值在于，要紧紧围绕立德树人，落实高校立德树人根本任务，推动高校内涵式高质量发展，同时要不断为学生的发展创造条件和提供机遇，培养社会主义合格建设者和可靠接班人。这不仅是中华优秀传统文化的继承，还是对中国共产党历代领导人关于教育重要论述的贯彻。习近平总书记在全国高校思想政治工作会议上指出："我国高等教育肩负着培养德智体美全面发展的社会主义事业建设者和接班人的重大任务，必须坚持正确政治方向。高校立身之本在于立德树人。只有培养出一流人才的高校，才能够成为世界一流大学。办好我国高校，办出世界一流大学，必须牢牢抓住全面提高人才培养能力这个核心点，并以此来带动高校其他工作。"① 党的二十大报告指出："教育是国之大计、党之大计。培养什么人、怎样培养人、为谁培养人是教育的根本问题。育人的根本在于立德。全面贯彻党的教育方针，落实立德树人根本任务，培养德智体美劳全面发展的社会主义建设者和接班人。"② 这一系列重要论述系统地回答了高校应该培养什么样的人、怎样培养人以及为谁培养人这一根本问题，也明确地告诉我们立德树人是高校的立身之本，是解决这一根本问题的有效方法。

高校组织育人作为"十大"育人之一，有别于其他育人形式，又有其独特优势，作为高校思想政治工作的重要组成部分，也是高校落实立德树人的重要载体，有助于高校事业发展。习近平总书记强调："要坚持把立德树人作为中心环节，把思想政治工作贯穿教育教学全过程，实现全程育人、全方位育人，努力开创我国高等教育事业发展新局面。"③ 对其本质而言，高校组织

① 习近平 . 把思想政治工作贯穿教育教学全过程 [EB/OL].（2016-12-08）[2024-03-26].http：//www.xinhuanet.com/politics/2016-12/08/c_1120082577.htm.

② 习近平 . 高举中国特色社会主义伟大旗帜 为全面建设社会主义现代化国家而团结奋斗：在中国共产党第二十次全国代表大会上的报告 [R]. 中华人民共和国国务院公报，2022 年 10 月 30 日 .

③ 张茜 . 大思政视域下高校"十大"育人体系整体建构研究 [D]. 武汉：华中师范大学，2019.

育人是以立德为根基，以树人为终极目标，高校培育的人才必须是德才兼备的合格人才，通过高校各类组织开展组织活动，以不同于课堂授课的教育方式，在潜移默化中引导学生正确认识世界和中国发展大势、正确认识中国特色和国际比较、正确认识时代责任和历史使命、正确认识远大抱负和脚踏实地，立足现实国情，在实践活动中践行社会主义核心价值观，助力学生逐渐发展成为合格的社会主义建设者和可靠的接班人。

（二）彰显党对高校工作的全面领导

党的二十大报告指出："党的领导是全面的、系统的、整体的，必须全面、系统、整体加以落实。"习近平总书记强调："建设教育强国是全党全社会的共同任务。要坚持和加强党对教育工作的全面领导，不断完善党委统一领导、党政齐抓共管、部门各负其责的教育领导体制。"教育强国新征程上，党对教育事业的全面领导不是简单的概念叠合，而是在习近平新时代中国特色社会主义理论创新和实践推进中不断丰富而形成的重大命题，具体体现在中央和地方党委的重视上，体现在高校各级党组织自身的建设上，体现在党组织对各类组织建设的带动上，体现在党组织在落实立德树人根本任务中起到组织保障的作用上①。

高校是党领导下的高校，是中国特色社会主义高校。习近平总书记强调，"办好我国高等教育，必须坚持党的领导，牢牢掌握党对高校工作的领导权，使高校成为坚持党的领导的坚强阵地""高校党委对学校工作实行全面领导，承担管党治党、办学治校主体责任，使高校成为坚持党的领导的坚强阵地"②。由此可见，党在高校立德树人工作中承担着把方向、管大局、作决策、抓班子、带队伍、保落实的组织保障作用。在高校各类组织中，党组织具有决定性作用，在立德树人工作中处于核心地位，发挥着政治核心功能，具体表现在党组织在各类组织育人实践中的政治统领、组织带领和思想引领。

习近平在南开大学考察调研时强调："高校党组织要把抓好学校党建工作和思想政治工作作为办学治校的基本功。"这一重要论述，体现了高校党组织

① 王帅．高校组织育人研究 [D]. 武汉：武汉大学，2019.

② 王帅．高校组织育人研究 [D]. 武汉：武汉大学，2019.

是领导高校各级各类组织的核心组织，肩负着总揽全局、协调各方的主体作用，能够带领各级各类组织形成育人合力。高校党组织以极具学术性的知识为载体，支撑育人过程中的政治引导，又以鲜明的政治性引领学术内容的传授，在传授系统科学知识的同时，传递鲜明的政治立场、政治价值，引导学生筑牢理想信念、增强政治自觉、坚定政治信仰。因此，高校党组织育人充分彰显了党对高校工作的全面领导①。

（三）凝聚高校思想政治工作合力

习近平总书记高度重视思想政治工作。他强调，“思想政治工作从根本上说是做人的工作，必须围绕学生、关照学生、服务学生，不断提高学生思想水平、政治觉悟、道德品质、文化素养，让学生成为德才兼备、全面发展的人才。”②对高校思想政治工作提出了新的时代要求。

高校思想政治工作是高校教育工作的重要组成部分，目前高校中从事思想政治工作的部门及人员纷繁复杂，各部门之间并不是简单的上下级关系，相互之间既有分工也有合作。如果从事思想政治工作主体开展思想政治教育时，相互之间缺少联系，配合度低，就会出现职责不分明、落实不到位、教育效果不佳等情况，导致“1+1<2”的情况发生。高校组织育人可以通过各级党委对各类参与思想政治教育工作组织的领导和引导，团结高校各方育人力量，从体制机制、育人理念、教育方式、队伍建设、条件保障等各方面协调，发挥高校组织功能，努力形成齐抓共管的育人局面，凝聚思想政治教育工作合力，形成“1+1>2”效应。因此，高校组织育人特别是高校党组织育人具有凝聚高校思想政治工作合力的价值③。

---

① 王帅 . 高校组织育人研究 [D]. 武汉：武汉大学，2019.

② 习近平 . 把思想政治工作贯穿教育教学全过程 [EB/OL].（2016-12-08）[2024-03-26].http：//www.xinhuanet.com/politics/2016-12/08/c_1120082577.htm.

③ 尹艳梅 . 新时代高校组织育人功能提升研究 [D]. 衡阳：南华大学，2022.

第二节 高校组织育人研究现状

厘清国内外关于高校组织育人的研究现状，掌握高校组织育人工作的研究成果，能够为进一步开展高校组织育人工作研究提供思路和方向。通过查阅关于高校组织育人相关文献资料，了解到国内关于高校组织育人的研究相对较多，国外关于高校组织育人的研究相对较少。

一、国内研究现状

通过中国知网（CNKI），以“高校育人”为主题可以检索到万余篇文章，足以看出学者对高校育人工作的研究比较重视；以“组织育人”为主题可以检索到大约1000篇论文，其中期刊论文700余篇，硕士论文近100篇，博士论文数十篇，报纸文献和会议论文多篇；以“高校组织育人”为主题可以检索到论文数百篇，其中期刊论文400余篇，硕士论文约20篇，博士论文较少，报纸文献和会议论文多篇。由此可见，当前学术界对高校育人工作研究非常深入，而对高校组织育人的研究相对来说还比较少，亟需进一步展开研究。纵观研究相关文献资料，我们发现，学术界对组织育人的研究越来越重视，尤其是2017年开始，研究成果成倍增加，即“组织育人”这一概念于2017年首次在文件中被提出。组织育人作为一个系统概念，与课程育人、科研育人等其他育人形式不同，有其独特的育人优势。自2016年12月全国高校思想政治工作会议召开以来，国内学者对高校组织育人的研究主要集中在以下几方面：一是关于高校组织育人概念的界定；二是关于高校组织育人特征、功能的研究；三是关于高校组织育人的价值与意义的研究；四是关于高校组织育人体系的研究；五是高校组织育人实践路径的研究；六是关于高校组织育人质量提升的研究。

第一，关于高校组织育人概念的界定。汪力等①（2021）认为，高校组织育人是高校通过发挥基层党组织建设的教育引领功能，推动中国特色社会

① 汪力，李晓庆．高校组织育人的内涵与质量提升路径 [J]. 党政论坛，2021（3）：28-30.

主义高校建设，培养德才兼备、全面发展的社会主义建设者和接班人。高校基层党组织应充分认识到自身所承担的政治功能与时代使命，围绕政治建设、思想建设与制度建设开展组织育人工作，推动组织育人质量提升。王帅①（2022）认为，高校组织育人是在高校党组织的领导下，发挥群团、学工、管理服务、教学科研、学生社团等组织的育人职责，挖掘各类组织的育人元素，发挥组织环境、文化、制度、纪律、活动的育人作用，统筹各类组织形成育人合力和协同效应，对教育对象施以有日的、有计划、有组织的教育活动，使教育对象在参与教育活动中逐渐形成价值趋同，进而实现高校立德树人根本任务的思想政治教育实践活动。王娇、王仕民②（2022）认为，新时代高校组织育人，就是要坚持社会主义性质，坚持党的领导，回答“为谁培养人”的问题，就是要“把思想政治教育贯穿各项工作和活动”，将“组织建设与教育引领结合起来”，以落实高校立德树人根本任务。文凡③（2022）认为高校组织育人是指高校党政群团学等组织依托组织建设、组织工作和组织活动，发挥对师生的政治引导、思想引领、团结凝聚、联系服务功能，提升师生的思想政治素质，促进师生全面发展的过程。并认为高校组织育人具有以全程全员全方位育人为理念、以协同育人为模式、以思想政治教育为核心、以促进师生的全面发展为目标等特征。赵保平、胡正友等④（2021）认为，高校组织育人是指以高校党组织为统领，带动其他组织，通过构建丰富的育人载体和平台，充分发挥各类型组织在育人中的合力，积极提升人才培养质量的工作过程。高校组织育人的核心目标在于坚持立德树人根本任务，围绕“培养什么人、怎样培养人、为谁培养人”这一根本问题，在三全育人理念指导下，发挥高校组织育人的新动能。

---

① 王帅 . 高校组织育人研究 [D]. 武汉：武汉大学，2022.

② 王娇，王仕民 . 新时代高校组织育人刍议 [J]. 学校党建与思想教育，2022（17）：49-51.

③ 文凡 . 高校组织育人质量提升研究 [D]. 武汉：华中师范大学，2022.

④ 赵保平，胡正友，陈云亮 . 新时代高校组织育人质量提升探究 [J]. 安徽工业大学学报（社会科学版），2021（1）：113-114.

第二，关于高校组织育人特征与功能的研究。秦端茜[①]（2023）认为，高校组织育人是系统性、体系化的育人形式，具有育人机制的政治性和系统性、育人过程的全面性和多样性、育人效果体现主体性和时代性等特点。王帅[②]（2022）认为，高校组织育人既有思想引领、教育教化等思想政治工作的共性特征，同时，也有别于其他育人形式，有其自身独特的育人过程、运行机制和作用效果，这些共同构成了高校组织育人的主要特征，具体表现为教育过程中显性教育和隐性教育并存、运行机理的规范性和灵活性相互促进、育人效果的示范性和养成性相互统一。尹艳梅[③]（2023）认为，高校组织育人跟“十大”育人体系中的其他育人体系相比，组织育人具有其鲜明的特征，包括：思想先进性、协同合作性、发展创新性。米华全[④]（2019）认为：“基层党组织的功能主要包括基层政治领导、社会控制、服务协调、利益表达与整合、政治录用、政治社会化、教育管理党员、培养社会精英等，而核心功能是政治功能，社会整合和服务功能是重要功能。”在思想政治教育过程中，高校组织的这些功能，集中表现为思想引领、行为规范和能力培养等内容。王娇、王仕民[⑤]（2022）认为，高校各类组织发挥不同作用实现育人功能，并在实际工作中形成了组织育人格局。高校党政组织要通过对各项实践活动的政治、思想引领，充分发挥领导核心作用。高校各类群团组织要借助开展各种文化活动实现组织的育人功能，发挥桥梁纽带作用。高校学生自治组织要通过开展服务与管理，发挥组织行为规范的功能和团结凝聚作用。文凡[⑥]（2022）认为，思想政治教育需要依靠各类组织动员学生。同时组织也离不开思想政治教育，组织需要通过思想政治教育来规范组织成员、凝聚组织力量，积淀组织文化。组织育人是组织与思想政治教育的有效结合，两者相互融合，合二

① 秦端茜 . 新时代提升高校组织育人体系构建探赜 [J]. 边疆经济与文化，2023（11）：112-118.

② 王帅 . 高校组织育人研究 [D]. 武汉：武汉大学，2022.

③ 尹艳梅 . 新时代高校组织育人功能提升研究 [D]. 衡阳：南华大学，2023.

④ 米华全 . 高校组织育人的基本功能和实现路径 [J]. 社科纵横，2019（3）：4.

⑤ 王娇，王仕民 . 新时代高校组织育人刍议 [J]. 学校党建与思想教育，2022（17）：49-51.

⑥ 文凡 . 高校组织育人质量提升研究 [D]. 武汉：华中师范大学，2022.

为一，才能更好地发挥组织的育人功能。我国高校中存在的党组织、共青团组织、学生组织、行政组织等各类组织，承担着思想引领、价值引导、行为规范、文化传承创新、骨干人才培养等功能。

第三，关于高校组织育人价值与意义的研究。项久雨、王依依[①]（2019）认为，高校组织育人的价值判断是育人工作是否有必要开展的根本依据。具体到高校组织育人工作中，组织育人的价值便体现在各级各类组织通过开展育人活动，落实立德树人根本任务，推动高等教育内涵式发展；增强高校组织政治属性，促进高校组织长远发展；提升高校学生主体性地位，促使其能动地进行自我建构。陈燕玲[②]（2019）认为，高校组织作为育人的主阵地，是培养担当民族复兴大任的时代新人的摇篮。将助力时代新人培养作为高校组织育人的本体价值，将提升大学生思想政治教育工作的实效性作为高校组织育人的基础价值，将弘扬社会主义核心价值观作为高校组织育人的直接价值。仲彦鹏、王韵晨[③]（2022）认为，在高等教育进入新时代背景和社会经济发展进入新常态阶段之际，推进高校组织育人工作的转型发展需要科学的价值引领与要求，既不能全部扬弃过去的组织育人传统，更需要对高校组织育人模式转型发展的基本理论与实践问题进行回答。把握高校组织育人的价值向度选择需要重点从四方面出发：落实立德树人根本任务、彰显高校组织政治属性、强调高校学生主体地位、增强思政教育实绩实效。王帅[④]（2022）认为，高校组织育人是高校立德树人工作的必然要求，是维护高校思想政治工作主导权的重要体现，是完成立德树人根本任务的重要载体，是高校完成立德树人根本任务的重要保障；高校组织育人是实现全面育人的重要组成部分，是三全育人的重要组成，是实现全面育人的实践路径选择；高校组织育人是高

① 项久雨，王依依 . 高校组织育人：价值、目标与路径 [J]. 思想教育研究，2019（5）：115-119.

② 陈燕玲 . 新时代高校组织育人研究 [D]. 漳州：闽南师范大学，2019.

③ 仲彦鹏，王韵晨 . 新时代高校组织育人的价值，逻辑与路径 [J]. 河南广播电视大学学报，2022，35（3）：82-87.

④ 王帅 . 高校组织育人研究 [D]. 武汉：武汉大学，2022.

校思想政治工作的时代要求，回应科技发展对高校思想政治工作的挑战，回应经济全球化对高校组织育人工作的冲击，体现了高校思想政治工作在新的时代背景下的回应；高校组织育人是高等教育党的建设的根本体现，体现了党对高校的绝对领导、党组织发挥育人主体作用、党组织育人的强大优势。

第四，关于高校组织育人体系的研究。柏育红、楚恒体[①]（2019）认为，坚持中国共产党对高校组织育人协同体系的绝对领导地位、落实高校组织育人协同体系的责任、促进高校组织育人责任体系组织能力的提升、推动高校组织育人责任体系综合能力的提升、拓展高校组织育人责任体系的平台和阵地是构建高校组织育人协同体系的有效途径。秦端茜[②]（2023）认为，高校组织育人工作存在顶层设计不够明确、评价体系不够科学、育人体系落实“层层递减”、保障体系不够健全等问题，提出从构建目标体系、考核评价体系、内容体系、组织管理体系、保障体系等方面提升高校组织育人质量体系的构建路径。朱爱胜[③]（2022）认为，面对高校组织育人工作存在政治功能发挥不充分、协同育人机制尚未形成、各类型育人组织的职责重点不够突出等问题，要从准确把握工作体系的要素构成、全面完善体系结构、妥善处理运作方式、做好动态视角的反馈评价入手建构高校组织育人工作体系，只有这样才能充分发挥高校组织育人工作体系的功能。董东明[④]（2023）认为：“作为思想政治教育主体的群体，主要指发动和组织思想政治教育活动的组织。”高校党组织、职能部门、群团组织、学生组织等各类组织是高校实施育人工作的主体，构成组织育人体系。组织育人强调各类组织通过相互联结、有机整体的组织体系协同运作。从构成要素分析，高校组织育人体系主要由导向性组织系统、功能性组织系统、自治性组织系统、支持性组织系统组成。四类组织系统编

① 柏育红，楚恒体．高校组织育人协同体系建构途径分析 [J]. 中国多媒体与网络教学学报（上旬刊），2019（1）：59-60.

② 秦端茜．新时代提升高校组织育人体系构建探赜 [J]. 边疆经济与文化，2023（11）：112-118.

③ 朱爱胜．论高校组织育人工作体系的建构 [J]. 学校党建与思想教育，2022（4）：91-93.

④ 董东明．高校组织育人体系的建构与优化策略 [J]. 福建教育学院学报，2023，24（4）：93-96.

织出上下贯通的组织网络，共同将思想政治教育贯彻落实到高校组织网络的各个“神经单元”。

第五，关于高校组织育人实践路径的研究。曹锡康[①]（2018）认为，构建以高校党组织建设带动其他基层组织建设机制、构建强化以思想价值引领为重点的组织功能发挥机制、构建强化育人责任担当的组织带头人队伍建设机制、构建全程全方位育人的组织资源整合与配置机制有利于优化高校其他基层组织育人资源配置。项久雨、工依依[②]（2019）认为，组织建设是组织育人工作的首要任务，以组织建设引领思想政治工作，高校组织育人的具体路径在于强化党团组织育人功能，发挥组织文化育人作用，开展组织实践育人活动，构建组织协同育人体系。严帅、任雅才[③]（2019）认为，厘清组织育人的政治功能、教育功能和文化功能，明确组织育人政治性、规律性、协同性、发展性等基本原则，探究组织育人的实践路径，激发组织活力，最大化发挥组织育人的效能，是当前高校思想政治教育十分重要的任务。马顺圣[④]（2022）认为，在“协调推进‘四个全面’”“旗帜鲜明加强党的政治建设”“坚定不移坚持四个服务”“深入推行三全育人”等新理念的指引下，高校在育人实践中应该全面贯彻党的教育方针，聚焦“培养时代新人”的中心任务，以党的组织为核心和统领，积极发挥高校组织在时代新人培育中的政治引领力、不断增强高校组织在时代新人培育中联网上线的辐射力和吸引力、逐步完善高校组织在时代新人培育中互融互通的协同力是实现高校组织育人的有效途径。葛畅、王丽娜等[⑤]（2020）认为，对照认同语境下高校组织育人的现状和不足，进行单一平台上的物质性认同塑造、多平台协同的形式性认同聚合、个体理念趋同下的理想性认同输出的认同建构，提出提升组织服务能力，遵循

① 曹锡康 . 高校组织育人：现状考察与机制构建 [J]. 思想理论教育，2018（11）：91-95.

② 项久雨，王依依 . 高校组织育人：价值、目标与路径 [J]. 思想教育研究，2019（5）：5.

③ 严帅，任雅才 . 新时代高校学生组织育人的功能内涵与实施路径 [J]. 学校党建与思想教育，2019（9）：32-35.

④ 马顺圣 . 高校组织育人的意义，困境与路径 [J]. 教育评论，2022（2）：95-100.

⑤ 葛畅，王丽娜，蔡豪 . 新时代高校组织育人的认同建构及实践路径 [J]. 高校辅导员学刊，2020，12（4）：60-64，90.

学生主体原则；协同打造育人平台，遵循三全育人规律；开展各类实践活动，落实立德树人根本任务等认同语境下新时代高校组织育人的实践路径。

第六，关于高校组织育人质量提升的研究。赵保平、胡正友[①]等（2021）认为，组织育人是新时代高校育人体系的重要组成部分，高校应健全组织育人协同体系，落实院级党组织在育人中的政治核心作用，发挥师生党支部战斗堡垒作用，筑牢组织育人政治保障；培育和创新组织育人阵地，拓展育人渠道，发挥各类组织的协同育人功能，做好组织育人服务保障，切实提升组织育人工作质量。文凡[②]（2022）认为，高校组织育人质量提升存在高校党组织的领导力有待进一步提升、高校各类组织的思想政治教育功能有待进一步增强、高校各类组织参与人才培养的作用有待进一步发挥、高校各类组织间协同育人的机制建设有待进一步加强等问题，提出以增强组织力提升高校党组织育人质量、以增强思想政治引领提升高校共青团组织育人质量、以增强服务力提升高校学生组织育人质量、以组织活力释放提升高校行政组织育人质量、以组织形式创新提升高校新型组织育人质量等分类推进高校组织育人质量提升的路径探索。汪力、李晓庆[③]（2021）认为，高校组织育人指的就是高校通过发挥基层党组织建设的教育引领功能，推动中国特色社会主义高校建设，培养德才兼备、全面发展的社会主义建设者和接班人。高校基层党组织应充分认识到自身所承担的政治功能与时代使命，围绕政治建设、思想建设与制度建设开展组织育人工作，推动组织育人质量提升。盛春、汪力[④]（2019）认为，高校基层党组织组织育人工作还存在一些值得重视和亟待改善的问题，如在推进组织育人中存在逐级弱化、层层递减现象，高校党务工作者在育人意识和育人能力上有待提升，等等。新时代提升高校基层党组织组

① 赵保平，胡正友，陈云亮 . 新时代高校组织育人质量提升探究 [J]. 安徽工业大学学报（社会科学版），2021，38（1）：113-114.

② 文凡 . 高校组织育人质量提升研究 [D]. 武汉：华中师范大学，2022.

③ 汪力，李晓庆 . 高校组织育人的内涵与质量提升路径 [J]. 党政论坛，2021（2）：28-30.

④ 盛春，汪力 . 提升新时代高校基层党组织组织育人质量的路径研究 [J]. 思想理论教育，2019（12）：74-79.

织育人质量，要做好高校基层党组织育人顶层设计与系统规划，健全以党组织建设推进育人协同联动的机制，以政治过硬、本领高强为目标建强党组织育人工作队伍。

二、国外研究现状

“思想政治教育”一词可以说是中国特有的，是中国共产党的“传家宝”和政治优势，它传导主流意识形态、传承中华优秀传统文化、提高公民道德素质，在社会主义核心价值观培育中发挥主导功能。查阅大量的文献发现，大学生思想政治教育理论、方法、机制的研究深受国内学者关注，已经开展系统化、体系化研究，形成了众多的研究成果，经实践验证达到预期的育人效果。而在国外研究中，并没有发现“思想政治教育”这一表述，对于“组织育人”一词更是没有提及，他们注重通过公民教育、道德教育、宗教教育、集体主义教育、法治教育等渠道实施其国民教育。

西方国家侧重让学生潜移默化地接受教育者的思想，通过国民教育、宗教教育来传递其价值观。例如美国非常重视隐性教育的作用，他们把思想政治教育内容贯穿于各个看似与思想政治教育无关的学科和活动之中，学生在潜移默化中接受教育。通过开展丰富的课外实践活动向学生进行公民教育，比如大型节日庆典、发射火箭卫星等重大活动，宣扬“美国精神”等。在美国的学校里，十分重视各种各样的社团活动，在这些社团活动中广泛地渗透着进行思想政治教育的内容。英国则非常注重对学生道德行为的管理与培养，英国很多大学对学生日常的衣食住行都制定了严格的规定，学校教师对学生的管理也非常严格。新加坡非常重视对学生的实践教育，学校教师带领学生参观社会发展成就展览、禁毒宣传展览等，加深学生对社会生活的了解。日本则非常重视对学生的家庭教育，通过建立“家长教师协会”等组织来加强家校沟通，引导家长和教师共同对学生进行教育。①

通过文献可以看出，国外在公民教育、道德教育等方面的研究是比较全面的，他们在教育实践中总结了一些具有实效性的方法，包括渗透法、宗教

① 陈立思 . 比较思想政治教育 [M]. 北京：中国人民大学出版社，2011：136.

教育法、学科协调法、心理咨询法。总体来说，西方国家思想政治教育方法有其自身的环境和特点，其在大学生道德教育、公民教育等方面积累的经验对我国高校做好组织育人工作也是有一定的借鉴意义的。

纵观国内外现有研究成果，学术界对高校组织育人的相关研究取得了一定的成果，尤其是高校组织育人的内涵、高校组织育人特征与功能、高校组织育人体系、高校组织育人实践路径、高校组织育人质量提升等方面。在具体内容方面，均以高校党组织育人为重点，且相关研究文献不断增加，研究范围不断扩大，研究深度不断加深，能够为本书的研究提供一定的研究基础。但是从当前的研究现状来看，开展好高校基层党组织育人的深入探索最为关键，特别需要总结和凝练高校基层党组织育人的工作体系、工作机制、工作举措、工作模式、工作品牌等方面的工作经验，进行系统性、示范性研究和实践。

第三节 高校组织育人工作要求与任务

当前，国内外形势正在发生深刻复杂变化，我国发展仍处于重要战略机遇期，前景十分光明，挑战也十分严峻。面临如此深刻复杂的环境变化，人们的价值观变得更加多元化、多样化。高校作为培养社会主义合格建设者和可靠接班人的主阵地，思想政治教育工作同样面临着严峻挑战。思想政治教育工作关乎国家意识形态领域的安全，在校大学生作为未来社会发展的后备军，他们更需要接受完备的思想政治教育。用习近平新时代中国特色社会主义思想武装头脑、推动实践，教育引导当代大学生自觉自愿践行社会主义核心价值观，把个人理想融入国家富强、民族振兴、人民幸福的伟大新征程中，发挥高校组织育人在高校思想政治教育工作中的重要地位和重大价值至关重要。任何事物的发展都有其规律性，都受到客观历史条件的影响，必须以当前特定的历史条件为背景，审视其发展现状，才能开展对其探索研究、挖掘其巨大价值。高校组织育人也不例外，要想发挥组织育人在落实立德树人根本任务中的重要价值，首先要突出问题意识、坚持问题导向，只有找准组织育人当前面临的问题，有针对性地分析存在的原因，厘清高校组织育人的工作要求，明确高校组织育人的工作任务，才能最大限度激活高校组织育人的新动能、发挥其新优势。

一、高校组织育人工作困境

在科技与教育飞速发展与快速变革的今天，高校办学治校、育人育才等方面工作面临着难得机遇与重大挑战，高校组织育人在此环境下取得了显著的成效，但受社会条件、教育改革的影响，高校组织育人仍然存在一些制约其功能发挥的问题。正视高校组织育人存在的问题，有针对性地分析其问题出现的原因，有助于优化高校组织育人功能，真正发挥其育人实效。

（一）高校组织育人面临的问题

高校组织育人作为一种育人方式，体现在人才培养的全过程，是促进第一课堂与第二课堂、理论与实践、教书与育人深度融合的一种育人模式，在高校思想政治教育工作中发挥着独特的育人价值。找准高校组织育人的堵点卡点，是发挥高校组织育人在思想政治教育工作中独特育人价值的关键突破点。近几年来，高校在强化组织育人、发挥组织育人价值等方面虽取得了不错的成绩，但仍面临着很多亟待解决的问题，主要集中在高校组织育人合力意识不够强、高校组织育人体系机制不完善、高校组织育人形式比较单一等方面。

第一，高校组织育人合力意识不够强。高校组织育人在人才培养过程中是一项系统工程，涉及教学、科研、管理、服务等方方面面，需要各方面密切配合，形成育人合力。目前，高校组织育人缺乏合力意识主要集中在两方面：一方面是缺乏整合育人机制。很多高校各组织之间、各部门之间整合育人资源机制不健全，出现“各自为政”的局面，高校党组织育人、共青团组织育人以及学生组织育人都不能单系统地推进，而必须与高校其他育人系统进行整体推进。现实中，一些高校组织只注重自身以及下级组织的管理和指导，不重视协同其他组织和职能部门、教师力量等来加强对各类组织的职能拓展和工作提升，不仅不利于育人资源的整合，而且一定程度上造成学生、学生干部与职能部门、教师之间产生对立情绪等。另一方面是缺乏合力育人意识。纵观当前高校组织育人的工作格局，很多教育主体存在“单干”明显、“合力”欠缺的现象，表现为“自转”有余、“公转”不足。现有的育人工作主要由学工部门单枪匹马、孤军奋战，相关部门缺乏育人合力意识，存在彼此脱节的现象，就好像思想政治工作只是学工部门的工作，与教学、科研等部门毫无关系。面对新时代大学生主体性、个性化不断增强等特点，高校组织育人工作更需要坚持主导性与多样性相结合的发展方向，更需要各方面的协同配合。2017 年颁布的《关于深化教育体制机制改革的意见》强调要落实开放、共享发展理念，遵循教育规律，注重构建内外联动、协同推进、合力育人的体制机制，避免关门办学、单打独斗、落不下去等现象。在立德树人上，着眼于“系统化”，从“大中小幼一体化”到“学校教育、家庭教育、社会教育有机结合”，再到“党政机关、社会团体、企事业单位及街道、社区、镇村、家庭共同育人”，做到全程、全员、全方位覆盖。

第二，高校组织育人体系机制不完善。一方面是落实育人责任机制不完善。高校的组织育人体系制度设计与执行形成反差，落实“层层递减”。高校中的各部门之间分工明确，涉及大学生生活、学习、教育、科研、社会实践等各个领域，哪里有大学生，组织体系就覆盖到哪里，组织育人的覆盖范围非常广泛。从大学生的角度看，在实际的生活和工作中都没有很全面地了解学校的各个组织体系和部门架构的职能，只关心与他们切身利益相关的部门和制度。另外，在党的组织制度实施过程中，学生对制度的执行力不足，只是一味地等通知、等指令，对于组织生活制度的执行缺乏相对的主动性，使得完善的组织覆盖和制度得不到认真贯彻执行，形成较为突出的矛盾，组织育人制度效能的发挥不佳。高校组织育人的顶层设计能从大学生的实际出发，但是到了基层就可能会成为增加育人的“负担性”工作，以致一些基层在执行育人制度时走形式、走过场，造成在制度实际执行中，压力传导层层削弱，基层组织育人方式不灵活，育人作用发挥不理想。另一方面是保障育人体系不够健全。组织育人的实质是将思想转化为行为，而组织部门的职能也侧面反映了组织育人的思想传导的内容。每一个部门都具有很强的思想文化内涵，这些思想通过一系列的文件、政策、活动间接地引导着大学生的思想，潜移默化地达到育人功效。组织育人过程中会折射出不同的问题，这些问题不是单个组织“自力更生”就能够解决的，而是需要多个部门协同作战，保证育人过程通畅，从客观上要求高校组织育人应建立一套完整的组织育人保障体系。当前，从宏观层面看，高校各组织体系基本完善，各部门组织也比较严密，为组织育人提供了保障基础；从微观层面看，学生的组织机构不够完善，问题较多，学生组织的工作体系不规范，执行力不强，各个学生组织之间的职能作用发挥不足，实践活动的沟通不够紧密，第二课堂作用不明显，过于注重活动本身，而忽略了活动中形成的隐形育人元素，导致大学生没有很好地吸收活动中隐含的思想政治教育元素，组织育人效果不明显。

第三，高校组织育人形式比较单一。高校组织育人形式是指一个组织通过何种方式、通过哪些途径发挥组织育人功能，实现育人目的，高校组织育人的方式直接影响着组织育人的效果，通过调查研究了解到，高校组织主要是通过组织活动育人，比如：党组织、学生组织主要是通过学习教育、组织活动进行育人，网络组织则是借助互联网工具和新媒体平台进行育人。随着社会进入信息化时代，教育对象的信息获取、学习渠道、心理状态、价值观念都呈现多元化的趋势，既有的高校组织育人形式显得比较单一，具体表现在三个方面：其一，高校组织育人方式单一。高校众多组织通过组织活动、学习教育等显性形式教育，依赖灌输强化、空泛说教等传统的显性育人形式，往往忽略了高校组织育人的隐性教育形式，对育人效果而言，隐性教育可以达到“春风化雨、润物无声”的效果，发挥显性教育的主要渠道和隐性教育的重要渠道同时，应更加注重显性教育与隐性教育的相互交织，创新高校组织育人形式。其二，高校组织育人内容单一。在各类组织育人的过程中，对学生的实践教育关注较少，比如开展学习教育是通过灌输式方式对学生进行教育，虽然组织活动能让学生参与进来，能在一定程度上起到锻炼学生实践能力的目的，但总体看来，高校组织育人内容不够丰富，缺少实践环节，很少有组织地进企业、进社区、进农村开展社会实践活动。其三，高校组织育人平台单一。大多数高校组织活动是在校园内开展或者借助校内平台对学生进行教育，很少组织与校外平台建立联系，比如借助社会资源组织活动、深入校友企业组织活动不够，未能充分发掘社会资源。因此，高校组织育人在方式方法中存在很多薄弱环节，远远达不到高校组织育人“落到实处”“不走形式”的预期。

（二）高校组织育人存在问题的成因

高校组织育人工作存在的育人合力意识不够强、育人体系机制不完善、育人形式比较单一等现象，主要在于育人主体缺乏拓展意识、育人组织缺少协同机制、育人理念有待与时俱进等原因。通过对高校组织育人存在问题的成因进行切实有效、有针对性的分析，有助于提升高校组织育人的育人实效，增强高校组织育人的内生动力。

第一，育人主体缺乏拓展意识。组织育人与课程育人、科研育人、服务育人等其他育人形式不同，组织育人的主体更为广泛，职责划分不如其他育人形式清晰。长期以来，由于高校对组织育人作用缺乏系统的认识，对组织育人工作的特点和规律缺乏深入研究，未充分挖掘利用组织育人的功能，组织育人工作处于边缘化状态，组织育人意识薄弱。高校组织育人的内容涵盖学生工作、教学工作、科研工作等方面，学生工作处于根本地位，教学工作处于基础地位，科研工作处于支撑地位。学生管理工作涵盖思想政治教育和价值引领、日常事务管理、学风建设、党团和班级建设、职业生涯规划与就业创业指导等多个板块，涉及学校组织、宣传、教务、学生、团委、科研等部门以及各类学生组织，这些部门或者组织都是不同的育人主体，彼此间有机耦合，相互联系。高校组织育人工作是一项较为复杂的系统工程，单纯依靠学生部门、共青团组织等某个部门领域单打独斗和单兵作战的模式往往独木难支、一盘散沙。要落实立德树人根本任务，实现高等教育高质量发展，必须构建“大党建”“大思政”工作格局，把高校党建贯穿于全员、全过程、全方位之中，推动形成党委统一领导、党政齐抓共管、多部门协同联动的高校组织育人格局。

第二，育人组织缺乏协同机制。高校组织育人在发挥高校立德树人根本任务过程中是一个有机整合的工作体系，既要发挥党组织的政治引领作用，同时又要调动学生组织、学生社团等高校组织的积极性，既要各负其责，又要齐抓共管，形成育人合力。当前，高校组织育人工作已形成很多制度和组织体系，但或多或少存在“单干”明显、“合力”欠缺、运行乏力的现象，各制度与组织架构之间协同运行阻滞，在不少高校中，育人职责由党团组织和学工部门主要承担，其他组织对组织育人的主动服务意识不强，有时甚至出现彼此脱节的现象。以党团组织为主体的育人工作体系与以行政组织、群团组织为主体的育人工作体系在思想政治教育工作中不够协调，组织与组织之间资源不共享、步调不合拍、交流不主动，相互推诿，极大降低了组织育人的工作效率和育人效果。这一系列现象的发生与高校自身育人管理体系缺少协同机制有关，各组织之间应该建立联动机制，同向发力、同频共振，改变原有的单打独斗、各自为政“唱独角戏”的传统育人管理模式，切实提高高校组织育人的科学性、精准性和实效性。

第三，育人理念有待与时俱进。随着社会的快速发展和教育的不断革新，高校作为培养未来社会栋梁的重要基地，其育人理念必须紧跟时代步伐，不断进行调整和更新。目前，教育对象以“95后”“00后”新一代大学生为主，伴随着互联网信息技术的不断崛起，墨守成规、固守传统的工作理念使育人事业止步于开展常规工作，无法满足社会发展和学生需要。传统的组织育人理念存在不能及时抓住关键时机、革新育人观念、紧跟时代步伐等情况，这些情况导致组织育人的有效性不足，究其原因，在于缺少融入科学技术育人手段的理念。习近平总书记在全国高校思想政治工作会议上的重要讲话中提出“因事而化、因时而进、因势而新”的“三因”理念是做好思想政治工作的重要理念。把握当今时代特点和发展大势，运用科学技术手段，创新组织育人手段是必然趋势。新时代大学生的学习和生活都与网络息息相关，互联网已成为当代大学生获取社会信息的主要方式，这就要求高校要创新运用科技育人手段，在组织育人过程中，注重将当代大学生日常生活学习与现代互联网技术有机融合。

二、高校组织育人的工作要求

高校组织育人面临着前所未有的机遇与挑战。随着社会的快速发展和科技的日新月异，高校组织育人的方式和手段也在不断创新和变革。为了更好地适应时代的需求，高校组织育人的工作要求应涵盖明确育人目标、加强组织建设、提升育人实效等多个方面。只有全面、深入地落实这些要求，才能有效推动高校组织育人工作高质量发展。

（一）明确育人目标

高校思想政治工作关乎育人根本。习近平总书记指出，培养什么人，是教育的首要问题。高校组织育人是高校思想政治工作的重要内容。2017 年 2 月，中共中央、国务院发布《关于加强和改进新形势下高校思想政治工作的意见》（以下简称《意见》），将组织育人作为重要维度纳入“七大”育人体系之中，将组织育人同课程育人、文化育人、实践育人等战线联合起来，形成协同育人的工作格局。同年 12 月，中共教育部党组印发《高校思想政治工作质量提升工程实施纲要》（以下简称《纲要》）的通知，提出构建“十大”育人体系的工作任务。《意见》和《纲要》的发布，对“组织育人”的基本任务、主要内容、实施保障等作了规定，其中指明了高校组织承担着重要的育人职责，进一步明确了高校各级各类组织具有的政治责任，落实了高校思想政治工作责任主体。高校组织育人作为高校思想政治教育的重要载体，是高校“十大”育人体系的重要组成部分，也是推进三全育人工作、落实立德树人根本任务的重要抓手，必须坚持社会主义性质，坚持党的领导，回答“培养什么人、怎样培养人、为谁培养人”这一根本问题，要“把思想政治教育贯穿各项工作和活动”，将“组织建设与教育引领结合起来”。通过分析来看，高校组织育人的目标归结为：培育能担当民族复兴大任的时代新人、信仰坚定的思想引领者、德智体美劳全面发展的新青年。这一目标要求高校各类组织在育人工作中，始终坚持以立德树人为根本，将学生的全面发展作为工作的出发点和落脚点，聚焦为党育人、为国育才、为民育栋梁，着力培养有理想、敢担当、能吃苦、肯奋斗的新时代青年。

（二）加强组织建设

中共教育部党组印发的《纲要》提出：“把组织建设与教育引领结合起来，强化高校各类组织的育人职责，增强工作活力、促进工作创新、扩大工作覆盖、提高辐射能力，发挥高校党委领导核心作用、院（系）党组织政治核心作用和基层党支部战斗堡垒作用，发挥工会、共青团、学生会、学生社团等组织的联系服务、团结凝聚师生的桥梁纽带作用，把思想政治教育贯穿各项工作和活动，促进师生全面发展。”[①] 组织育人是新时代加强和改进高校党建和思想政治工作的任务要求，也是新时代高校“十大”育人体系的重要组成部分。新时代高校组织育人，就是要坚持党的全面领导，坚持社会主义办学方向，坚持“为党育人、为国育才”政治使命，将“组织建设与教育引领结合起来”，落实高校立德树人根本任务，为党和人民的事业后继有人提供夯实的组织基础。具体而言，高校应积极优化党、群团、学生组织等各级各类组织的建设，明确其育人职责和使命，加强组织间的协同合作，形成合力育人的良好局面。

（1）党组织通过政治思想引领，发挥核心作用。习近平总书记在全国教育大会上指出，思想政治工作是学校各项工作的生命线，深刻阐明了思想政治工作的重要地位。高校要构建以学校党委为领导核心、以院（系）党组织为政治引领、以师生党支部为战斗堡垒的三级组织架构，确立组织育人协同体系领导核心地位和作用。在这三级架构中，学校党委为领导核心、院（系）党组织为政治核心、党支部是战斗堡垒。其中，院（系）党组织和党支部是高校中的基层党组织。近些年，全面从严治党不断向基层延伸，党的二十大报告也进一步强调要加强事业单位基层党组织建设。可见，在高校党组织育人体系中，高校基层党组织建设是关键，其作用的发挥至关重要，直接决定着高校组织育人体系的整体建设和功能实现。因此，高校基层党组织必须通过方式创新、机制创新等途径，提高自身做思想政治工作的能力。一方面，党委各部门、院（系）党组织发挥政治核心作用，层层贯彻落实党的教育方针，这是发挥高校党组织育人功能的核心环节；另一方面，党的基层组织坚持思想引领发挥战斗堡垒作用，充分利用密切联系学生的优势，切实发挥支部的思想引领作用和立德树人功能，筑牢广大教师和青年学生的理想信念之魂，牢记并践行社会主义核心价值观。

① 教育部．高校思想政治工作质量提升工程实施纲要 [EB/OL].（2017-12-06）[2024-03-12]. http：//www.moe.gov.cn/srcsite/A12/s7060/201712/t20171206_320698.html.

（2）群团组织通过开展文化活动，发挥纽带作用。共青团在高校群团组织中是联系高校广大基层青年的组织，是党政组织的重要助手和后备军，也是培养党的积极分子的政治学校。共青团的主要工作内容是组织开展各种思想教育、创新创业以及科技竞赛等活动，在高校学生成长成才中重点发挥思想育人、实践育人、文化育人等功能。此外，工会是联系高校广大教师的组织，在促进教师发展中发挥重要作用，可以通过对教师开展各种服务、培训等活动提高教师的育人能力。高校要不断优化群团组织的管理服务能力，创新举措以推动高校群团组织改革，从而有效发挥群团组织桥梁纽带作用。

（3）学生自治组织通过服务与管理，发挥行为规范和团结凝聚作用。高校学生自治组织是学生开展服务与管理活动的基层组织平台，发挥自我管理、自我教育、自我服务及自我监督功能。这类自治组织包括学生会、学生社团、学生自律委员会等。其中，学生会和学生社团是学生群体中最具影响力的自治组织。高校学生自治组织在党团组织领导下，由学生自我管理、自我运行，能够最大限度地凝聚大学生群体，增强大学生群体的向心力和感召力，也是培养和锻炼大学生自主实践能力、组织协调能力、沟通表达能力的主要途径。加强对学生自治组织的建设和管理，能够大大提升高校组织育人的实效性。

（三）提升育人实效

《纲要》中指出，高校思想政治教育实践工作总的目标是："以立德树人为根本，以理想信念教育为核心，以社会主义核心价值观为引领，以全面提高人才培养能力为关键，强化基础、突出重点、建立规范、落实责任，一体化构建内容完善、标准健全、运行科学、保障有力、成效显著的高校思想政治工作质量体系，形成全员全过程全方位育人格局，切实提高工作亲和力和针对性，着力培养德智体美劳全面发展的社会主义建设者和接班人，着力培养担当民族复兴大任的时代新人，不断开创新时代高校思想政治工作新局。"[①] 面对新时代的新挑战和新要求，高校组织育人特别是党组织育人应注重创新，不断探索新的育人理念和方法，着力提升育人工作实效，以适应社会发

① 教育部 . 高校思想政治工作质量提升工程实施纲要 [EB/OL].（2017-12-06）[2024-03-12]. http：//www.moe.gov.cn/srcsite/A12/s7060/201712/t20171206_320698.html.

展和学生成长的需要。

（1）注重顶层设计，强化高校党组织育人责任。强化高校党组织主体责任，将思想价值引领贯穿办学治校、育人育才全过程和各环节。在高校党组织的领导统筹下，不同组织育人主体之间协同融合，避免“各自为政”甚至“相互拆台”而引起的“组织内耗”。学校党委牵头抓总，统筹规划，瞄准关键点精准发力施策，既要从学校发展的宏观层面树立党组织组织育人的工作理念，落实与推进党对教育事业的全面领导，更要从基层建设的微观层面做好党组织组织育人的任务分解，探索党组织组织育人的具体模式，指导和监督各级基层党组织发挥好思想政治引领作用；院系基层党组织结合院情、院史和专业特色组织实施，着力将上级党委关于组织育人的工作部署和院系建设发展与专业人才培养充分融合，围绕国家发展需求与社会发展需要推动院系改革发展，构建政治方向清晰、学科特色鲜明的专业人才培养体系；基层党支部坚持围绕师生、关心师生、服务师生，将组织育人做到日常、做到具体，创新党建工作理念和方法，打造为推动全体党员成长成才与引领广大师生全面发展的重要平台。总之，高校党组织育人是三全育人的有力抓手，要使党组织育人工作与其他各育人环节交叉融合，形成育人合力。

（2）强化政治属性，夯实高校党组织育人根基。政治功能是党组织的首要功能，是党组织的“魂”，是高校党组织做好育人工作的根基。在高校基层党组织育人工作中，要始终把政治建设放在首位，筑牢夯实育人根基。习近平总书记强调：“加强党的基层组织建设，关键是从严抓好落实，强化基层党组织的政治功能，做好政治引领，推动基层党组织的全面建设。”[①] 高校党组织在时代新人培育中首先要突出政治功能，紧紧围绕培养什么人、怎样培养人、为谁培养人这一根本问题，以高远的历史站位、宽广的国际视野、深邃的战略眼光来培养社会主义建设者和接班人，将正确的政治方向和育人导向始终贯穿于办学治校全过程，切实增强高校组织育人中的政治属性。在基层党组织育人工作中，要发挥院（系）党组织的政治核心作用，构建集体领导、

① 习近平．在全国组织工作会议上的讲话 [M]. 北京：人民出版社，2018．

党政分工合作、协调运行的工作机制，完善议事决策规则，在制度上保证院（系）党组织有效参与重大决策，确保在教学、科研、管理等重大事项中履行好政治职责，提升政治领导力，增强基层组织力。

（3）突出融合创新，提升高校党组织育人质效。扭转党建和学校中心工作相互脱节的“两张皮”现象，避免凌驾于中心工作之上或游离于中心工作之外的“自娱自乐”现象，进一步彰显高校党组织在事业发展中的领导核心作用。一方面，要大力提升高校党组织育人的“有效供给”，紧紧围绕师生“需要什么”来精准发力，使党组织育人的内容有意义又有意思，有“营养”又“合味”。另一方面，在育人形式上，改变传统以“灌输”为主的活动形式，要充分调动师生党员并激发他们的主观能动性和积极性，引导师生党员融入社会，鼓励他们积极参加社会实践、社会调查和志愿服务等活动，促进思想转化和品质品格的自我养成。此外，要紧跟时代发展推动活动创新和平台载体创新，注重时代性、层次化、高品位，增强育人效果。特别是要通过生动活泼、思想性强的网上教育阵地发挥积极的教育作用，实现育人工作的信息化和高效化。

三、高校组织育人的工作任务

高校党组织是高校的核心组织，在各类组织育人中发挥的育人作用最大，引领性最强。高校基层组织育人是当前高校三全育人过程中非常重要的抓手和保障，要充分发挥基层党组织的核心作用和基层党建工作的统领优势。高校院（系）党组织顺应新时代发展要求，把握新时代发展方向，紧贴高校人才培养新要求，把组织建设与教育引领结合起来，发挥院（系）党组织政治核心作用和党支部战斗堡垒作用，既充分且有效发挥组织育人的实效，又促进院（系）党组织与党支部自身持续向好发展。

（一）把牢思想政治工作根本任务

思想政治工作是育人的根本工作，要摆在组织育人工作的突出位置。高校基层党组织要坚决贯彻落实党中央、国务院的要求，牢牢抓住思想政治工作这根“生命线”，将思想政治工作贯穿于各项工作中，充分利用党组织建设和运行工作中的政治功能优势，发挥党组织在建设和运行过程中的育人作用，加强对师生的政治引领和政治凝聚，构建育人育才的组织环境，将“国之大者”转化为“心之动者”，把“心之动者”转化为“行之实者”。

抓好抓实党建工作，是高校育人体系的重要组成部分。高校党建工作不仅是高校人才培养的政治保障和组织保障，其本身就是重要的育人过程。高校要以党建重点工作为切入点，持续深入做好“双带头人”工程、“对标争先”、党建带团建等工作，不断提升基层党支部的战斗力和凝聚力，实现“以党建带思政、以党建促思政、以党建强思政”的工作目的，切实提升组织育人成效。

高校基层党建工作为党建育人的实现提供了重要的组织资源和组织保障。在新时代因时制宜把党建工作和育人工作有效结合起来，是高校工作的重中之重。高校基层党建育人亟须在工作实践中回应和解决以下两个问题：一是基层党建协同育人体系的构建，即如何形成更优化的育人机制和整合更广泛的育人资源，把基层党建的组织优势转化为育人的优势；二是在育人体系构建的基础上探索新时代基层党建育人的创新路径，从而立足高校实际，提升育人的亲和力、针对性和有效性，推动基层党建育人工作的质量。

（二）着力提升育人组织内生动力

完善和加强组织建设是推进组织育人的先导，要放在组织育人工作的重要位置。组织内生动力或内驱力，是组织内在的维持组织存在、促进组织目标实现的动力机制。一个组织的发展会受到很多因素的影响，可以分为外部环境影响和内部环境影响，而影响组织发展的根本力量主要来自其内驱力。组织内驱力足，组织的组织力、凝聚力、执行力就强，组织的育人效果就显著。

高校应充分发挥学校党委领导核心作用、院（系）党组织政治核心作用和基层党支部战斗堡垒作用，以高校党组织建设引领工会、共青团、学生会、学生社团等各级各类组织建设，通过建立制度体系、完善组织架构、强化队伍建设、优化运行机制、健全投入保障等，切实建强组织育人的主阵地，建立“横向到边，纵向到底”的立体化组织工作体系。

加强内涵建设，提升党组织育人的内生动力，要着眼于从最基础、最基层、最基本的工作抓起。对于高校基层党组织建设而言，2021 年新修订的

《中国共产党普通高等学校基层组织工作条例》，从组织设置、主要职责、纪律检查、党员队伍、干部人才、思想政治、群团组织、领导保障等方面对高校基层党组织工作作出全面规范，是高校落实新时代党的建设总要求和新时代党的组织路线的基本遵循和实践要旨，是高校基层党组织内涵建设的指南和参考。高校要不断强化院（系）党组织政治功能，严格基层党支部“三会一课”、组织生活会、民主评议党员等党内基本组织生活，强化党员教育管理服务，切实推动基层党支部建设水平不断提升。同时，注重加强党支部共建联建，推动教师党支部与学生党支部共建，校内党支部与校外党支部联建，做好党建带团建、工建、妇建、学建等，为全面推进组织育人工作打牢“地基”。此外，要强化示范带动作用和特色品牌打造。以样板党支部、“双带头人”教师党支部书记工作室、示范党课、党建工作案例、组织生活和主题党日观摩、线上线下党建育人阵地建设等要素为创建抓手，全面检视、定向培育，营造党建育人氛围，厚植社会主义大学的红色基因，打造具有高校院（系）以及学科、专业特色的基层党建育人格局。

（三）不断增强组织体系协调联动

“怎样培养人”是培养时代新人的教育关键，是保障人才培养目标实现的实践原则、规范和路径。育人工作具有整体性，只有育人组织体系协调联动，才能顺利实现组织育人工作目标。各级各类组织要强化合力育人意识，以立德树人为引领，以培养担当民族复兴重任的时代新人为目标，同向同行，充分发挥各类组织的育人的特色与优势。高校党组织要肩负培养时代新人的思想政治工作新使命，在加强党组织自身建设的同时，还要引领各类组织协同育人，强化整体设计，持续激发三全育人的整体效能，在培养德智体美劳全面发展的社会主义建设者和接班人的过程中，确保组织建设与教育引领的深度融合，充分发挥领导力和组织力，解决好“怎样培养人”的问题。

在育人实践中，高校党组织育人要健全以党组织建设统筹推进育人协同联动的整体机制，构建党委统一领导、党政齐抓共管、各院（系）部门各负其责、全校师生共同参与的育人体系，确保思想政治工作实现全员参与、全时贯穿、全域协同；要积极构建“党建＋”工作格局，深入推进党组织育人与其他育人环节的协同联动，推进教学、管理、服务等部门协同联动，凝聚党建育人合力；紧密联系师生思想政治工作部门、党群工作部门和学科专业、人文社科等力量，分类施策，形成教师、研究生、本科生党支部等建设实施意见，落实育人规范。

同时，注重组织自身育人工作体系各组成部分的统筹协同，比如在高校党组织育人工作中，高校基层党建育人要注重自身党建育人工作体系的整体建构和系统思维，以立德树人根本任务为目标，统筹推进党建育人内容、育人方式、育人队伍、育人体制、育人成效等的协同，不断更新育人理念、完善建设内容、优化实践路径，将党的政治优势和组织优势有效转化为教育的发展优势和育人优势。此外，也要加强组织的联络交流，获取更多外部育人资源。当前，做好高校基层党组织育人工作，要深化党建共建联建，在具体工作内容方面，有一些较好的经验做法，比如：发挥党建的桥梁引智作用，组织先行，联系邀请学科带头人、学术团队等参与党课、党日活动、师生共建等，拓宽党建与学科建设、人才培养的接口，服务专业发展和学生成长；积极参与所在地方区域化党建，按照“资源共享、优势互补、注重实效”的原则，设计形成“资源清单”“项目清单”等，在校地合作、知识生产、人才培养、实践创新、价值引导和志愿服务等方面深化共建共治共享，在服务社会中为办学治校获取更多的外部资源和更积极的社会评价。

第二章　高校基层党组织育人工作体系

高校组织育人工作体系从广义上理解，是指高校在党组织的统一领导下，构建各个育人组织科学运行、发挥协同效应的运行体系，具有不同属性、结构、种类、特征等的育人组织在育人过程中发挥协同作用，系统推进组织育人工作。从狭义上理解，每个育人组织内部都要建立符合自身育人工作职责和特点的工作体系。广义上的高校组织育人工作体系相当于高校组织育人工作的“大体系”，而狭义上的高校组织育人工作体系就是其中的“子体系”。无论是“大体系”还是“子体系”，都必须遵循高校育人工作的基本规律，精准把握组织育人工作目标，明确组织育人工作举措，大力提升组织育人工作效果。只有各个组织的育人工作“子体系”建构科学，高校育人工作“大体系”才能有效运行，发挥最大效能。高校中的某个或某类组织育人工作“子体系”的科学性、系统性建设，对其他组织育人工作体系乃至整个高校组织育人工作体系建设可以起到很好的典型示范作用。新时代高校基层党组织育人在整个高校组织育人工作体系中具有至关重要的地位，本章将以燕山大学机械工程学院党组织育人工作为例，深入介绍、分析高校基层党组织育人的组织基础、育人功能的实现路径、育人工作体系构成等内容，为高校基层党组织育人工作体系建构与运行进行例证说明和范式参考。

第一节　强化高校育人工作的组织基础

提升组织育人功效的首要任务是加强组织建设。2017 年中共教育部党组印发的《高校思想政治工作质量提升工程实施纲要》构建了“十大”育人质量工程，把组织育人质量提升体系纳入了“十大”育人体系中，对高校各类组织的发展作了顶层设计，指出要“把组织建设和教育引领相结合”，“发挥高校党委领导核心作用，院（系）党组织政治核心作用和基层党支部战斗堡垒作用”，建设各类组织相互作用、协同发展的育人体系①。《纲要》明确了新时代“大思政”格局下高校各类组织的地位和作用，强调以政治功能为重点，建立起关系清晰、整合联动的机制，贯彻三全育人思想，发挥组织育人的合力，以落实高校立德树人的根本任务，为“组织育人”的理念与实践提出了明确的指导意见。

一、高校组织育人工作体系的经验与问题

组织育人在“十大”育人体系中占有重要的地位与价值，是高校在新时代落实立德树人根本任务，强化“四个服务”，抓好党建育人工作的新模式。教育部发布的《高校思想政治工作质量提升工程实施纲要》在组织育人体系中，强调“把组织建设与教育引领结合起来，强化高校各类组织的育人职责，增强工作活力、促进工作创新、扩大工作覆盖、提高辐射能力，发挥高校党委领导核心作用、院（系）党组织政治核心作用和基层党支部战斗堡垒作用，发挥工会、共青团、学生会、学生社团等组织的联系服务、团结凝聚师生的桥梁纽带作用，把思想政治教育贯穿各项工作和活动，促进师生全面发展。”②近年来，各高校坚持以习近平新时代中国特色社会主义思想为指导，牢牢把握立德树人根本任务，把组织建设与教育引领相结合，把党建工作与思政教育相融合，积极构建组织育人工作体系，出现了一些较好的建设经验。

比如，西南交通大学通过发挥基层党组织育人保障功能，实施教师党支部书记“双带头人”培育工程，实施“对标争先”建设计划，发挥群团组织育人纽带功能等，构建组织育人质量提升体系。湖南大学坚持“三个强化”，

① 教育部 . 高校思想政治工作质量提升工程实施纲要 [EB/OL].（2017-12-06）[2024-03-12]. http：//www.moe.gov.cn/srcsite/A12/s7060/201712/t20171206_320698.html.

② 教育部 . 高校思想政治工作质量提升工程实施纲要 [EB/OL].（2017-12-06）[2024-03-12]. http：//www.moe.gov.cn/srcsite/A12/s7060/201712/t20171206_320698.html.

重点围绕夯实阵地、丰富形式、凝聚合力，健全组织育人工作体系，着力培养担当民族复兴大任的时代新人。具体包括：通过实施基层党建示范引领计划、基层党建活力提升计划、支部设置创新计划、基层党组织结对共建计划，强化引领，夯实组织育人阵地；通过推进党员队伍活力提升工程、党务干部队伍训强工程、学生党员骨干领航工程，强化教育，丰富组织育人形式；通过健全“校党委—学院党委（党总支）—院（系）基层党支部”三级联动机制、开展基层党建“定点扶弱”行动、推进校地联动党建育人模式、发挥群团组织育人纽带功能，强化协同，凝聚组织育人合力。

武汉大学在构建组织育人工作体系中出实招，持续在建堡垒、打基础，强示范、聚合力，建机制、优环境上下功夫，把组织建设与教育引领结合起来，推动党的组织优势转化为育人优势，取得了良好成效。主要包括：

建强组织堡垒，夯实育人基础。夯实组织育人的坚强阵地，以教师党支部“双带头人”、学生党支部“活力创新”、机关党支部“转作风树形象”等三大支部建设工程为载体，彰显组织育人的示范引领作用；推动党的组织和党的工作向协同育人延伸，优化党组织设置，确保育人工作推进到哪里，党的组织和党的工作就延伸和覆盖到哪里；强化党组织对群团组织的政治引领，发挥群团组织的纽带作用，推动工会、共青团、学生会、研究生会等群团组织创新组织动员、引领教育的载体。

发挥组织优势，凝聚育人合力。打造高素质党员队伍，发挥党员在育人工作中的先锋模范作用；建设忠诚干净担当的高素质干部队伍，发挥干部在育人工作中的示范带头作用；加强对人才的政治引领和政治吸纳，发挥各类人才在育人工作中的独特优势。

健全组织机制，优化育人环境。完善政治把关机制，确保育人的正确政治方向；健全考核评价机制，进一步压紧压实组织育人的政治责任；创新价值引导机制，突出学生自我教育和发展的主体作用，发挥学生社团作用，培育一批师生认可度高、思想引领价值强的品牌项目，扩大组织育人的覆盖面、增强组织育人的辐射力。

尽管高校组织育人工作取得了显著的育人成效，但也存在一些普遍问题。

当前，高校组织育人工作体系的建设与运行主要存在以下问题。

高校的组织育人顶层设计缺乏。高校党委对于各类组织的育人职责、各组织发挥的育人作用、组织育人的政策保障等顶层设计不足，直接导致各类组织开展育人工作时出现随意性，成为组织育人的优势和作用难以发挥的主要掣肘因素。

高校的组织育人职责划分清晰度不够。有育人规定，但针对性不强，现有制度未对党团组织以外的其他组织育人职责予以明确，致使各组织以及组织间对于育人职责认识不清，多务虚功。有育人要求，但强制性偏差，现有制度缺少对行政组织育人的具体措施，制度的强制性力度不足。

高校的组织育人合力偏弱。工作实践中，各组织育人的有效衔接少，党委系统各组织间的育人合力不足，全程育人未形成体系。

高校的行政组织的育人功能尚待强化。各高校普遍存在行政组织育人工作不同程度缺位的现象，高校在教学、管理、服务岗位上的各组织都在努力做好本职业务工作，但与育人工作关联度不高。

院（系）的组织育人效率不平衡。各院（系）组织育人现实是参差不齐且效率不平衡。有科学“顶层设计”的院（系），组织育人的效果好，有很多典型做法，而少有或没有“顶层设计”的院（系）多以党团组织育人为主，组织育人的效率难免低下。

对于组织育人的系统性研究还有很大空间。组织育人应该是一套整体性的优化的体系，使全方位的育人工作有机地联系在一起共同致力于“育人”目标，在高校党委的正确领导下，各层级组织的合力推动落实，自上而下形成良好的校园育人氛围。

二、高校基层党组织育人的地位与作用

高校党组织在协同育人体系中发挥引领作用。首先，要从顶层设计角度强化组织领导，以“思想引领”为目的，加强基层党组织建设，培养新时代中国特色社会主义可靠建设者和合格接班人，必须将党的领导核心作用贯穿各类组织，协同推进，使党的组织建设和思想建设落到实处。其次，系统性

推进新时代组织育人工作，核心在于坚持党建引领，充分发挥党委领导核心作用、院（系）党组织政治核心作用和基层党支部战斗堡垒作用，层层压实党的核心领导作用，落实各级党组织主体责任制，明确组织育人协同体系领导核心。最后，加强基层党组织领导与引领作用，学院党委中心组成员作为联系委员，通过深入基层党组织参加活动，对支部和群团组织、师生自治组织进行监督，并促进其健康发展。

高校基层党组织的组织育人，是指坚持党对高校的全面领导，充分发挥党委领导下的校长负责制的政治优势与基层党组织建设的政治统领和教育引领功能，促进德智体美劳全面发展的社会主义建设者和接班人的培养，推动我国高等教育改革发展的实践过程。[①]《高校思想政治工作质量提升工程实施纲要》中指出，高校组织包含有各级党组织、行政部门等政治性组织，工会、班级、共青团等群团组织，学生会、学生社团等自治性组织。新时代高校各类组织协同构成了高校思想政治工作的组织体系，各类组织协同发挥育人功能，其中党组织起到统领作用，指导其他组织开展工作，在育人组织体系中是起决定性作用的单位。党委各部门、院（系）党组织发挥政治核心作用，层层贯彻落实党的教育方针，这是发挥高校党组织育人功能的核心环节。党的基层组织坚持思想引领，发挥战斗堡垒作用，在激发学生积极性、激活学生创造力等方面具有不可替代的优势。高校基层党组织要充分利用密切联系师生的优势，切实发挥支部的思想引领作用和立德树人功能，把组织建设与教育引领结合起来，推动党的组织优势转化为育人优势。

高校党建工作不仅是高校人才培养的政治保障和组织保障，而且是高校育人体系的重要组成部分，其本身就是重要的育人过程。[②]如何在新时代因时制宜把党建工作和育人工作有效结合起来，是高校工作的重中之重。高校党建工作是落实立德树人根本任务的重要抓手和保障，要紧紧围绕“培养什么人、怎样培养人、为谁培养人”这一根本性问题，不断提升高校基层党建育

① 盛春，汪力．提升新时代高校基层党组织组织育人质量的路径研究 [J]. 思想理论教育，2019（12）：74-79.

② 朱善璐．高校育人党建是魂 [N]. 人民日报，2006-07-06（13）.

人的实践成效，不断推进高校基层党建育人的守正创新。高校基层党建育人亟须在工作实践中回应和解决以下两个问题：一是基层党建协同育人体系的构建，即如何形成更优化的育人机制和整合更广泛的育人资源，把基层党建的组织优势转化为育人的优势；二是在育人体系构建的基础上探索新时代基层党建育人的创新路径，从而立足高校实际，提升育人的亲和力、针对性和有效性，提高基层党建育人工作的质量。高校基层党建育人要做好教育、管理、监督党员和组织、宣传、凝聚、服务师生的基础工作，为扎根中国大地、努力建设社会主义一流大学提供坚实组织保证，要注重党建育人工作体系的整体建构和系统思维，以立德树人根本任务为目标，通过构建党建育人工作体系，统筹推进党建育人内容、育人方式、育人体制、育人成效协同，不断更新育人理念、完善建设内容、优化实践路径，将党的政治优势和组织优势有效转化为教育的发展优势和育人优势。

三、高校基层示范性党组织的培育与建设

高校院（系）示范性党组织的创建对发挥育人作用起着重要保障和支撑作用。为了更好发挥党组织的育人功效和作用，燕山大学机械工程学院党委以高校党组织“对标争先”建设计划为契机，积极谋划基层党组织示范创建和质量创优工作，大力培育示范性党组织。

（一）对标对表、挂图作战，瞄准“对标争先”建设计划

党的二十大报告指出，要坚持大抓基层的鲜明导向，推进以党建引领基层治理，把基层党组织建设成为有效实现党的领导的坚强战斗堡垒。习近平总书记强调，各级各类学校党组织要把抓好学校党建工作作为办学治校的基本功，把党的教育方针全面贯彻到学校工作各方面。燕山大学机械工程学院党委砥砺践行“赓续奋斗精神，铸大国重器；传承红色基因，育科创英才”发展理念，推动党建与学校中心工作深度融合，将党建贯穿教学改革、人才培育、管理服务全过程。自全国第五轮学科评估开始，高校党组织建设的主要做法和特色成效集中体现在了人才培养质量一级指标中，成为学科建设指标中第一栏目的重要内容。学院对照学科建设指标体系、全国高校“对标争

先”申报体系以及党建思政先优和项目评选体系，确定师生支部组织建设培育方案，制定党建思政组织和先优申报培育规划图，明确党建思政工作目标、任务和行动路线，擘画一流党建思政。（见图 2-1）

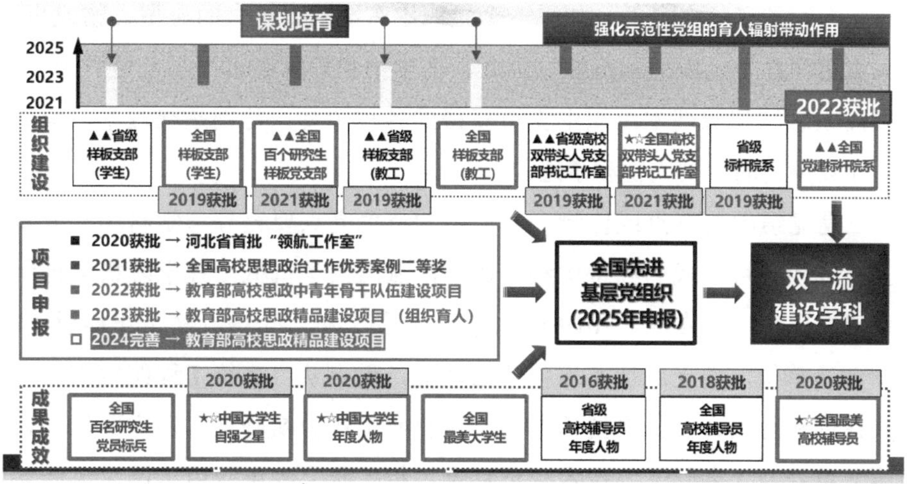

图 2-1　燕山大学机械工程学院党组织建设规划及成果

（二）立足特色、以优带新，加强示范组织培育谋划

在进行示范性党组织培育和谋划申报时，主要从以下育人因素予以考虑。

一是党组织所依托的平台。要培育和申报高水平的示范性党组织，该组织必须有强有力的平台作为支撑，这是能够成为示范性党组织的一个重要因素。比如，燕山大学入选的首批全国高校“双带头人”教师党支部书记工作室和样板党支部，均依托于全国重点学科实验室。燕山大学机械工程学院党委入选的全国第二批高校“双带头人”教师党支部书记工作室，是以国防重点学科实验室作为平台。科研平台是高校综合实力的重要体现，在大学生科研创新能力培养方面发挥着重要作用，在育人党组织建设和申报方面也是一项非常关键的因素。因此，申报入选或谋划培育一个高水平示范性党组织，特别是国家级标杆院（系）、“双带头人”教师党支部书记工作室、样板党支部等，必须要把是否拥有一个较高水平的教学或科研平台作为一个重要条件。

二是党组织的典型先优。“榜样的力量是无穷的”，先进人物本身就是一部思想教育的教科书。一个国家、一个组织提倡什么，弘扬什么，看宣传什么样的典型就可以一目了然。先进典型能够提升整个组织的示范性和凝聚力，一个党组织要想成为标杆和样板，就必须注重培育和树立本领域内的先进典型。比如，李保国志愿服务队、黄大年式教师团队等一些重要组织都是以先进典型人物的名字命名的，如果一个组织中有影响力较大的典型人物或事迹，会大大增强这个组织的示范性。因此，在申报和培育高水平示范性党组织时，必须注重总结和梳理本组织中党员获得的各种荣誉，特别是在教学、科研领域中比较突出的典型人物和事迹。

三是党组织的亮点或优势。党组织的特色亮点要充分与学科和专业紧密相关，成为不可替代的独特优势。比如，燕山大学机械工程学院机电控制工程系研究生第一党支部，2019 年 12 月入选第二批“全国党建工作样板支部”培育创建单位，党支部切实增强政治功能，重点从“系统工程统筹规划、云端共建创新育人、先优典型榜样带动、科研工作夯实基础”四方面发力，瞄准国之重器及“卡脖子”技术攻坚克难，相关研究成果应用于国家风能清洁能源、航天器对接、C919 大飞机等重大项目，充分彰显了燕山大学在机械工程领域的特色和优势。

四是组织建设的特色举措。党组织要注重对自身工作进行总结和凝练，从工作实践上升到方法经验和规律总结，形成一套可借鉴可推广的党组织建设方法。比如，燕山大学机械工程学院冶金机械系研究生第三党支部 2021 年入选全国第二批“百个研究生样板党支部”，锚定河北钢铁转型升级和国家重大装备产业转型升级发展需求，以高质量党建为引领，紧紧围绕内涵建设与质量提升的核心任务，探索出一条以“熔炼党建‘红星’，浇铸报国‘红心’”为工作主线、以“1+5”为运行机制的特色党支部建设体系，特色鲜明、思路清晰、举措务实。

（三）建强堡垒、引领协同，夯实育人工作组织基础

高校基层党组织自身战斗堡垒作用发挥充分，其育人价值和作用才能凸显。高校要加强基层党组织建设，并将党的领导核心作用贯穿各类组织，协同推进。

一是夯实组织育人的坚强阵地。重点以教师党支部“双带头人”、学生党

支部“活力创新”、机关党支部“转作风树形象”等三种类型的党支部建设工程为载体，持续提升标准化规范化建设水平，以高质量的党建引领推动为党育人、为国育才。聚焦师生思想政治引领、创新人才培养模式、建设高素质教师队伍等重点任务，培育创建党建工作“标杆院（系）”、样板党支部、“双带头人”教师党支部书记工作室、“百个研究生样板党支部”等，彰显组织育人的示范引领作用。

二是推动党的组织和党的工作向育人领域延伸。持续优化党组织设置，确保育人工作推进到哪里，党的组织和党的工作就延伸和覆盖到哪里。根据实际情况，采取横向和纵向相结合的方式设置学生党支部，及时在低年级本科生中成立党支部，在研究生中可按课题组纵向设置党支部，根据课题组的研究特点或学科发展重点方向探索成立功能型党支部，落实师生党支部结对共建等举措，在强化思想政治引领的同时，从帮困资助、人际交往、专业学习、技能培训、心理健康、科研服务等方面满足师生多样化需求，使育人工作更加贴近师生的思想和生活实际。

三是强化党组织对群团组织的政治引领。发挥群团组织的纽带作用，高校基层党组织要在做好自身组织建设的基础上，引领推动工会、共青团、学生会、研究生会等群团组织不断创新育人载体，实现各类组织协同育人。比如不断强化“青马工程”为党育人的政治功能，深化学生会、研究生会改革，特别是通过开展具有专业性质的特色活动，提升各类组织辅助专业育人的功能。

近年来，燕山大学机械工程学院党委通过谋划培育和认真建设，学院育人工作的党组织基础较为扎实，成效显著。截至2024年，在标杆党组织方面，学院党委入选全国高校党建工作标杆院系，入选全国高校“双带头人”教师党支部书记工作室1个、全国高校“百个研究生样板党支部”2个、全国高校党建工作样板党支部1个，涵盖了全国高校示范性党组织的所有类型。1人获评全国高校辅导员年度人物和最美高校辅导员，1人获评中国大学生年度人物，1人获评中国大学生自强之星，入选团中央大学生“小平科技创新团队”1个等，在育人工作中涌现出一些具有代表性的思政先优。获批教育部高校思政中青年骨干队伍建设项目、思政精品建设项目等国家级党建思政项目及奖项，在高校基层党组织育人方面取得较高水平的研究成果。

四、高校基层党支部的育人功能与作用

高校基层党支部是团结师生的核心、攻坚克难的堡垒，在高校基层单位中发挥核心作用。在高校院（系）党组织的领导下，高校基层党支部发挥育人的战斗堡垒作用。高校二级院（系）党支部主要包括教师党支部、学生党支部和行政管理党支部三种类型，这三种类型的党支部分别具有不同的育人功能和作用。

（一）“双带头人”党支部书记工作室的育人功能

高校“双带头人”党支部书记工作室依托高校基层教师党支部设立，是教师党支部中的代表，也是教师党支部的建设方向。“双带头人”党支部书记均是党建工作标杆，在基层党建工作中有较强的组织力和领导力，同时也是教学科研、社会服务工作中的业务能手，具有较强的影响力和号召力，是党建、业务“双标杆”，具有组织育人的强大优势。将“双带头人”党支部书记工作室纳入三全育人的框架体系中，可充分发挥支部书记的示范带动作用。对于学生而言，德高望重或者具有学术权威的教师，其言行更有感染力和说服力，可以达到事半功倍的育人效果；对于其他教师而言，“双带头人”党支部书记在教学科研方面具有示范作用，可以凝聚更多教师投入育人工作，切实发挥组织育人的“头雁效应”。

2018 年 5 月 22 日，中共教育部党组出台《关于高校教师党支部书记“双带头人”培育工程的实施意见》，以三年为一个周期，支持建设一批“双带头人”教师党支部书记工作室。高校推进“双带头人”培育工程是加强党对高校全面领导的具体落实，是强化基层党组织政治功能和组织功能的关键举措。2018 年以来，为贯彻落实三全育人精神理念，高校全力打造教师党支部书记作为党建带头人、学术带头人的“双带头人”党支部书记工作室，着力发挥“双带头人”党支部书记的示范带动功能，充分发挥“双带头人”党支部书记工作室的组织育人功能，实现教学育人、科研育人与组织育人的有机结合，有助于推动组织育人工作向纵深发展。

（二）学生党支部的育人功能

学生党支部是高校党组织的基础部分，一头连接着党，一头连接着学生，是凝聚、影响和号召青年学生的重要桥梁。高校学生党支部不仅需要承担为党组织输送新鲜血液的责任，还需要肩负着培养德智体美劳全面发展的社会主义建设者和接班人的责任。学生党员是学生中的先进分子，同伴行为的影响胜过一起教育，学生党员的影响作用和教育作用是巨大的，因此学生党支部具有育人教育的先天优势，育人的功能主要体现为政治思想引领、行为规范导向和服务贡献感召。

目前，高校学生党支部育人工作面临着政治功能不强、教育管理体系不完善、党建服务育人实效不足等现实困境。加强学生党支部的现代治理能力，提高其凝聚、影响和号召青年学生的能力，提升党建育人和组织育人的质量，增强高校思想政治教育的整体功能，是新时代高校学生党支部建设的历史使命。

高校学生党支部需要充分认识自身的育人作用，发挥育人功能，创新教育载体，拓宽党建引领平台，以提升学生党支部育人的质量。其中，研究生属于高学历人才，随着近些年来研究生不断的扩招，研究生党员的数量不断增加，基层党支部建设和思想政治教育工作也更加关键。研究生的思想工作和新时期高校研究生党建工作要落实“为党和国家实现各项目标和任务提供智力支持和人才保证”的目标，在继承中创新，在创新中发展，拓宽思路，完善内涵，充分发挥基层党支部的战斗堡垒作用，不断推进高校研究生党建工作的持续发展。

（三）行政管理党支部的育人功能

高校中的教务、人事、就业等行政组织，以及高校各院（系）的行政办公室等组织是有效执行党对高校的决策部署，保障高校各项事业有序进行的组织，以这些组织的党员形成的党支部属于高校行政管理党支部。高校行政管理党支部是高校基层党组织的重要又特殊的组成部分，承担着组织管理、指挥协调高校各项工作的任务，在三全育人体系中具有特殊的地位和作用，要积极推动党建工作与行政管理和育人事业发展深度融合。

全心全意为广大师生服务是高校行政管理部门党建工作的出发点和落脚

点，高校职能部门必须紧紧围绕这一重点开展工作。在新时代的背景下，高校职能部门的党建工作要转变观念，用新的理念和方法解决新问题，实现高校职能部门由管理型向服务型的转变。要将业务工作和党建工作结合好，紧密围绕服务师生的任务开展工作、进行活动设计、组织工作反思，发挥党建在业务工作中的引领和保证作用，推动党建和业务相互融合、相互促进。

在高校基层教学组织中，每个院（系）一般都有一个行政管理党支部，这些党支部与学校职能部门的党支部又略有不同，属于最基层的行政管理党支部。高校二级学院行政管理党支部队伍由学院管理工作人员组成，承担着综合事务、教学和科研管理等工作，秉承为一线师生提供优质管理和服务的原则，践行管理育人和服务育人的使命。行政管理党支部在育人方面具有凝聚力强、工作覆盖面广、面向一线师生等特点：行政管理党支部成员在共同的工作环境和时间中，通过分工合作、协同保障推进学校和学院的教学、科研、育人目标顺利实现，具有共同的目标导向和较强的向心力；行政管理党支部成员一般由学院有关领导、行政科室、教学科研科室等人员组成，承担着行政、教学、科研、学科、思政等工作，党支部的先进性和专业性关乎学院各项工作的高效能运行；行政管理党支部成员在日常工作中与一线师生联系紧密，是管理服务的一线窗口，各项工作需要通过支部成员向师生传达和落实，师生的反馈也通过支部成员收集、报送，在高校基层党组织育人工作的组织体系中发挥着不可忽视的作用。

第二节　高校基层党组织育人功能的实现路径

高校院（系）党组织要顺应新时代发展要求，把握新时代发展方向，紧贴高校人才培养新要求，把组织建设与教育引领结合起来，发挥院（系）党组织政治核心作用和党支部战斗堡垒作用，彰显党组织育人功能，提升组织育人质量。在高校基层党组织中，“双带头人”党支部书记工作室、样板党支部等具有典型示范性育人作用，本节分别以燕山大学机械工程学院的教师、学生和行政管理党支部为例，分类介绍高校基层党组织中示范性党组织的育人功能及其实现路径和具体举措。

一、发挥“双带头人”党支部书记工作室的育人功能

燕山大学机械工程学院党委机械工学部党支部书记工作室（以下简称工作室）于2020年12月入选第二批全国高校“双带头人”教师党支部书记工作室。工作室依托于燕山大学国防重点学科实验室和机械工程学院机械工学部建立，始终坚持面向科技强国建设创新人才需求，面向国防和军队现代化等重大需求，坚持以立德树人为根本任务，全力构建三全育人的新格局。

（一）坚持政治引领贯穿组织工作，凝心铸魂强化忠诚

（1）深化理论武装，提升政治引领的准度。工作室坚持把政治建设摆在首位，坚持学习贯彻习近平新时代中国特色社会主义思想，夯实理论之基，补足精神之“钙”。工作室以“三会一课”和主题党日活动为抓手，运用“精准滴灌”工作方法促进党建教研“有机融合”。在内容上，结合工作室特点开展“习近平总书记关于深化教育科技人才综合改革的重要论述”等专题学习，深化新时代教育科技人才一体化发展对于推动中国式现代化重要性、紧迫性的理解；紧密结合习近平总书记关于教育、人才工作和科技创新的重要论述、党史学习教育、科学家精神、新质生产力等的学习宣传，强化新形势下科研工作者的担当，积极作为，回答习近平总书记犀利的“创新之问”；开展国防专题沙龙主题党日活动，紧跟国防发展前沿，激发党员科技报国坚定信仰。采取“领学＋划重点学＋研讨分享学”“线上＋线下”联动等多种学习方式，确保政治引领全覆盖、所有环节扣主题。同时，注重理论学习与实践体验相结合，将党史学习教育走深走实，赴“李大钊纪念馆”“花厂峪抗日纪念馆”“五峰山李大钊革命活动旧址”“秦皇岛星箭特种玻璃有限公司科学家精神教育基地”“吕玉兰纪念馆”等教育基地开展实践学习。开展“喜迎二十大 永远跟党走 奋进新征程”主题绘图，为庆祝建党100周年举行“百年辉煌为党献礼”教师书法展、《我爱你，中国》诗歌朗诵，淬炼党员党性修养，升华思想信念，永葆共产党人的政治本色。

（2）强化大思政课，丰富政治引领的厚度。在“三会一课”基础上，以

“工学讲堂”为工作室政治学习的延伸平台，定期开展课程思政教学“比武”、科学家案例研讨、“四史”+科技史专题学习等，引导全体党员坚定初心使命、练就过硬本领。与学校马克思主义学院习近平新时代中国特色社会主义思想概论党支部紧密联学联建，开展课程思政联合备课和课程思政案例凝练活动；走访国内知名高校、企事业单位，构建大思政队伍，提升专业基础课育人实效。加强研究生和青年教师科研思政建设，引领青年教师逐步成为教学、科研和平台建设核心主力，将工作室学习与汇聚大资源、培育人师资、广纳大课堂有机联动，使政治学习融入到生动的育人实践中。

（3）投身实践服务，扩展政治引领的广度。面对国家需要，支部的教师党员挺身而出，志愿服务冬奥、支援新疆高等教育工作等，涌现出一些典型代表。工作室深入开展校政企党组织“智联建”活动，组织党员赴邢台市临西县、任泽区等地的数十家企业调研，将技术服务精准送到各个工厂；深度服务河北省邢台市临西县轴承产业高质量发展，促进建成燕山大学（临西）轴承产业创新研究院和华北轴承智能制造产业孵化基地，组建专门技术团队服务临西区域经济发展。在工作室的带领下，党员们用实际行动践行为民服务使命，厚植奉献社会的家国情怀。

（二）坚持制度引领贯穿党建工作，聚焦主责深耕主业

（1）创新工作体系，凝聚党建活力。以习近平新时代中国特色社会主义思想为指导，贯彻落实立德树人根本任务，面向科技强国建设的创新人才需求，面向国防和军队现代化的重大需求，提升工作室建设质量。立足学科和实验室特色，构建了“四引领四贯穿”筑牢服务国防军工堡垒的党建工作体系，把党的组织优势转化为育人育才、服务科技和国防发展的强大动力。自工作室建设以来，党支部 2 次获评燕山大学先进基层党组织，党支部书记获评燕山大学优秀党员、燕山大学优秀党务工作者，支部党员获燕山大学师德标兵、新时代“冀青之星”等称号。

（2）开创特色载体，打造党建品牌。工作室组织举办 2024 年全国青年摩擦学学术会议，首次开设“高质量党建引领摩擦学高质量发展”专题论坛，邀请有关专家作题为《以“摩擦学”科技创新培育发展新质生产力》的专题党课。清华大学机械工程系摩擦所党支部、西南交通大学机械工程学院摩擦学党支部、燕山大学机械工程学院机械工学部党支部等在内的13个党支部齐聚一堂，开展主题交流活动，探讨打造一流党建助力一流科研的支部工作法，并签署联合共建协议，共同承诺各党支部携手持续推动共建活动深入开展，为摩擦学科发展和国家科技进步贡献党建力量。此外，以品牌建设引领实践突破，找准工作切入点和着力点，推进党建工作与业务工作同谋划、同部署、同落实。紧密结合系部教学任务重、涉及专业多和服务国防军工的特色，打造“工学讲堂”青年教师教学基本功交流暨课程思政案例分享活动和“国防专题沙龙”前沿专题讲座党建特色品牌，不断激发科技创新活力和高质量发展内生动力，扎实推进党建与业务双融双促双提升。

（3）健全工作机制，提升党建质量。工作室严格执行“三会一课”、组织生活会、民主评议党员等制度，以高质量党建引领中心工作高质量发展。党支部组织党员坚持以集中学习＋线下自学形式开展理论学习；每月召开至少1次支委会扩大会议，研讨支部和系部工作；每年至少举办2次校地校企“智联建”活动，服务社会发展。党支部按时召开组织生活会和民主评议党员专题会，联系学院党委书记把脉支部薄弱环节，补足工作短板；帮助党员对标查摆问题差距，明确奋斗方向。在学习贯彻习近平新时代中国特色社会主义思想主题教育中，开展专题学习10余次，组织党员课余自学10余次，召开专题组织生活会1次，党支部书记讲党课1次。省委主题教育巡回指导组到工作室调研检查时，对工作室在主题教育中的工作开展情况给予了高度评价。

（三）坚持思想引领贯穿人才培养，提升教学工作质量

（1）蓄力思想动能，改革课程架构。培养造就大批德才兼备的高素质人才，是国家和民族长远发展大计。工作室党员以时不我待的责任感深化教学改革，提高立德树人的本领。针对机械工学部课程体系大、涉及班级多、影响范围广等特点，加强思想建设在人才培养中的引领作用。回归问题本源展开教学策略、方法和技巧研究，探索适合每门基础课的教学方法和育人思路，实现精准教学；强化课程架构科学设计与具体环节实施，率先开展CDIO教学改革，逐步打造了基于“线上＋线下混合式”以及“翻转课堂＋三级项目式”的多维理论教学模式，探索出“工程实例 + 仿真设计 + 典型加工 + 基本功竞赛”的实践课育人格局。

（2）发挥平台优势，回应人才需求。定期与党员研讨学生的思想需求、探究解惑路径，打造学生乐学、教师善教、动态可持续的课程思政体系。工作室开展“代表性科研成果凝练 + 教学基本功交流 + 课程思政案例分享 + 课程思政比赛 + 跨院系联合备课”活动，努力为每位教师“量身定制”工作思路和教学方法，并根据学生特点不断丰富和更新。2020 年 12 月以来，获批国家级一流课程 1 项，省级教改项目 4 项，校级院级教改项目 10 余项。获河北省课程思政教学竞赛一等奖 1 项，燕山大学课程思政比赛一等奖 1 项、二等奖 2 项、三等奖 1 项，获批燕山大学课程思政示范团队 1 个，为提高学生创新能力、夯实机械基本素养打下坚实基础。

（3）锤炼科研品质，铺就创新赛道。工作室帮助教师深入了解所在科研领域的发展历程，从大历史观的视野辩证分析自身优势及短板，引领师生在科研实践中传承发扬严谨踏实的科研品质和不惧困难、勇于挑战难题的科学家精神；邀请校内外优秀教师从思想成长、教学经验、科研思路等方面传经送宝，为师生拓展学术视野、锤炼科研品质、提升教学和科研技能铺路架桥。引导研究生、本科生参加“互联网 +”等创新创业比赛，2021 年至 2023 年，获省级及以上奖励 20 余项，获河北省优秀硕士论文 5 篇，燕山大学优秀博士、硕士论文 20 余篇，承担河北省研究生创新资助项目 5 项。

（四）坚持组织引领贯穿中心工作，促进教育事业发展

（1）双导师制打通教学科研提升关。工作室实施“青蓝培育”计划的双导师制，即为每位新入职青年教师配备教学和科研两位党员导师。导师与青年教师每周至少要进行一次深入的思想和学术交流，并根据教研室科研规划帮助青年教师确定中长期发展目标，全方位帮助青年教师成长解疑释惑。通过将青年教师吸纳进导师的重大科研项目进行锻炼，加速其在“双一流”团队建设中的成长，培养优秀青年教师和高水平人才加入党组织。双导师制实施以来，培养了一批信仰坚定、潜力突出的青年才俊，在攻关自润滑关节轴承共性技术瓶颈问题，研发航空零部件成形工艺及装备，创新航空航天大型器件智能转运装备及技术，参与中国天眼、北斗三号、C919 等研发方面，为我国高端前沿国防军工装备发展作出了积极贡献。

（2）校地校企智联共建占领科技高地。工作室秉持“开门联合搞党建、融通共促谋发展、优势共享育人才”工作思路，深入地方、企业和行业协会，开展校地校际党支部共建联建活动，将工作室建在科研团队上，不仅凸显出党员在科研攻坚克难中的模范带头作用，发挥党员在重大项目实施、重大成果累积、学科和实验室建设等过程中的示范作用，而且为党员教师对接企业工程技术需求、加快科研成果转化、推动军民深度融合，为促进地方经济社会发展提供了组织保障。逐步形成了与航空航天类大型国企、研究所联手，服务国家重大工程，攻关关键核心瓶颈技术；与上海市轴承技术研究所等轴承行业单位、协会合作，加快科技成果转化、推进军民深度融合；与河北省临西县政府等联动，服务地方经济，带动区域发展；与清华大学等高校联建，强化科研合作，携手育人才的良好局面。

（3）打造红色阵地厚植报国之情怀。工作室积极发挥文化的启智润心、培根铸魂作用，深入挖掘所在单位科研平台和科技成果中的“红色基因”，大力建设具有自身优势特色的国防科技成果特色展室和党员活动室，打造国防科技爱国主义文化阵地。成果展室和活动室建设面积 95 平方米，主要分别由科研成果展示、样件展柜、3D 视频展播、荣誉墙等板块组成，承担研究生入学国防教育、校内外开放科普、专业成果技术交流等功能。党员定期在成果展室和活动室开展理论学习、谈心谈话、特色主题党日活动等，不断增强党组织凝聚力、战斗力。同时，工作室先后组织开展国防教育科技文化节，进行国家观念和国防意识政策、国防安全视频及案例宣传，举办“聆听国防报告，厚植爱国情怀”主题报告，进行国防安全视频及案例征集、国防建设知识问答等，弘扬爱国主义精神，提升国家安全意识，激发师生用科技知识建设国防军工现代化热情。

聚合力量服务国防军工之发展。工作室通过举办实验室代表性科技成果展示、讲解科研项目背后的爱国故事，微信公众平台建设等激发师生将强国志向转化为发奋学习、刻苦钻研的行动。依托所在平台获批河北国防科技科普示范基地，开展实验室开放日活动，向社会各界参观者普及航空航天发展前沿及高端装备设计理论、技术等。其中2023年10月，与学院多个国家级、省部级平台联合开展的“家国重器·魅力机械”实验室开放日活动在两天时间内吸引了超过1万人次的参观，努力在普及机械科学知识、传播科学思想和弘扬科学精神等方面发挥积极作用，使实验室在服务社会、助推学校“双一流”建设方面起到良好的促进作用。组织举办国防专题沙龙，围绕学科和平台相关研究方向，由工作室成员进行内部科研交流，或邀请校外专家以讲座形式开展，或以承办、协办学术会议的形式开展。其中，承办全国青年摩擦学学术会议，以推动我国摩擦学科学、工程与技术发展，促进青年科研人员的学术交流和合作为宗旨，邀请中国科学院院士雒建斌、王中林等专家莅临会议作主题报告，设立10个学术分会场，2个专题论坛，共安排会议主旨报告、邀请报告、口头报告300余个；来自全国高等院校、科研院所、企业界的近千名摩擦学领域科技工作者、企业代表、学生参会，享受学术盛宴。

二、发挥高校学生样板党支部的育人功能

燕山大学冶金机械系研究生第三党支部成立于2011年，依托国家冷轧板带工程技术研究中心、精品钢铁生产协同创新中心，是燕山大学率先建立在科研团队上的纵向研究生党支部。2021年入选全国高校“百个研究生样板党支部”，是燕山大学入选的首个“百个研究生样板党支部”，该党支部由冶金机械系的几个研究团队构成，包含各个年级的硕士研究生和博士研究生，支部成员一般在30人左右。党支部植根于学校学院为党育人、为国育才、艰苦创业的历史土壤里，浸润在机械人“赓续奋斗精神，铸大国重器；传承红色基因，育科创英才”的家国情怀中，怀揣着“熔炼党建‘红星’，浇铸报国‘红心’”的理想，不辍前行。

近几年，党支部深刻领悟“两个确立”的决定性意义，增强“四个意识”、坚定“四个自信”、做到“两个维护”，在校院党委的正确领导下，在团队导师们的业务带领下，在学院党政的精心培育下，落实育人职责，发挥育人功能，逐步形成学生党支部“1+5”特色党建运行机制，以政治引领为核

心，在制度建设、党业融合、技术赋能、科技转化、载体创新等五个维度聚力发力，教育引导青年学子筑牢理想信念，练就过硬本领，努力将支部打造成点燃青年爱国奋斗激情、面向重机行业需求、服务国家战略需要、引育创新人才成长的坚强堡垒，积极探索实践高校学生党支部育人功能的实现途径。

第一，强化政治引领，熔炼一颗红心。政治性是基层党组织建设的首要原则，学生党支部、团支部、班级、学生会和社团等都是负有管理服务学生的目标，其中党支部主要发挥思想政治建设的优势，团委、班级等主要发挥联系学生的组织和文化建设优势。现在高校学生党支部内的成员大多对学生党支部的政治功能认识不明确，很多党员学生不了解党支部的育人功能和政治教育意义。这就导致很多高校的学生党支部政治功能逐步弱化，纪律较为松弛，没有在基层中扎根和生存；甚至一些高校的学生党支部还存在着一些狐假虎威和以权谋私的现象，出现这些问题的根本原因在于高校学生党支部领导人员没有做到教育规划和引导工作。燕山大学冶金机械系研究生第三党支部把政治教育作为根本，在理论学习上以主题党日和专题党课为抓手，每月制定学习主题与计划，采取专题讲座、集中培训、红色观影、实地参观等形式强化学习效果。连续多年发起“微党课”视频大赛，输出 40 余部优秀作品，其中作品《红色》，被学习强国、冀云平台转载，播放量 3 万余次。在实践教育上，积极搭建丰富的活动载体，支部率先发起“小微”志愿服务，涵盖科普知识讲座、美化校园、疫情防控等内容，营造向上向善的良好风尚；2022 年，支部组建“党建赋能实践团队”赴井冈山开展社会实践，在为革命老区农业技术升级提供服务中，受教育、长才干；参与“寻根实践 振兴东北”研究生实训团，传承东重先辈们自强不息、艰苦创业的优良传统。此外，党支部还致力于打造红色品牌，发起“寻访老教授，追忆奋斗史”活动，在与老一辈教师的对话中，领悟燕大人的文化品格；展演红色情景剧，沉浸式体验峥嵘岁月，让党史学习教育“入心田”；参与“机械青年说”理论宣讲，以所见所感讲好新时代中国故事、燕大故事，做好红色精神的传播者。

第二，发力制度建设，强化教育管理。党支部通过组织发展培养和教育管理发挥着价值渗透和行为示范的作用，帮助学生养成高尚的志趣和形成健康的人格，激发组织发展和学生党组织育人的内生动力。党支部的培养工作，需遵循学生成长的规律，以思想的形成和行为的养成为目标，循序渐进地施加教育影响。目前，很多党支部对学生党员的教育还停留于表面的思想政治教育，对学生的行为约束教育以及个人的发展教育等都没有作出系统规划，学生不但无法发挥自己的党员引导作用，甚至可能会对周围学生造成不良影响。另外，学生党支部目前没有有计划地组织党员学生发挥自己的引导作用，发展党员机制也不太完善，一些党员的政治思想觉悟不高，党员自身的考核机制还不完善。燕山大学冶金机械系研究生第三党支部通过制度建设，加强对党员的管理和约束，在强化党员教育方面，制订年度教育方案，并拆解月度工作清单，明确工作思路，细化工作内容；组合个人自学和集中学习、线上学习与线下学习、理论学习与实践活动，定期收取检查学习笔记；同时，学习小组每周交流、主题党日每月研讨、每季度带头参加学院“燕鸣讲堂”活动。在严格党员管理方面，建立“1+2”党员联系人工作制度，1 个党员带动 2 个身边人，给党员压担子，促党员尽责任；主持《党员是怎么炼成的》网络专栏，发挥先进党员模范作用。严把党员“进口关”，编制完善《党员发展工作范本》，建立并运行发展对象成长进步展示与答辩评价制度，强化自身教育与管理。

第三，发力多方协同，提升育人实效。在研究生的思想政治教育中，研究生导师是主力军，能为研究生党支部发挥育人功能提供支持。在研究生党支部发挥育人功能过程中，要通过一定制度机制的设计，让导师以及更多的育人主体参与其中，使研究生既能接受到应有的指导和帮助，又能在研究生党支部中将教育主体作用发挥出来，这样才能使育人工作更加有效。燕山大学冶金机械系研究生第三党支部积极邀请院领导、专业教师、思政专家、马克思主义学院研究生宣讲团专题讲授，以理论学习激发支部成员科技报国之心。同时，与冶金机械系教师党支部协同共建，在学院党委统筹下，为支部配备“党建协同”指导教师，进一步促进学生党建与团队科研实践的互融共进。实行党建和学术相结合的导师负责制，导师既做学术引导人，更做人生领路人。师生党支部进行协同共建，设立科研团队型党小组，组成“学术共同体”，围绕学术诚信、工匠精神、科学家精神、科技强国战略等开展主题教育，举办学术沙龙、科技作品展示评选、科研经历交流等主题交流活动，结合撰写论文、申请项目、科技竞赛、精准投稿等开展主题指导活动，将支部组织生活与学术活动、研究生实验室与工作室建设双促双融，引领研究生以厚积薄发的定力甘坐“冷板凳”，以开拓创新的精神勇闯“无人区”，以自己的“科研报国梦”助力实现中华民族伟大复兴中国梦。此外，党支部积极推动党旗插到生产科研一线，坚持在实习实训中组建临时党小组，对接企业需求，解决实际问题；校企共享红色资源，汲取前进力量；定期交流工作体会，夯实业务本领。

第四，发力技术赋能，促进产业升级。研究生教育是高等教育人才培养的最高层次，是我国社会主义现代化建设拔尖创新人才培养的重要渠道。作为工科类高校研究生的培养，更加注重科研和工程实践能力的锻炼。做好党建工作的根本目的是为学校中心工作服务，具体到高校研究生党支部，就是要处理好党建和科研学习的关系，把党建工作融入研究生日常科研学习生活中，积极引导研究生将自己的学术科研工作与国家经济社会发展需要相结合，将报国之志与民族富强相结合，以党建为引领，激发研究生的爱国热情，用科研诠释初心、使命。因此，高校学生党支部在育人作用发挥上，不仅要注重对学生的思想政治教育，也要为学生学习和科研能力的培养发挥引领和保障作用，积极引导党员发挥专业特长，服务社会发展。燕山大学冶金机械系研究生第三党支部成员主要来自先进金属材料绿色智能化生产理论技术团队，一直坚持教育引导支部成员在提升科研能力、服务社会发展方面当先锋、做表率，立足学科 60 余年研发优势和产学研协同传统，积极服务传统钢铁产业转型升级，推进绿色智能化生产。累计 125 名支部成员于首钢、鞍钢等钢铁生产企业一线，于一重、二重等重型装备生产企业一线，笃行实干，贡献燕大力量。先后参与高铁轨道钢、大型风电轴承钢等国家急需高等级金属材料研发，参与研制的冷轧带钢智能型板形仪项目达到国际先进水平，打破了国外垄断。党支部成员在服务产业升级和经济社会发展的过程中，大大增强了自身的家国情怀和科技报国的荣誉感和使命感。

第五，发力科技转化，引领行业前沿。高校研究生是高学历水平群体，在推动社会进步、科技发展中发挥着重要作用。理工科研究生是科技兴国战略中重要的人才力量和主力军，理工科研究生党员在学习期间基本上是以提高自身的科研学术水平和产出高水平的科研成果为根本出发点。高校研究生党支部要在做好思想政治教育的基础上，着力与科研能力培养相结合，既能增强党建工作吸引力和实效性，同时有助于高校研究生党支部育人功能的实现。燕山大学冶金机械系研究生第二党支部引领支部成员聚焦科技创新，加强转化合作，自成立以来，支部成员累计参与授权发明专利 180 余项，其中转化 60 余项，金额 300 余万元。参研的板带轧制、数字化设计制造等技术研发均处于国内一流水平，科研成果在河钢集团、宝武集团等大型钢铁企业转化为生产实际；参与的大型筒节轧制及热处理控形控性一体化技术，突破传统锻造工艺瓶颈；参研的板带热连轧机稳定运行理论技术，解决了热连轧机运行不稳定和振动等世界难题，应用于首钢迁钢、河钢唐钢等 14 条生产线。党支部对于科研工作中表现优秀的、在学习生活中能够帮助同学共同进步的党员，进行评选、表彰和宣传，树立先进典型，及时总结、提炼和推广优秀党员的经验和做法，发挥党员的引领示范作用，增强优秀党员的感召力，以“树”促“建”，让支部工作成果为学风建设和科研工作服务。

第六，发力载体创新，推进共建联建。基层党组织的育人工作要因时因势而新，关注服务对象的实际需求，创新组织动员的载体，不断探索和开辟新的路径，提升思想价值引领、联系服务的质量，激发育人活力，增强党组织对学生的凝聚力和感召力。为开拓工作视野，燕山大学冶金机械系研究生第三党支部开门做党建，深度参与“云共建”“智联建”。一方面，积极开展校际党支部“云共建”，分别与贵州大学、塔里木大学、西藏农牧学院等西部高校，以及同为全国百个研究生样板支部建设单位的哈尔滨工业大学、西南石油大学、重庆大学、广东工业大学云端携手，搭建共享共建共融的网络平台。另一方面，党支部协同所在学院的冶金机械教师党支部，与一重、河钢等企业的党支部开展“智联建”，助力企业产业升级，促进党员精进才干；与沈阳工业大学、石家庄铁道大学、防灾科技学院等单位交流样板支部建设经验，共促党建工作质量提升；与秦皇岛青龙满族自治县肖营子镇五指山村党支部联建联动，同学党的二十大精神，同上一堂党课。通过创新工作方法和平台，不断激发党组织的生机和活力，切实提升组织生活的吸引力，推动党建工作发挥更大的育人功效。

“根本固者，华实必茂。”党支部成立以来，成员先后参与国家级课题39项，助力学科获得省部级以上科技奖20余项；发表TOP等高水平论文60余篇，获上银优秀机械博士论文特别奖1篇；获国家级科创竞赛奖20余项；获国家奖学金60人次；1人获评中国大学生自强之星。

三、发挥高校行政管理党支部的育人功能

高校行政管理党支部要以规范组织建设为核心，夯实行政育人力量；以丰富学习内容为抓手，提升管理育人活力；以提升工作作风为举措，展现优质育人服务。以此，充分发挥高校行政管理党支部的育人功能，切实提升党支部的育人质量。

（一）以规范组织建设为核心，夯实行政育人力量

一方面，严格落实制度建设。行政党支部建立在行政机构设置的基础上，一般由学院领导干部和管理队伍组成，通过紧密的配合与相对集中的办公区域，形成了业务合力。规范制度建设有利于将业务合力转化为思想合力，并进一步反哺业务合力，形成团结有力的党支部。重点落实以下几项措施：第一，落实“三会一课”等党内组织生活制度。会议内容突出思想性、主题性和实效性，党课突出党性、结合实际和形式创新，从而使会议和党课取得统一思想、激发干劲的实效。第二，落实双重组织生活制度。行政党支部里有学院领导干部成员，他们以普通党员身份参加所在党支部或党小组的组织生活，通过带头参加学习、模范执行决议、自觉接受监督，在学习和工作中率先垂范，引导支部成员努力奋进。第三，落实组织生活会和民主评议党员制度。开好组织生活会，客观评议党员的工作表现，激励党员发挥先锋模范作用，实现支部统一思想认识，认真做好各项工作。

另一方面，细心抓实活动开展。活动是支部学习教育的载体，开展规范

性、主题性和创新性的活动，有利于增强党员的归属感、责任感和使命感。行政管理党支部要着重抓实开展以下几方面活动：第一，规范开展主题党日活动。严格开展每月一次的“党员主题活动日”活动，在学院党委的指导下，积极谋划开展系列育人主题党日活动，提升党支部育人研究和工作水平。第二，开展特色活动。开展体现党建与管理工作相结合的特色活动，如开展网络化、信息化等提质增效服务交流，共同研讨行政管理工作效能提升举措；举办新闻写作知识与技巧专题培训，促进行政人员写作水平提升；组织素质拓展训练，提高团队合作能力和意识；开展作风建设专题研讨和学习培训，促进机关服务改进；组织参观专业教学实验室，提升知识储备，增进对学院教学科研等工作的了解；等等。第三，结合业务工作开展办实事活动。结合支部成员从事的学院管理工作实际，开展党员干部办实事活动，如举行学院教师代表座谈会，调研教师对学院管理工作的意见和建议，并根据建议研究改进举措，从而合力推进学院管理工作高质量开展。

（二）以丰富学习内容为抓手，提升管理育人活力

第一，增强政治理论学习，提升党员的思想觉悟。坚持政治理论学习常态化，定期组织党员到李大钊纪念馆、西柏坡纪念馆等京津冀地区的革命圣地参观学习，并结合管理工作开展研讨交流，提高支部成员理论指导实践、学以致用的能力，从而提升支部成员的思想政治素质、政策理论水平、分析解决问题能力，增强责任担当意识，激发干事创业热情。

第二，拓展业务知识学习，提升党员的综合素质。在开展常态化学习的同时，有选择、有重点地吸纳管理、教育、科技等方面的前沿知识，以集体补充学习、结合工作实践学习、个人自学等方式，引导支部成员学习能够提升自身素养和竞争力的内容，如教育思想和方法、管理理论和方法、信息科学技术等，帮助支部成员拓宽知识广度、丰富知识结构、优化思维模式、完善工作方法、增强业务能力、实现自我提升和发展，从而激发和展现支部新活力。

第三，聚焦问题研讨学习，提升党员的管理水平。以强烈的责任意识和使命意识，对高等教育领域关注的问题、师生在学习和工作中发现的问题、教师反映的突出问题等，开展学习讨论，以此引导支部成员端正思想认识、学习正确观点、提出解决方法、形成共识意见。比如，开展精细化专题研讨，组织政策解读，服务教师，深入实施办实事活动；针对部分高校教师存在的师德师风问题，开展师德师风学习，引导支部成员凝聚共识，制定完善师德师风建设的文件，扎实推进师德师风建设工作。

（三）以提升工作作风为举措，展现优质育人服务

一是树立正确的工作理念。燕山大学机械工程学院开展“六不让”工作承诺，进一步增强学院行政人员服务意识，提升学院各职能科室工作效能。“六不让”即：不让工作在我手上延误，不让事情在我这里断线，不让文件在我桌上挤压，不让差错在我身上发生，不让工作质量在我手里降低，不让师生在我面前受到冷落。时刻提醒学院广大行政人员按“六不让”的标准开展工作，并由学院广大师生对学院行政人员的工作进行监督。通过强调并推行“六不让”工作承诺，让该承诺逐渐变成一种广大党员自觉的工作意识和行为规范。

二是探索创新的工作方法。通过学习新思想、新知识、新理论，分析新形势、新观念、新事物，使支部成员形成与时俱进的思想观念，为管理服务工作的开拓创新奠定思想基础。引导支部成员在服务师生过程中，要注重分析问题、研究问题，以师生需求为导向，创新服务思路和方法，探索新的工作机制和实施路径。比如，组织各科室梳理简化工作流程，提升办事效率；组织编制发展年鉴，记录学院重大发展事件，建立学院各类发展信息的数据信息库。

三是宣传特色的工作文化。在服务师生的过程中，制定高质量目标，找准工作着力点，开展主题性服务，以重点突破带动整体提升，拓展服务功能的辐射影响，形成在学院师生中具有一定影响力的主题性服务文化。比如，为方便学院师生、校友以及院外人员了解更多的学院信息和特色亮点工作，并进一步宣传、展示学院重要成果，共同策划和开展以推广学院为主题的系列服务活动，包括制作学院宣传册、宣传片、宣传网页，丰富微信公众号推送内容、建立学院学科文化长廊等，在潜移默化中形成学院宣传服务文化，拉近师生以及社会同学院的距离。

第三节　构建高校基层党组织育人工作体系

本节的主要内容是以燕山大学机械工程学院的党组织育人体系构建与实施为案例，深入展示高校基层党组织育人体系建设与实现路径，为高校基层党组织建设与育人工作有效结合、深度融合提供参考范例。

燕山大学机械工程学院源于哈尔滨工业大学重型机械系，至今已有百年历史，自建校起便奔流着“为国而生”的红色血脉，肩负“为党育人，为国育才”的神圣使命，自主研制多项国宝级“首台套”和国际领先的重大装备。多年来，获教学科研奖励国家级近20项、省部级百余项，建成国内唯一以重型机械为旗帜的一级学科国家重点学科。党的十八大以来，燕山大学机械工程学院党委砥砺践行“赓续奋斗精神，铸大国重器；传承红色基因，育科创英才”发展理念，以习近平新时代中国特色社会主义思想为指导，充分发挥党组织育人功能，持续提升党组织育人核心力和示范力，创建并实施了“双轮驱动”机制、“精准滴灌”举措、“云智协同”模式、“红色基因”品牌等四要素统筹兼顾、全面推进的“四位一体”组织育人体系，努力把学院党组织建设成为“铸大国重器”和“育科创英才”的坚强战斗堡垒。

在“四位一体”组织育人体系运行框架下：学院党委充分发挥政治核心作用，自觉担负起管党治党、办学治校、育人育才的主体责任，推动组织建设与教育引领相结合，形成了比较健全的规章制度和育人体系，应用于育人实践并收获实效，获评全国教育系统先进集体、全省先进基层党组织等荣誉称号，入选全国党建工作标杆院（系）。基层党支部充分发挥战斗堡垒作用，将组织育人与示范创建相结合，入选全国党建工作样板支部1个、全国“百个研究生样板党支部”2个、全国“双带头人”教师党支部书记工作室1个，首批全省党建工作样板支部和高校“双带头人”教师党支部书记工作室各1个。师生党员充分发挥先锋模范作用，思想政治教育贯穿学业发展、教书育人、科学研究等各项工作中，师生队伍全面发展，入选全国高校黄大年式教学团队 1 个，教师荣获全国优秀教师、全国最美高校辅导员、全国高校辅导员年度人物、全国高校辅导员职业能力大赛冠军等，学生荣获全国大学生年度人物、中国大学生自强之星等。

一、夯实高校基层党组织育人工作基础

（一）育人传统

1. 率先改革创新，夯实育人本领

燕山大学将党建组织育人功能贯穿教学改革、人才培育、管理服务全过程，提高师生党员思想认识、政治站位和精神面貌，通过深入开展“对标争先”建设计划和“双带头人”培育工程，充分发挥全国、全省党建示范创建和质量创优单位、“双带头人”党支部书记工作室的引领示范效应，全面落实立德树人根本任务。发挥师生党员模范带头作用，统筹领导全院师生实施兼具地方院校特色、多元化项目制、国际实质等效的人才培养模式改革，代表我国接受国际观察员现场考核，助力加入《华盛顿协议》。实施“一批思政金课，一批思政名师，一个思政竞赛，一本思政案例，一个思政体系”的“五个一工程”，开展“一系一新、一系一金、一系一品”教学改革，全力推进新工科建设，形成面向智能制造的“超级金课 + 专业特色 + 个性选修”课程体系，形成“组织建设有保障、制度建设有激励、文化建设有氛围、竞赛建设有引导”的“四有”双创机制。

2. 面向国家需求，勇担重大工程

以党建思政培育师生家国情怀，强化服务国家重大战略和地方经济社会发展意识和能力，瞄准机械行业发展急需前沿和关键共性技术，以国家重大专项任务为牵引，以党支部共建联建为纽带，结合学科优势基础，实施学研产融合发展战略，激发鼓励师生党员深度对接行业、军工领域企业及单位，创建技术协同创新中心群，形成基础研究—技术开发—成果转化完整创新链，在科研攻坚中闪耀党性夺目光辉。师生党员在引领重机行业转型升级、突破国防军工关键瓶颈、攻克重大工程核心技术、拓展成果转化纵深维度等方面作出突出贡献。

（二）载体平台

1. 创新平台载体，架起组织育人“新引擎”

因事而化，开办“辅导员加油站”，累计举办200余期，培训3300多人次，推动辅导员队伍政治理论素养、党建工作能力、业务研究能力不断提高。

因时而进，发起“微党课”视频创作大赛，采用故事演绎、历史解说、新闻采访等多种风格，涵盖时政分析、家国情怀、校史校情、学科前沿等多项主题，连续开展多届，累计制作数百个视频课程。

因势而新，构建“学风生态”系统工程，成立学生学习与发展指导中心，组织开学预讲、初心工程、风华机械人、最美笔记评选、学霸讲堂等系列活动，创办“彩虹训练营”帮扶学困生。把青年教师的思想政治教育放在首位，成立“青年教师俱乐部”，制订实施学院青年英才培育计划，开展青年人才培育行动，努力培育一批能挑大梁、当主角的青年人才。

2. 挖掘学科文化素材，建造全媒体机械文化“育人矩阵”

场馆文化阵地。以学科和专业发展历程为主线设计建设学院楼宇场馆的历史沿革文化主题宣展，传递“国之红色血脉”。

研室文化阵地。以“国之重器”重型机械装备研发历程为轴线，规划国家工程中心等科研平台实验室、专业课题室机械科技文化主题宣展，传递“大国工匠”精神。

影音文化阵地。成立学院融媒体库专项组，拍摄“匠心为国”学院官方宣传片，创建“机缘印象”影像库，传递“大先生”钻研敬业精神。

网络文化阵地。创办“听TA说”官微专栏，开设“机思广益”官微，汇聚育人合力，抢占网络阵地，思政工作者、专业教师、校友企业家、学生家长携手发声，与主旋律共鸣、同正能量共振，传递时代强音和开创精神。栏目至今已发布数百期，累计数十万字，浏览量超过15万余次。

（三）工作体系

1. 建立“双轮驱动”组织育人新机制

成立党建思政研究机构并建立工作机制，统筹推进质量党建、精准思政，提升党建思政工作科学化水平，促进党建与育人深度融合。

一建机构。以“机思广益”党建思政工作室为依托，成立了党建思政研究团队，研究成员由学院党委委员、专职组织员、教师党支部书记、辅导员和学生党支部书记代表等组成。

二建机制。提出“理路子—出点子—育果子”的党建工作机制，每月举办党建思政工作专题沙龙，专题会议采取解构剖析、头脑风暴、结构化研讨等学术范式开展，聚焦疑难杂症、焦点难题，设计良方妙法、长远规划。

2. 实施“精准滴灌”组织育人新举措

打通党建与育人工作深度融合路径，坚持问题导向和分类指导，结合师生党支部学科优势和专业特色，精准设计主题党日指导意见，有效运用“四融四进”工作理念，即将党建工作与业务工作、理论精进与教育理念、专业优势与政治生活、师德建设与立德树人的理念深度融入主题党日指导方案。同时，推行领导干部列席制、支部活动观摩式，精准帮扶指导，确保主题党日思想统一、步调一致，落实到位，又特色鲜明、独具风格，争相斗艳。

3. 创建“云智协同”组织育人新模式

确立“开门联合搞党建、融通共促谋发展、优势共享育人才”的指导思想，结合高校师生支部组织特征和发展需求，创建并实施“云智协同”高校基层党组织育人新模式，即“青年党员云携手，使命担当肩并肩”学生支部校际“云共建”，以及“校企融合集智慧，产教互促破难关”教师支部校企“智联建”。“云共建”布点联建全国多类学科、多种地域高校学生支部，开展同过组织生活、同办知识竞赛、同看红色电影、同上集体自习，共上云端党课、共读经典名著、共学理论知识、共作经验分享的“四共四同”共建活动。“智联建”布点联建京津冀重点工业产业链相关县区和企业基层党组织，围绕落后产能转型升级、特色产业规划布局、中小民营企业技术服务与人才培养、校企科研协同平台建设等方面开展共建活动。逐步形成了校际校企共建联建、优势互补协同发展的赋能、扶智的联合育人新场景、新范式。

4. 熔铸“红色基因”组织育人新品牌

紧密结合学科、专业历史沿革的优势和特色，传承红色基因，凝聚红色力量，抚育红色科创，在党建引领下熔铸锻造重型机械新时代育人品牌。凝聚红色力量，弘扬以爱国主义为核心的创造、奋斗、团结和梦想精神，建设国防重点实验室爱国主义教育阵地、创办感悟军旅精神的“彩虹训练营”等红色力量底色培育品牌活动；抚育红色科创，面向科技前沿、扶贫一线、技术转化，形成“科研实验开放日”“科普实践育少年”“科技扶贫重扶智”“奇思妙想助残科创”等红色科创服务育人品牌活动。逐渐形成了传承熔铸“红色基因”的“志·智”双升育人品牌。

（四）重点举措

1. 机构机制双轮驱动，擘画育人发展蓝图

学院党委党建思政研究团队着眼三全育人新格局，在统筹规划上下功夫，对标“双一流”建设要求，对标学科评估指标体系，科学制定党建思政工作发展规划拓扑图、“课程思政”建设框架图、机械文化建设育人矩阵等，在育人工作上厘清短板、认清不足、凝练优势、明确任务。坚持问题导向，针对弱项发力，党建思政研究团队举办多场专题沙龙，主要包括党建思政总体部署、机械文化凝练、意识形态建筑、青年教师发展、教风学风提升、课程思政建设、师生心理健康、导学关系协同、思政项目规划、舆情应急处方、标杆申报建设、学科评估研讨等。

2. 精准指导主题党日，滴灌培植融合育人

学院党委有计划地开展各类主题教育，结合中心工作要求、结合学科发展需求、结合师生关切诉求，主动研判、精准编制党建与育人工作紧密融合的主题党日活动指导书，包含必选动作和自选动作，即确保步调一致，又激励百家争鸣，糅合改进党建业务“两张皮”；分派干部深度参与实践，打通基层组织工作执行准度、推进程度、落实深度的“中梗阻”，将学院党委决策政策思想无障碍、无损耗传递输送到学院师生每一个终端，并将师生夙愿呼声、批评建议无偏差、无差别反馈回应到学院党政部门每一个始端，确保闭环管控有效性，提升施政革新精准度。2020 年以来，学院统一策划开展数十次专题主题党日活动。典型案例如下。

战“疫”育人攻坚：“战‘疫’不掉线，教学传温情”“战‘疫’仍在进行中 科研指导不掉线”等主题活动，研讨交流线上授课教学、研究生指导方法，探索线上教学和指导水平不掉线的新思路、好方法。

青年教师培养培育：“挺起脊梁 冲锋在前”“关爱青年 抚育成才”“共谋团队建设 推动学科发展”“承专业历史 展望科研未来”“领会全会精神 了解

学科建设”等主题活动，聚焦青年人才培养，指导青年教师继承学科专业的优良育人传统，推动落实学科育人要求。

创新创业理念融入：“点燃师生激情 创就共同梦想——双创工作专家解读”“点燃师生激情 创就共同梦想——双创工作朋辈交流”等主题活动，激励教师增强对学生创新创业精神的指导，实现人才培养和自身价值双赢。

学思践悟凝聚共识：“献礼百年 荣庆甲子”“勇担当抓落实，学党史迎百年”“学党史，悟思想——党史学习教育”“学党史，知党恩，跟党走”“学思践悟二十大 砥砺奋进新征程”等主题活动，引导师生从党史学习教育和习近平新时代中国特色社会主义思想中汲取教书育人能力提升的养分和力量。

教书育人本领锤炼：“教之有法 育之有道”“传师生情 感爱国志”“筑牢师德 树好师风”“传承品格 全面育人”“毕业设计 质量提升”“全面推进，做优做强——课程思政建设”等主题活动，注重育人规律教育和指导，多角度提升教师的职业能力和职业素养，并结合新工科探讨课程思政建设，学习课程思政设计技巧，深入推进课程思政建设。

走进工程实践育人：“校企携手 智慧协同”“支部共建 谋划研讨”“开展支部共建 促进合作交流”等主题活动，指导党支部带领专业教师、学术团队与企业联手攻关工程技术难题，实现科技成果转化落地，促进广大教师在社会服务中提升科研和育人本领。

3. 立体推进共建联建，拓宽组织育人路径

多维立体，迭代推进，校际校企共建联建，优势互补协同发展。彰显学科优势，多维空间布局，拓延云智协同，形成校际校企校地校协融通共促发展的育人新范式。

初探尝试，经验积累。学院党委发起校际党支部“云共建”，首批参与高校有清华大学、长安大学、河海大学、湘潭大学，五个共建党支部横跨祖国东西，纵贯大江南北。支部党员覆盖各年级、各学历层次，涉及机械、商务港航、马克思主义等多元学科背景。实施“四同四共”校际党支部“云共建”建设方案，依托 QQ 群、群课堂、腾讯会议等平台，开展“同过组织生活”“共上云端党课”“同学理论知识”“共作经验分享”“红色文化云共享”“经典名著云同读”等系列共建活动。

迭代升级，持续优化。第二批校际党支部“云共建”，参与高校有贵州大学、塔里木大学、西藏农牧学院。聚焦祖国西部地区，党支部分布在四个省市，横跨祖国东西两端，支部党员同样覆盖不同年级和学历层次，涉及文学、工商、动物医学、机械等多元学科背景。本批“云共建”突出研究生特色，拓展了“共探学术前沿”等活动，通过学术交流，展现不同团队之间的研究思维，拓宽科研视野，引导青年党员深刻意识到“祖国复兴之路，你我共同参与”；通过相互汇报各自支部承担的具有代表性的科研项目，深化国家发展建设中青年党员的贡献担当。

精进完善，立体拓展。携手吉林大学、湖南大学、合肥工业大学共同启动了“‘机械四小龙’云端同携手，不坠青云志使命勇担当”的校际党支部“云共建”。此次共建增加了“追根溯源，共学党史校史”等活动，同时通过专业发展史学习，引导支部党员感悟家国情怀，勇担强国使命。此外，开始探索“线上”“线下”结合，共同策划开展红色建模、建党百年海报制作大赛等课外科技创新比赛、社会实践调研活动等。

第四批“云共建”与哈尔滨工业大学、西南石油大学、重庆大学、广东工业大学开展五校七支部“携手共建”全国“百个研究生样板党支部”线上经验交流会，互相学习借鉴党支部建设的典型经验和特色做法，有效搭建了校际间共享、共建、共融的平台，搭建了广大青年党员跨地域、跨学科、跨层次交流的平台，成为创新党建方式和育人模式的有益探索和实践。构建了学生支部“云共建”新格局，加强精神培育，进行多元化立体拓展，形成学生党员教育培养新范式。

示范辐射，高阶升维。推进教工党支部与相关企事业单位开展智慧联建，从“线上共建”延伸到“线下合作”。学院党委及各党支部带领广大教师主动对接地方政府和企业技术需求，发挥高校学术、人才、科研等资源优势，到秦皇岛、石家庄、沧州、邢台等地调研交流，开展校、地、企三方面全方位、深层次合作，积累了典型建设经验。一是赴沧州开展校地企融合对接。学院党委与沧州市孟村县政府建立长期合作关系，并到沧州市、盐山县等地重点企业进行调研交流。二是赴邢台开展政校企合作调研。学院党委带领教师团队分别到邢台市临西县和任泽区考察当地轴承产业集群、机械制造产业集群等发展情况，参加科技赋能特色产业集群“领跑者”企业培育研讨会，与企业代表交流座谈技术需求和科技成果转化等工作，大力宣传推广了学院相关科研实力与能力。三是开展校企党支部“智联建”活动。学院指导引领教师党支部与企业开展党支部联建，发挥党建引领作用，为提升专业人才培养能力引进资源，为教师发挥科研能力搭建平台，不断拓宽校企合作空间。学院教师党支部结合自身专业特色和科研优势，主动与多家行业重点企业建立全面合作关系，教师党支部“智联建”实现全覆盖。学院党委通过“智联建”的推动，有效团结凝聚了师生力量，带领大家在科技服务过程中提升思想政治素养和科技创新能力。构建了教工支部“智联建”新格局，增进共建互促多角度高阶升维，形成青年教师党员培树新范式。

4. 传承弘扬红色基因，科技服务社会发展

红色力量，擦亮底色。创办“彩虹训练营”，采取学生自愿与辅导员推荐组建团队，将军旅文化和军事化管理模式引入校园，聘请退伍学生担任学生教官，开展统筹设计、统一指挥、全面丰富、纪律严明的“彩虹训练营”军旅模式学习活动。通过军旅生活亲身体验和感悟，强化思想引领，训练艰苦奋斗、顽强拼搏的意志品质。建立“国防军工”教育阵地。依托学院国防重点学科实验室，建设“国防军工”爱国主义科技教育阵地，基于国防军工领域的典型研究成果，梳理凝练国防科技案例和奋斗故事，举办国防军工科技展览、专题学术论坛等活动，传播工匠精神和奋斗基因。

红色科创，服务社会。把党建引领融入科技创新过程，引领师生践行学科和专业使命，利用专业知识，服务社会发展。每年组织举办 1 次以“匠心为国”为主题的实验室开放日，面向校内外师生和社会人员进行专业知识、工程装备等的科学普及，体验“智能制造”“工程美学”；积极开展科技服务活动，训练提升学生的“创新创业”能力、创新意识、创新思维，引导师生针对青少年、特殊群体、脱贫攻坚等开展科技志愿服务活动；积极引导广大师生面向世界科技前沿、面向经济主战场、面向国家重大需求、面向人民生命健康，开展科研攻关和“卡脖子”技术研究，践行学院“匠心为国铸重器”的“红色基因”。

二、明确高校基层党组织育人建设特色

“双轮驱动”机制，打开了组织育人“新思路”。机构机制“双轮驱动”，党建育人“双线提升”，聚智研创新套路，联手打出组合拳。为破解育人工作困境提供了有组织的、有针对性的科研团队保障和研究模式保障，聚焦准确、辨析严谨，解决了育人难点工作无计可施、施策不准的问题，打开了育人“新思路”。

“精准滴灌”举措，找到了组织育人“新途径”。“精准滴灌”组织育人举措，解决了党建工作与教书育人糅合“两张皮”的问题，推动党建教研有机融合，结合问题统筹谋划，拿出好剧本；精准滴灌指导编排，搭建好舞台，组织生活融入新元素，师生参与度显著提升，有效化解离心力，凝聚向心力，育人工作实效性显著增强，找到了育人“新途径”。

“云智协同”模式，开拓了组织育人“新范式”。创新“云智协同”组织育人模式，突破了高校育人地域、文化、场景单一的客观现状，解决了师生科研应用、成果转化缺少实地，地方企业技术研发、转型升级缺少实力的现实问题。基层党支部通过有规划的布点、有组织的对接，发挥自身特长和优势，构建了精准互助、协同发展的育人通道，开拓了育人“新范式”。

“红色基因”品牌，开辟了组织育人“新模式”。熔铸“红色基因”组织育人品牌，丰盈了高校育人阵地和实践载体，铸就了“匠心为国铸重器”人才培养目标的鲜亮底色，为锻造新时代重型机械领域“尖刀上的刀尖”提供最坚韧的材料。红色力量底色培育和红色科创服务育人品牌活动的交叉融合，构建了传承熔铸“红色基因”的“志·智”双升育人品牌，开辟了育人“新模式”。

三、突出高校基层党组织育人实效

（一）组织育人策划方案——机构机制双轮驱动，党建业务双线提升

“双轮驱动”组织育人策划方案是成立学院党建思政研究机构并建立工作机制，统筹推进质量党建、精准思政，提升党建思政工作科学化水平，促进党建工作与教书育人深度融合的方案。党建思政沙龙作为“双轮驱动”组织育人策划方案的重要体现形式，代表案例如下。

案例1："筑牢师德、树好师风"党建工作专题沙龙

针对青年教师存在教学经验不足、专业训练不够等问题，2022年9月8日，学院党委组织开展了以"筑牢师德、树好师风"为主题的党建工作专题沙龙，学院主要领导、分管本科生教育的领导、教职工党支部书记、系部主任、专职组织员均参加会议，深刻剖析问题根源，重点总结分析青年教师在授课过程中可能存在的问题，交流研讨提升青年教师课堂教学的方法和措施，并指导各教师党支部开展青年教师说课、示范课讲解等活动，有效地提升了青年教师的教学能力和授课水平，激发了青年教师在本职工作岗位上认真贯彻落实立德树人根本任务，对学院青年教师的成长与发展、优化教师队伍、提高教学课堂质量起到了重要的推动作用。

案例2："教之有法、育之有道"党建工作专题沙龙

针对研究生心理状态不好、心理事件多发等问题，2022年9月16日，学院党委组织开展了以"教之有法、育之有道"为主题的党建工作专题沙龙，邀请学校心理健康教育服务中心老师为教师们作了学生早期心理问题发现的专题讲座，分管学生工作、研究生教育、本科生教育的领导均参加讲座，中心老师向大家普及了学生心理问题的发现途径、处理办法、谈心技巧等，并结合一些典型心理健康案例及自身经历同教师们分享了如何处理好师生关系，强调作为导师要了解学生特别是研究生的压力来源，要把学生当成"心头肉"，和学生多说心里话。此次专题沙龙活动在各教师党支部中全面推广，以主题党日活动的形式让教师们讲述了"教之有法、育之有道"的故事，激发了教师们开展"固本培元、因材施教"的方式方法研讨，有助于涵养学院"教与学、育与长"的向上育人生态。

（二）组织育人推进措施——组织统领党日活动，层级推进同频共振

为提高基层党组织育人质量和效果，切实发挥党支部教育引领作用，学院党委每月精准设计和指导1～2次主题党日活动，定期邀请学院处级干部到联系的党支部列席会议或活动，对活动实施过程进行监督和指导，确保育人措施落实落地、取得实效。代表案例如下。

案例 3："全面推进，做优做强——课程思政建设"主题党日

针对学院全面推广课程思政过程中出现的工科课程与思政内容关联少、工科教师对思政元素了解不多难以实现课程育人的问题，学院党委于 2021 年 4 月设计主题为"全面推进，做优做强——课程思政建设"的主题党日活动，学院相关领导、各教师党支部书记、系主任以及学生代表参加了课程思政专题沙龙，共同研究探讨主题党日的主要内容与开展形式。

随后，各教工党支部分别召开相关主题党日活动，由党支部书记向支部所在系部全体教师传达、讲解学院"课程思政建设"推进指南，进行交流讨论，取得了学院课程思政推广新思路：设计课程思政建设节点，推进专业基础课、专业课程的顶层协同设计，推动专业育人与思政育人深度融合；通过集体备课或说课等方式，全面推进全员课程思政落地实施。通过基层党委对课程思政主题党日的设计，不仅让广大教师正确认识课程育人的重要性，还提供了新的工作思路与方法，提高了课程育人的效果与质量。

案例 4："传师生情、感爱国志"主题党日

针对部分毕业生爱国荣校意识淡薄问题，学院党委决定发动各教工党支部为毕业生上好最后一节思政课，将育人情怀贯穿始终，2022 年 6 月，学院党委统一设计"传师生情、感爱国志"主题党日活动，各教工党支部发挥引领作用，主动联合系部教师，特别是党员教师开展有组织、有规模的"走近毕业生"——毕业生送别活动，主要包括毕业生欢送会、师生文体联谊赛、毕业生宿舍探望、毕业驿站送别等。

学院 2018 级本科毕业生、2019 级硕博毕业生共计 623 人次参与到各党支部组织的欢送活动中，其中塑成系、机控系等党支部分别为毕业生准备了欢送会以及毕业纪念品，学院党委书记等主管领导也参与到各支部欢送毕业生的活动中，表达了对毕业生的期望和不舍。丰富多彩的送别活动给毕业生上了印象深刻的"最后一课"，广大毕业生带着母校的祝福与盼望，奔向了人生的下一段旅程。通过"传师生情、感爱国志"主题党日活动的设计与统筹规划，实现了基层党组织在育人质量和成果的升级，有力发挥了党组织在育人体系构建与实践中的战斗堡垒作用。

（三）组织育人实施模式——云智协同携手共建，校际校企融通发展

“云智协同”是学院党委创新提出并统筹实施的一种组织育人实施模式，由学生支部“云共建”与教师支部“智联建”构成，现已在全院各党支部纵深推进、拓延布点，学生支部覆盖50%，教师支部100%覆盖。学院党委“搭台”，师生支部“唱戏”，上下同心主动谋划发力，形成高校、地方、企业、协会“互助、协同、发展”格局，联手打造党务业务育人通途。代表案例如下。

案例5：学生支部云端共建，互学互促共融共享

为了创新党员教育形式，丰富党员教育内容，提升党员教育成效，新冠疫情防控期间，燕山大学机械工程学院于2020年4月创新发起主题“青年党员云携手，使命担当肩并肩”的校际党支部“云共建”活动。活动得到清华大学、长安大学、河海大学、湘潭大学的积极响应，跨区域、跨专业、跨年级的5个党支部，181名学生党员云端携手、交流思想、碰撞火花，开拓视野，共同成长。

共建支部广泛研讨、共同拟定了“四同四共”校际党支部“云共建”建设方案，依托QQ群、群课堂、腾讯会议等平台，在6个月的共建周期里，5次“共读经典名著”、6次“同过组织生活”、12次“共享家乡红色文化”、120天“共学理论知识”，丰富多彩的共建活动覆盖5所高校的学生党员500余人次，有效促进了高校间优势互补、支部间资源共享，实现了支部发展建设、党员成长蜕变的耦合增量。

来自不同学校的党支部通过“云共建”的纽带，互学互促，共融共享，打造了有意义、重实效、高质量的支部组织生活。“青年党员云携手，使命担当肩并肩”校际党支部“云共建”活动受到了教育部官网、全国高校思政网、湖南日报等媒体的专题报道；共建形式与经验也得到了复制与优化，学院陆续与10余所高校“云端”共建，与数十家企业“智慧”联建，拓宽“云共建”的辐射面，扩大“云共建”的影响力。

案例 6：校企联建集智纾困，产教协同育人赋能

2022 年 7 月 24 日至 26 日，学院党委书记带领学院教师到沧州市孟村回族自治县考察交流，与当地政府紧密对接，深入企业一线调研，了解企业技术难题和人才需求情况，为县域重点企业把脉开方。学院教师先后同华洋钢管有限公司、亚都管道装备集团、龙锦管道装备有限公司等 10 余家公司展开深入对接。大家参观了企业的生产一线，详细了解企业的生产现状、科技难题和技术需求等。针对企业生产成本过高、产品科技含量急需升级、无法形成有效竞争力等问题，教师团队提出了诸多解决方案，并在优化生产工艺、技术改造与科技创新、学生实习实践、专业人才输入等方面进一步明确了合作方向。此次校地企“智联建”行动，促成签署了 12 项校企合作项目，有效促进了校地企融合发展平台搭建，在推动学院学科和科研优势赋能于地方经济发展和企业转型升级的同时，也拓展了人才培育、人才输出新视野，开辟了校企合作，联手打造党务业务育人通途新模式。

（四）组织育人品牌培树——红色基因传承熔铸，志向智慧扎实提升

传承熔铸“红色基因”的组织育人品牌培树是学院党委一直以来紧密围绕的工作重心，是学院诞生的初心使命和使命担当。学院党委在科研、教学、团学等育人工作中不断熔铸、弘扬“红色基因”所包含的底色品格和过硬本领，通过培养和树立“红色力量”“红色科技”品牌活动，奋力践行“志·智”双升的育人目标。代表案例如下。

案例 7：打造科技育人品牌，抚育助残科创活动

为深化科技育人品牌活动，以党委策动、支部行动、党员带动引领科技服务社会、扶智惠民，同时激发同学们对未来技术创新的兴趣，提升同学们的创新精神和创业意识，学院党委积极利用在康养产业、机器人领域的科研优势倡导师生以社会需求为导向，抚育科创活动。

2022 年 1 月以来，学院党委积极动员师生参加第二届“奇思妙想”创新创意大赛等系列赛事，并于 2022 年 10 月 23 日组织企业、高校、用户联合开展以“残疾人健身康养器材创新设计”为主题的线上宣讲交流活动，与会各方围绕轮椅使用者的使用诉求，重点培育学生的创新思维，分析康复训练器材设计的运动解剖学基础，瞄准市场痛点，立足产品孵化，在腾讯会议室和直播平台设置主题报告和互动交流环节，通过线上交流，在导师、学生、专家、厂家、用户之间交换意见看法，换位思考，找准患者所需所求，打通产、学、研、用的层级障碍，大大提升了科学研究、社会生产和成果转化的效率，以科创活动抚育助残，服务社会，惠及民众，这一过程也同步强化了学生立足专业服务社会、为国为民创造价值的意识和观念，助推了学生专业能力成长。

案例 8：学风建设全新探索，军旅教育创新实践

为解决学业困难学生精神状态不佳、作息时间不规律、自律性较差等问题，2020 年 10 月，学院创新开办以体验军人生活，锻造优良品质、塑造向上风貌、涵养优秀文化为核心的彩虹训练营。训练营聘请退伍学生担任教官，采取辅导员推荐和自主报名相结合的方式招募营员，通过统筹设计、动态完善，开展全面、立体、丰富的活动。组织党课、思政培训等活动实现思想引领强化管理；执行严格统一的作息和管理，聚焦行为养成提升效率；提供良好学习环境，开展针对性学业帮扶有的放矢改善学风；系列特色素质拓展活动着力重塑向上精神风貌；通过退伍学生的言传身教和相关活动以期涵养优秀军旅文化。

彩虹训练营是学院思想引领、学风建设、国防教育的创新实践，如今，训练营已开办四期，训营员中超过 50% 的同学较参加训练营前一学期绩点有所提升，欠学分同学当中超过 40% 欠学分数减少。营员中有多年来“考一科挂一科”的“老大难”学生参加训练营当学期实现了“零挂科”的突破，训练营初心收效显著；多名营员两次参加训练营，从普通营员成为教官助手，从自我管理到示范带头，未来发展值得期待；3 名营员受到教官熏陶，主动报名成为新生军训教官，成功完成了从被动要求到主动参与的转变，展现了喜人的精神风貌。

第三章 高校基层党组织育人工作机制

高校党组织承担着重要的育人功能，这是我国高等教育教学发展和人才培养的重要优势。新时代我国教育强国建设，要求高校各级党组织要牢牢把握思想政治工作主导权，建立科学完善的育人工作机制，重点突出组织建设和教育引领相结合。高校院（系）党组织要顺应新时代发展要求，把握新时代发展方向，紧贴高校人才培养新要求，通过育人工作机制的建立和运行，持续推动基层党组织丰富育人内容、创新育人手段，高质量推进新时代高校基层党组织育人工作水平。

第一节 高校基层党组织育人工作机制的建立遵循与典型案例

“机制”一词原指机器的构造和工作原理，把机制的本义引申到不同的领域，就产生了不同的机制。工作机制一般是指一个系统或组织内部的运作方式和原理，它是一个相辅相成的整体，贯穿于工作的各个环节。建立完善的机制，才能使工作有序进行，保持长久的活力。本章所指的工作机制，是指高校基层党组织在育人工作中有效运行的机制以及运作方式。

高校基层党组织育人机制的建立要与其自身功能相符合。一般来说，高校基层党组织具有政治功能、组织功能、教育功能、服务功能等主要功能。其中，政治功能是首要功能，要把政治功能摆在首位，强调政治引领，凸显政治作用，坚定地做到政治定位不偏移、政治功能不减弱。组织功能是核心功能，要最大限度地把党员和党组织的作用发挥出来，并团结凝聚和带动各种力量。教育功能是组织育人的重要载体，要利用党内组织生活充分开展师生思想政治教育。服务功能是基层党组织的“根”，高校院（系）党组织要贴近师生、服务师生，增强服务意识，创新服务方式，拓宽服务内容，不断增强院（系）党组织的凝聚力和战斗力，通过服务功能来最大限度地发挥好院（系）党组织的政治功能。因此，高校院（系）党组织的育人机制要保障和促进其自身功能能够充分发挥。

一、加强政治引领把关，抓实党组织育人根基

政治引领是党组织的首要功能和重要使命，是党组织育人的“魂”。习近平总书记强调：“加强党的基层组织建设，关键是从严抓好落实，强化基层党组织的政治功能，做好政治引领，推动基层党组织的全面建设。”[①]高校党组织要提高政治站位，紧紧围绕培养什么人、怎样培养人、为谁培养人这一根本问题，以高远的历史站位、宽广的国际视野、深邃的战略眼光来培养社会主义建设者和接班人，坚持社会主义办学方向，牢牢掌握思想政治工作主导权，保证高校始终成为坚持党的领导的坚强阵地，始终成为培养社会主义建设者和接班人的坚强阵地。院（系）党组织要不断强化党委主体责任、党委书记第一责任和班子成员“党政同责、一岗双责”，严格执行党组织工作规则、党政联席会议议事规则，认真贯彻执行党的路线方针政策和上级党组织决议，充分发挥领导核心作用。院（系）党委在重大问题上起到政治把关作用，聚焦学校和学院的工作中心，始终坚持“以学生为中心”的育人理念，落实立德树人根本任务，用习近平新时代中国特色社会主义思想指导学院教育事业发展，以教育家精神为引领持续提升高校教师思想政治工作质量，深入实施“时代新人铸魂工程”。

二、建强党的支部建设，夯实党组织育人阵地

加强党的基层组织建设，是充分发挥党组织的政治领导和示范带动作用，提升高校组织育人质量的基础。以教师党支部“双带头人”、学生党支部“活

① 习近平．在全国组织工作会议上的讲话 [M]. 北京：人民出版社，2018.

力创新”、机关党支部“转作风树形象”等三种类型的党支部建设工程为载体，聚焦师生思想政治引领、创新人才培养模式、建设高素质教师队伍等重点任务，培育创建党建工作“标杆院（系）”、样板党支部、“双带头人”教师党支部书记工作室、“百个研究生样板党支部”等，不断强化党组织示范化建设，彰显组织育人的示范引领作用，打造“体系健全、特色鲜明、品牌响亮”的基层党建育人格局。

推动党的组织和党的工作向育人领域延伸。党组织设置与育人工作相结合，党支部的建立要与学科、专业以及重点工作和重大项目相适应。本科生党支部可按照专业纵向设置，以专业联合、跨年级整合方式成立支部，解决低年级学生党组织“空白点”，强化对学生的政治引领，将思想引领和实践学习相结合，进一步提高育人实效。研究生按课题组纵向设置党支部，根据课题组的研究特点或学科发展重点方向探索成立功能型党支部，来自同一科研团队的党员具有天然的“传帮带”体系，长期在科研团队和党支部中形成的好做法和优良传统得以有效传承，推动党建工作和学习科研任务相互促进。教师党支部依托专业和学科设置，建立党支部与教研室、党小组与教学科研团队的共建机制，充分发挥学科和人才的专业优势，把支部建设与学科发展有机结合，与社会服务精准对接。此外，以阶段性重点工作为基础，设置临时党支部，如社会实践专项行动临时党支部、重大科研攻关项目临时党支部等。在强化思想政治引领的同时，从帮困资助、人际交往、专业学习、技能培训、心理健康、科研服务等方面满足师生多样化需求，特别是通过开展具有专业性质的特色活动，提升党组织育人的功能，使育人工作更加贴近师生的思想和生活实际。

三、强化思想理论武装，增强组织育人实效

要坚持用习近平新时代中国特色社会主义思想武装广大师生头脑、指引人生方向，要在学深悟透弄通做实上下功夫，开展好主题党日活动，提高组织生活会的针对性、时代性和实效性，注重党员教育内容供给。加强党员教育的规范化，坚持每月组织生活指导性计划的常态化机制，注重“指导性内容 + 自选动作”相结合，引导基层党组织结合教学科研与管理服务特点，围

绕教学、科研、社会服务等开展支部工作，激发教师党员的育人创造力和支部的育人凝聚力。

高校党组织育人要以凸显教育功能为重点，坚持把思想政治工作作为开展高校党的建设的重要抓手，切实增强思想政治教育工作的渗透力、针对性和实效性。党的二十大报告指出，“育人的根本在于立德”，要求“深化爱国主义、集体主义、社会主义教育，着力培养担当民族复兴大任的时代新人”。时代新人不仅应新在“表”、新在“面”，有着丰富的知识储备、昂扬的精神风貌；更为重要的是新在“里”、新在“魂”，有着端正的思想观念、强烈的责任担当。2023 年，教育部提出高校要深入实施“时代新人铸魂工程”，坚守为党育人、为国育才初心，勇担“国之大计、党之大计”使命。

高校党组织在时代新人培育中要凸显教育功能，学校党委要做好党组织育人的顶层设计，瞄准关键点，找准发力点；院（系）等基层党组织要做好党组织育人的具体实施，充分考虑学科特点、专业特点、党员特点，围绕提高人才培养质量这一核心任务，做到思想政治教育和专业知识教育有机融合。培养担当民族复兴大任的时代新人，要强化教育引导、实践养成、制度保障，这是实施“时代新人铸魂工程”的关键点位。[①] 其中，强化教育引导居于首要位置。具体而言：要强化理想信念教育，坚持不懈用习近平新时代中国特色社会主义思想凝心铸魂，以坚定的理想信念筑牢精神之基；要强化价值观念引导，把社会主义核心价值观同青年学生的学习生活、成长成才紧密结合起来，贯穿融入知识传授、日常管理和行为规范之中，用社会主义核心价值观铸魂育人；要强化担当理念培塑，锻炼培养时代新人挺膺担当的时代精神，使之担负起民族复兴大任。

四、推动党建业务融合，提升组织育人质量

推动组织育人与高校教育教学改革相融合，发挥党组织对高等教育教学改革发展的引领和保障作用是加强党对教育事业领导的重要内容，是新的时

① 沈壮海，刘灿 . 实施“时代新人铸魂工程”的现实背景、重要意义及关键点位 [J]. 中国高等教育，2023（10）：21-24.

代背景下实现高等教育内涵式高质量发展和推动我国教育强国建设的必然要求。因此，高校组织育人质量提升，要始终坚持将组织建设与教育引领结合起来。不断强化高校基层党组织的育人职责，充分发挥高校党委领导核心作用、院（系）党组织政治核心作用和基层党支部战斗堡垒作用，切实将思想政治教育贯穿高校教育教学全过程。

遵循组织育人规律是高校基层党组织育人实现育人质量提升的前提和基础。遵循组织育人规律要求注重组织建设与教育引导的结合，高校各院（系）党组织要加强对院（系）各类组织育人工作的指导与设计，使得院（系）各类组织能结合院（系）专业特点有针对性地开展育人工作，充分发挥对院（系）专业人才培养的推动作用，形成显著的育人特色。要从顶层设计角度强化组织领导，突出思想引领，注重与专业育人工作融合，加强基层党组织建设，培养新时代中国特色社会主义可靠建设者和合格接班人。注重架构设计和培塑传承，将基层党组织建设与学科、专业发展以及教育教学改革统筹考虑，将基层党建“第一责任”与推动发展“第一要务”有机融合，建立谋划同向、部署同步、落实同力、检查同考的“一盘棋”组织育人工作体系。

注重党建引领，转化提升基层党建工作优势是提升基层党组织育人质量的关键。一方面，通过项目牵引促进优势转化。增加对高校党建思政研究的投入，鼓励高校围绕高质量党建引领教育教学改革模式创新，申报教学改革项目、课程思政项目、创新创业项目等，谋划产生高水平教育教学成果，丰盈“大思政”育人格局。另一方面，引领育人实践实现优势转化。对标“双一流”建设中党建思政举措及成效的重要指标，加强示范创建和质量创优，充分发挥高校基层党组织的育人功能，着力提升学生的政治品质和综合素质，引领新时代创新型复合型应用型人才培养模式，构建高质量组织育人工作体系。

五、加强党建队伍培养，强壮组织育人力量

高校基层党组织书记作为基层党组织的负责人，是开展党组织育人工作的“关键少数”群体，必须优化人员配备、加强队伍锻炼培养，才能保障和

推动基层党组织建设与育人工作紧密结合。

一是选用“双带头人”基层党委书记。高校基层党委既要从学校发展全局高度擘画彰显学科特征的党建“作战图”，又要从支部建设局部角度带领师生构筑突出专业特色的党建“桥头堡”。从党建工作引领和融合中心工作的角度考虑，高校中具有重要地位的院（系）[如承担一流学科建设任务的院（系）] 党委书记一般应由本学科专业领域内具有较高学术和教学水平的教授担任。

二是实施基层党委书记培优工程。一方面，开展高校“双带头人”基层党委书记专题培训，突出政治训练，强化理论武装质效，注重党建与中心工作有机融合的方法论研究。另一方面，以京津冀协同发展国家重大战略为契机，积极推进我省高校“双带头人”基层党委书记到京津冀高校联盟对口单位挂职锻炼、跟岗实践，促进工作交流提升。

三是培塑“双带头人”教师党支部书记。在选任教师党支部书记过程中，要注重架构设计和培塑传承，将系部主任与党支部班子统筹考虑、交叉任职。如党支部书记兼任系主任或副主任，必要时增设 1 名副书记，在基层干部培塑上实现党建基因的深度融合，促进教师党支部书记领航有力带得动、统筹融合想得全、高位视角行得远。

在选优配强高校基层党组织书记工作队伍的基础上，不断完善专业化党务工作队伍培养和激励机制。一方面，完善常态化学习研讨机制。模块化供给、“训”“用”结合抓好“双一流”建设能力培训，开展党支部书记“月月谈”和“大书记带小书记”等，聚焦实践，提升党务工作者履职能力，激发党务工作者用大道引领传道、以大业引领授业、以大爱引领解惑的育人初心。另一方面，建立专业化发展激励机制和平台。制定和落实党务工作者双线晋升制度，把教师党支部书记从事党务工作计入育人工作量、把担任教师党支部书记经历作为干部选拔任用的重要条件、资助党建工作研究等，激励专兼职党务工作者倾心投入育人工作。明确党组织领导学术组织的方式程序、教职工党支部参与本单位重大问题决策和政治把关的内容要求等，将党建融入基层治理框架。

燕山大学机械工程学院党委在基层党组织建设过程中，建立“双轮驱动”组织育人工作新机制，以机构和机制为驱动牵引，统筹推进质量党建、精准思政，党建与教研联手打出组合拳，通过“系统设计”，提升育人质量，引领育人方向。学院成立党建思政研究机构并建立工作机制，运用党建主题沙龙、结构化专项研讨等方式，每月聚焦育人工作关键问题，形成专项解决方案，发挥党组织育人作用，引领带动提升育人实效，丰盈大思政育人格局。

一方面，建立完善党建思政工作机构。成立“机思广益”党建思政工作室并以工作室为依托成立党建思政研究团队，研究成员由以下人员组成：学院党委委员、专职组织员、教师党支部书记、辅导员和学生党支部书记代表等，同时重点吸纳思政专业教师、校外行业专家、校友企业家等加入，秘书由专职组织员担任。学院党委根据党建思政工作发展需求，结合研究人员的专业特长，设立党建思政专项研究小组。

另一方面，建立实施党建育人工作机制。学院党委坚持举办党建思政工作专题沙龙，一般每月 1 次。每次的研究主题和参会人员，由学院党委提前谋划确定，会议采取集中学习、头脑风暴、结构化研讨等方式开展，聚焦关键问题，形成专项解决方案。开展专项工作调研，一般每学期到校外有关高校或其他单位开展党建思政专项调研 1 次。由学院党委确定调研专题和调研小组组长及成员，调研小组负责制订调研方案，调研结束后形成专项调研报告，报学院党委备案，并向学院党委会汇报调研成果。

党建和思想政治工作理论研究落后于工作实践是高校普遍存在的问题，要统筹推进质量党建、精准思政，提升党建思政工作科学化水平。燕山大学机械工程学院党委面向短板、面向师生，强化引领、强化务实，成立党建思政工作研究组，通过定期组织开展“头脑风暴”，不断创新党建工作思路，形成了“精进研学理路子、众智合议出点子、深耕厚植育果子”的工作机制，牵引学院党建和思想政治工作驶入快车道。

一是精进研学理路子。工作科学化源于理论的认知和理念的创新。学院通过建立研讨会制度，加强对中央、省委、学校党委最新政策、部署要求等方面的学习研究，结合具体业务工作开展务虚研讨，为理论指导实践落实落地提供优化方案。机械工程学院党建研究组由学院党委成员、专职组织员、兼职党务干事、部分党支部书记和专职辅导员以及教师党员组成，每月至少举办1次专题沙龙，每次根据研讨主题邀请相关人员参加。在研讨会上，对一些重要文件、讲话进行深入学习，让大家系统深刻地理解了上级对高校基层党建工作的要求。这种集体学习、解读、分享和交流方式能够理清思路，准确把握工作方向和重点。

二是众智合议出点子。大家进行头脑风暴，提出了许多项目提升的金点子，对项目高效、优质推进具有重要指导作用。学院及时谋划党建工作研讨会议题，集中研讨党组织建设及育人工作重点内容，对工作及时指导、精准滴灌，推动党建工作与育人工作同向同行、相互融合、相互促进。

三是深耕厚植育果子。燕山大学机械工程学院党委通过党建思政工作研讨会制度不断引领党建思政工作者积极为学院育人工作贡献创新思路、培养本领，引导大家坚持高标准、高要求、高水平，努力锻炼“脚力、眼力、脑力、笔力”，以理论创新推进实践创新，在实践中探索完善理论建构，不断提升学院组织育人工作整体水平，在校院改革发展和一流学科建设中加速发挥示范引领作用。

第二节　高校基层党组织育人工作机构建设与管理

燕山大学机械工程学院“机思广益”党建思政工作室成立于2020年1月，工作室以育人为导向，坚持因事而化、因时而进、因势而新，发挥自身优势，推动智慧党建研究，打通线上线下育人阵地，以坚定的育人理念和丰富的活动形式在推动党建思政创新发展中发挥积极作用。

一、建设基础

（一）“四有”保障

（1）有教师参与团队。工作室成员均长期从事大学生党建思政工作，注重老中青的年龄梯队结合、关注文理工的学科专业融合，有多名全国和省级高校辅导员年度人物，有全国辅导员职业能力大赛获奖者，有教授、副教授，有兼职思政课教师，也有参与学校学院发展的领导干部，还有党建专家、教育部思政杰青担任校内外指导，年龄结构和科研梯度科学合理，具有深厚的思政研究的工作基础和文化积累，具有比较稳定的成员。

（2）有学生运营组织。工作室坚持“党建 + 服务担当”的理念，依托燕山大学机械工程学院党务中心、传媒中心，成立“机思广益”党建思政学生志愿团，广募有情怀、有本领、有责任、有担当的学生志愿者，负责线下实体空间建设、线上新媒体运营及线上线下各类党建活动组织，成员一般 20 余人。

（3）有网络思政平台。运营“机思广益”微信公众号，开设“云共建”“微党课”“微评论”“示范课”“样板风采”等专栏。

（4）有育人实体空间。学院对“机思广益”党建思政工作室的建设给予大力支持，专门批设 30 平方米场地，给予经费支持，打造育人实体空间。（见图 3-1）

图 3-1 “机思广益”党建思政工作室

（二）“特色”根基

“机思广益”党建思政工作室目前已打造出具有自身特色的品牌项目，具备很好的建设基础。

（1）“微党课”打造党建平台。工作室以“微党课”视频为抓手，开展大学生党建平台建设，将短视频模式引入学生党建日常，搭乘新媒体发展的快车，实现学生党建与现代传媒手段和信息技术的融合，为基层党组织建设提供了新思路、新方向，在广大学生党员中掀起一阵清新的“微”风。微党课视频大赛，每年举办一次，已成为学院学生党员开展宣传教育的阵地、展示党员风采的窗口、完善党员教育的补充。工作室成员主持的“高校研究生党员提高学习教育实效性的途径研究——以‘微党课’平台为例”获批河北省高校党建研究课题。

（2）“云共建”拓展活动边界。工作室倡导智慧党建，创新发起“青年党员云携手 使命担当肩并肩”校际党支部“云共建”活动，既为新冠疫情期间跨区域开展支部共建提供了新思路，也是基层党组织长期建设路径的有效探索。共建活动得到清华大学、长安大学、河海大学、湘潭大学等典型特色高校党支部，贵州大学、塔里木大学、西藏农牧学院等祖国西部高校党支部的积极回应。“云共建”活动打造党员间交流沟通的新天地、支部间教育学习的新窗口、高校间取长补短的新路径和东西部合作交流的新渠道，实现支部发展建设、党员成长蜕变的耦合增量，受到全国高校思想政治工作网等多家媒体的报道，在社会各界引起强烈反响。

（3）“守阵地”坚守职责使命。在推进“世界一流大学和一流学科”建设的背景下，我国高校已将国际化提上日程，着眼于培养一批具有学成回国为祖国建设服务的事业心和责任感的拔尖创新人才。工作室致力于用实际行动回答“为谁培养人”的根本问题，推进国际化背景下的“守阵地 做引领”大学生意识形态教育研究，深度调研国际化背景下高校学生意识形态教育现状，努力建构国际化背景下高校学生意识形态教育体系，巩固党在意识形态领域的主导权。工作室成员主持的“国际化背景下的大学生意识形态教育研究”获批河北省高校党建研究课题，参研的《论巩固党在网络意识形态领域的主导权》获河北省思想政治工作优秀研究成果三等奖。

二、建设目标与措施

（一）建设目标

工作室聚焦“智慧党建”思考，致力党建质量提升，通过学术研究、实践探索、研讨交流等形式，提炼党建新思路、搭建党建新平台、开辟党建新路径，以创新活动形式为载体，增强党员队伍的生机活力，提升基层组织的号召力，突出政治功能，充分发挥基层党组织的战斗堡垒作用和党员的先锋模范作用，全力助推党建思政工作创新发展和质量提升，助力加快一流大学和一流学科建设，实现学校学院内涵式发展。（见图 3-2）

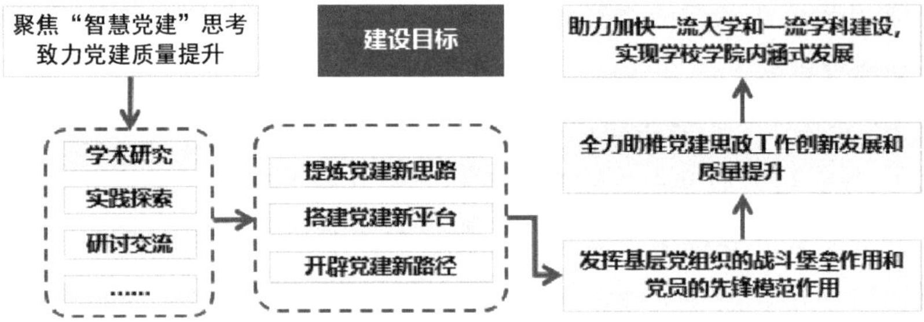

图 3-2 “机思广益”党建思政工作室建设目标

（二）管理模式

工作室以实体空间为阵地，以网络空间为载体，以主体成员为核心，以编外人员为辐射，立足“智慧党建”，建设“四推四式”：

推行“项目式”管理，设立工作室特色活动项目组，专人负责、专项落实，让“云共建”“微党课”等特色活动做深做实做细，并收获实效。

推出“立项式”培育，开展“智慧党建”课题研究，分级立项，定期研讨，深入查摆问题，切实解决问题，增强基层党建工作的科学性、预见性、主动性。

推进“协同式”共建，党委学生工作部把舵，基层学院党委定向，校内外专家指导，协同协作、良性互动，携手提升工作室的建设水平与理论层次。

推动“整体式”提高，打造高规格研讨会、报告会，广泛交流、深入探讨，实现高校间、院（系）间、同仁间的互促互补互融，培养先锋党员、培育样板支部，实现共同提高。（见图 3-3）

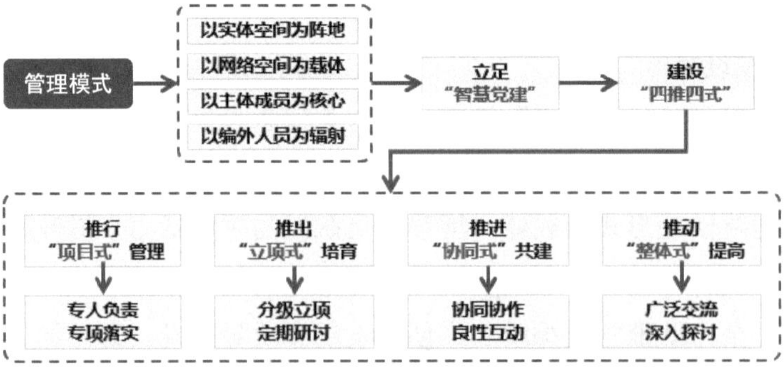

图 3-3 “机思广益”党建思政工作室管理模式

（三）主要措施

1. 以需求为导向，体现时代性

工作室的建设定位于新时代如何确保学生党员培养质量和提升基层党组织建设效果，因此开展的活动、开辟的项目一定要基于党员培养和组织建设的需求，解决问题、破解困惑、打破僵局，体现政治性、时代性。只有根据需求作出相应的完善方案，才能不让工作室形同虚设。

2. 以实践为基础，培植新成果

以实践为基础，精心培育“志愿行”“微党课”“云共建”“守阵地”精品项目、特色产品，不断推陈出新，培育新成果，注重总结凝练，逐渐提炼成熟机制，形成有效办法，总结典型经验，发挥工作室的示范引领作用，推动基层党建工作开展，推动基层党组织全面进步全面过硬。

3. 以立项为推动，激活创新性

在师生党支部中，开展特色活动立项，激发基层党组织的积极性、主动性与创新性，人人参与“智慧党建”；在党务工作队伍中，开展党建研究立项，对师生党建工作存在的突出问题，要开展专门研究，制定专题规划，提供专项资助，人人探索“智慧党建”；在高校中，开展精品立项评审，认真谋划，精心组织，广聚贤才，共同研讨，人人钻研“智慧党建”。

4. 以媒体为载体，扩大受益面

在新媒体时代的今天，工作室的辐射面很大程度上与网络知名度密切相关。因此工作室要想真正将工作做实、做深、做透，必须以媒体为载体，除了线下活动的精心打造，自身新媒体阵地“机思广益”微信公众号、燕山大学机械工程学院官方微信公众号、学院官网的细心运营，还需要依托全国高校思政网、中国大学生在线等网络媒体，依托书刊、报纸、电视台等传统媒体，扩大受益面。

5. 以升维为目的，打造国家队

工作室不断推进智慧党建，以“云共建”高校为辐射，进一步加强共建高校的线上线下交流与合作；同时，面向全国高校发起“新时代基层党建研讨会”，广聚党建思政同仁，研究热点、讨论难点、交流经验、共谋发展；选派优秀成员，外出培训学习、走访交流、挂职体验，开拓视野、提升素质的同时，推动团队能力整体升维，进一步提升工作室特色活动的创新性与实践性。

（四）品牌升级

工作室立足“智慧党建”思考，深入打造自身党建品牌项目。（见图 3-4）

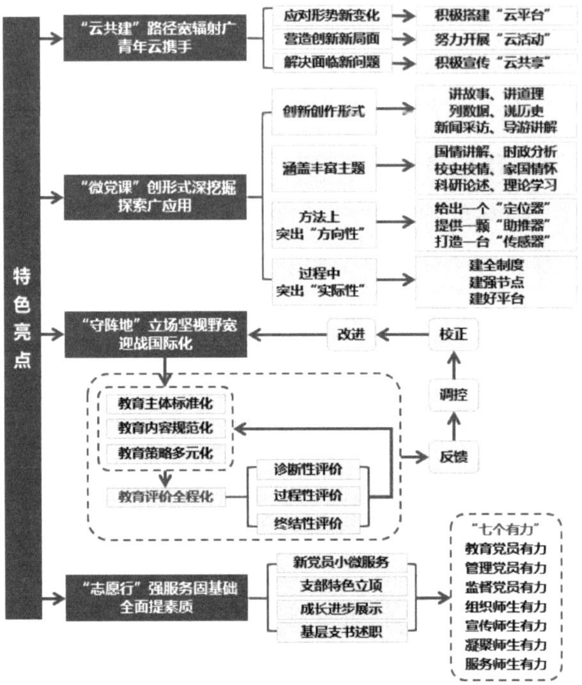

图 3-4 “机思广益”党建思政工作室特色亮点

1.“云共建”路径宽辐射广，青年云携手

进一步谋篇布局、拓宽合作路径、扩大辐射范围、扎实共建效果。应对形势新变化，积极搭建“云平台”。顺应时代发展，突破空间障碍，充分利用在线平台，促进共商共建。探索不同专业学科的交叉融合，打破学校边界，按照生源区域、专业领域、兴趣志向组成个性团体，以期在日常学习、科创竞赛、生产实践、社会调研等活动中加强合作。营造创新新局面，努力开展“云活动”。采取“主要活动协同商定，特色活动分头认领”的形式，结合自身情况认领主办特色活动，采取“活动策划人人参与、分享代表报名发言”的形式开展，既充分了解学生的想法，又为党员提供锻炼机会，坚定青年党员成为有理想、有本领、有担当的新时代青年的信念。解决面临新问题，积极宣传“云共享”。在探索中发现问题，解决问题，积累经验，不断提升共建活动质量、深化共建支部合作、促进支部党员发展，总结工作方法，提炼工作模式，为其他高校党支部的校际交流提供新思路。

2.“微党课”创形式深挖掘，探索广应用

进一步创新“微党课”的创作形式，采用讲故事、讲道理、列数据、说历史、新闻采访、导游讲解等多种风格，涵盖国情讲解、时政分析、校史校情、家国情怀、科研论述、理论学习等丰富主题。方法上，突出“方向性”，给出一个“定位器”，引导党员深刻理解个人的学习发展与国家整体发展的关系；提供一颗“助推器”，指导党员以自身视角，讲授身边故事，融趣味性、时代性于一身，既是学习，更是交流；打造一台“传感器”，倡导党员贴近实际生活，以通俗易懂的语言和内容来讲述学生眼中的党建工作，贴地气吸人气。过程中，突出“实际性”，深入推进“建全制度、建强节点、建好平台”工作；在制度建设的保障下，充分发挥党小组、党支部和党务中心等基层党组织“节点”的宣传、动员和组织协同作用，建好制作和宣传两个平台，全面夯实大学生党建工作基础。在丰富视频主题、拓展作品来源的基础上，扩大应用空间，除展播之外，更注重将优秀的“微党课”实际应用，用于云共建、云党课、云分享之中，用于积极分子、重点发展对象、党员的党课之中，提升“微党课”的应用实效。

3.“守阵地”立场坚视野宽，迎战国际化

在高校推进国际化的背景下，中西文化的碰撞带来意识形态的激烈交锋，高校的党建思政工作面临着前所未有的挑战。工作室集中研讨国际化背景下高校学生意识形态教育的主体、内容、策略、评价相关问题，进一步构建完善“守阵地 作引领”大学生意识形态教育体系，开展大学生意识形态教育，力争做到教育主体标准化，保障意识形态教育的质量和实效；教育内容规范化，增强马克思主义意识形态教育的吸引力和实效性；教育策略多元化，使意识形态教育入耳、入眼、入心、入脑，为大学生树立“政治盾牌”，提供精神供给；教育评价全程化，对教育效果采取诊断性评价、过程性评价、终结性评价，通过诊断教育主体、内容、策略的情况和存在问题，及时反馈、调控、校正、改进，以提高教育实效，巩固党在意识形态领域的主导权，抵御西方的文化侵袭和意识形态的渗透，保障社会主义的办学方向不动摇。

4.“志愿行”强服务固基础，全面提素质

基层党支部是党在高校全部工作和战斗力的基础，工作室以志愿服务为主题，推出党员“志愿行”系列活动：“新党员小微服务”，激发为人民服务的意愿与热情；“支部特色立项”，鼓励党支部结合专业特色，走进社区开展社会实践、志愿服务、主题教育；“成长进步展示”和“基层支书述职”，突出党员的思想引领、模范带头、行为促进作用。多措并举，提升党员综合素质，保证基层党支部做到“七个有力”，即教育党员有力、管理党员有力、监督党员有力、组织师生有力、宣传师生有力、凝聚师生有力、服务师生有力。

第三节　高校基层党组织育人工作机制运行成果及典型案例

燕山大学机械工程学院依托党建思政工作室和研究团队开展党建思政研究，重点运用党建思政专题沙龙，贯彻“理路子—出点子—育果子”的党建育人工作机制，对高校基层党组织育人工作开展深入研究，在育人文化、育人方法、育人途径、育人模式、育人质量提升等方面形成代表性实践案例，产生诸多研究成果。

一、高校基层党组织育人文化探索——“学科文化育人矩阵”

【实施背景】

党的二十大报告提出，要推进文化自信自强，铸就社会主义文化新辉煌。以文育人是落实立德树人根本任务、培养担当民族复兴大任的时代新人的要求，是继续推动文化繁荣、建设文化强国、建设中华民族现代文明的迫切需要，是提升国家文化软实力、以中国式现代化全面推进中华民族伟大复兴的强大精神力量。

文化建设是大学赖以生存、发展的重要根基与血脉。校园文化是在一个学校范围内，在长期育人过程中形成的独特的价值观念、社会心理、审美情趣、思维方式、行为方式以及与此相关的校风、学风，是一所学校综合实力的反映。不同的基层教学单位根据其学科专业的培养目标也有不同的文化特点，具体表现在办学历史、办学理念、办学目标、办学特色等方面。

高校基层党组织是文化育人工作的责任主体，应加强和创新文化育人工作，充分凝练学科文化元素，将学科文化和时代旋律充分融合，注重以文化人、以文育人，繁荣学科文化，夯实育人根基，建设育人阵地，滋养师生心灵，涵育师生品行，将文化建设作为基层党组织建设和党建工作的重要内容。

【实施过程与内容】

燕山大学机械工程学院党委在组织建设过程中，把文化建设作为一项重要工作，将文化育人作为重要使命和党建工作重要抓手，充分利用“理路子—出点子—育果子”的工作机制，把文化建设和文化育人作为党建思政工作专题沙龙的重要内容。

1.凝练学科文化内涵元素

（1）组织编写学院及学科发展历程。由学院党委领导牵头，各专业系部、行政科室、实验室、教工和学生党支部配合，并联系学校档案馆、有关职能部门收集各类材料，组织专人对老领导和老教师进行咨询采访，全面完善梳理出学院及各专业系统化的发展历程，让广大师生了解机械工程学院发展的历史脉络与发展现状，了解机械工程学院在燕山大学发展中的重要地位和历史作用，从而热爱机械工程学院，认同机械工程学院，以在燕山大学做一名机械人而自豪，传承机械人乃至燕大人艰苦奋斗的创业与奋斗精神，加深全体员工与学生对机械工程学院乃至燕山大学的感情，为燕山大学的历史文化建设贡献自己的一份力量。

（2）策划建设学科发展长廊。作为一直伴随燕山大学成长和发展的学院，具有深厚的历史积淀和文化底蕴，同校史馆呼应和补充，机械工程学院充分挖掘利用自身资源，建设自身的展示空间。为此，将机械馆的一楼大厅和回廊进行改造，利用学院院史资料和部分废旧设备，建设学科发展回廊，作为学院接待校友和多方来客的形象窗口和展示平台，全面、立体、生动地展示机械工程学院的历史脉络、发展思路、办学优势、学科特色、发展方向等，使人充分感知学科发展的重要地位和历史作用，传递出燕大机械的魅力和使命，对传承燕大机械优良传统和奋斗基因，激发师生的自豪感，增强校友的归属感发挥重要作用。

（3）制作形成系列宣传资料。修改完善学院官方介绍 PPT，制作拍摄学院官方宣传片、党建工作实录等，每年定期更新，使学院宣传推广规范化、生动化。同时，配合机械工程一流学科建设发展理念和需求，运用新媒体、网络等多种平台加以宣传推广，广泛传播燕山大学机械工程学院和学科实力与特色，提升学院和学科的社会影响力和关注度。

2. 谋划学科文化育人矩阵

挖掘机械学科文化素材，线上线下同步发力，建造全媒体育人矩阵。（见图 3-5）

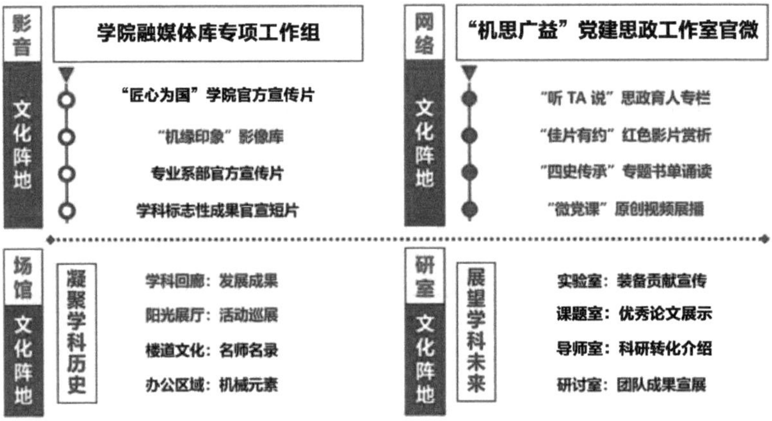

图 3-5 全媒体文化育人矩阵

（1）影音文化阵地。成立学院融媒体库专项工作组，拍摄“匠心为国”学院官方宣传片；制作多版本学院官方 PPT；创建“机缘印象”影像库，向离退休老领导、老教师、知名校友和毕业生开展访谈实录；谋划制作专业系部官方宣传片和学科标志性成果官宣短片。

（2）网络文化阵地。开设“机思广益”党建思政网络官微，共享“听 TA 说”思政育人专栏，并设置“佳片有约”红色影片赏析、“四史传承”专题书单诵读、“微党课”原创视频展播等多个专栏，持续推出优秀育人文化作品。

（3）场馆文化阵地。对学院主体楼宇（机械馆）一楼进行修缮改造，建成机械学科回廊，展示学科发展历史和重要成果。在馆内设置阳光展厅，结合育人需求，定期进行活动巡展，并继续学院所属场馆楼道宣展，以名师名录为主题进行楼道文化建设，在办公区域显示机械元素，构建机械学科场馆文化传承赓续的全覆盖体验空间。

（4）研室文化阵地。以学科和专业特色为主线，加强对实验室、课题室、导师室、研讨室等文化主题宣传展示一体化统筹指导，分别形成学科装备贡献宣传、优秀论文展示、科研转化介绍、团队成果宣展等区域文化，形成浓厚的学术研究文化环境。

3. 申报实施文化建设项目

文化是学院的灵魂，无文化的行动是无力的。学院高度重视文化的铸魂育人作用，以文化项目申报为契机，大力加强文化建设。首先，学院强调文化建设要与实际工作协同进行，要与学科建设和学科评估有效融合，不断丰富文化元素，发挥文化建设对学院事业发展和学科建设的推动作用。为此，首先通过专题沙龙确立文化建设项目主题和负责人。其次，通过党建思政专题沙龙持续加强对文化建设项目推进的指导和监督。文化建设项目负责人定期汇报工作进度、阶段性成果、下一步工作安排等，与会人员围绕工作推动思路及落实举措进行“头脑风暴”，提出项目推进的“金点子”，确保文化项目扎实推进，达到预期成效。（见表 3-1）

表 3-1　2020—2023 年文化建设项目一览表

序号	年份	项目名称	备注
1	2020	视听机械 献礼百年——机械工程学院文化建设宣传展示策划与实施	重点
2	2020	“燕大精神”与“课程思政”智慧碰撞——机械专业课程思政元素探寻与精神凝练	重点
3	2020	培育弘扬爱国爱校精神，核心价值引领创新创业教育文化	
4	2020	传承燕大精神 熔铸奋斗基因——机械工程学院学风建设系列活动	
5	2020	“风华机械人”——榜样人物评选系列活动	
6	2020	坚守志愿初心，践行青春使命，书写新时代的雷锋故事	
7	2021	“机械文化之旅”——燕大机械学科回廊的智能全息传播与体验	重点
8	2021	“燕大精神”与“课程思政”智慧碰撞——构建“供给侧”“需求侧”循环双促的新格局	重点
9	2021	厚植红色之根，熔铸燕大之魂——庆祝建党百年系列活动	

（续表）

序号	年份	项目名称	备注
10	2021	国防科技爱国主义文化阵地建设	
11	2021	大学生网络文化育人模式的实践探索——以“听 TA 说”网络思政栏目为例	
12	2021	传承奋斗基因助力学风建设 熔铸家国情怀涵养军旅文化——机械工程学院彩虹训练营	
13	2022	萃取百年党史，熔铸红色之魂——弘扬伟大建党精神系列活动	重点
14	2022	学困帮扶促学风建设 军旅文化融家国情怀——机械工程学院彩虹训练营系列活动	
15	2022	传承青春力量，引领荣耀风华——学生干部榜样学习系列活动	
16	2022	公寓思政育人“一站式”基地建设——构建学生素质发展中心“一体化”格局	
17	2022	“机”蓄力量，“械”逅燕园——培养“燕大人文化品格”的青年教师俱乐部建设	
18	2023	传承“燕大人文化品格”，培育新时代科创英才——机械工程学院“燕鸣大讲堂”系列活动	
19	2023	“创志愿品牌，践雷锋精神”实践研究	
20	2023	立足实际构建美育体系，文化育人涵养思政力量——“艺展燕园情，礼赞新时代”系列活动	
21	2023	公寓思政育人“一站式”基地建设——构建学生社区心灵成长服务中心“一体化”格局	

4. 开展学科文化品牌活动

深挖学科文化及学术土壤，策划创办具有“燕大机械人文化品格”的“燕鸣大讲堂”品牌活动。大讲堂从三个层面挖掘资源并组织开展相关活动，分别为：科研团队中青年教师、学院资深老教授、优秀研究生。

（1）燕鸣论坛——传递科研力量 追求卓越品质

科学以探究真理、发现新知为使命。“善学者尽其理，善行者究其难。”该模块主要邀请各个学科团队的中青年教师进行学术报告，旨在拓宽师生眼界、培养科学思维、引发思想碰撞、传递科研力量，通过学术论坛的方式，引发学术争鸣，探索学科发展新方向，汇聚学科发展力量，增强学科科学底蕴，形成浓郁科研氛围。形式：线上直播；时间：每周一次。

（2）燕鸣对话——讲述精彩人生 培植奋斗基因

回顾燕山大学机械工程学院，从北国雪原到渤海之滨筚路蓝缕、波澜壮阔的办学历程，听老教师讲述他们与燕大一起成长的故事、他们的科研人生、他们的生活智慧。铭记历史会让我们看清楚未来的路，倾听他人精彩人生会为我们注入非凡智慧。该模块主要邀请校内专家和杰出校友，为我们讲述他们的精彩人生。形式：线上直播或录播；时间：每月一次。

（3）燕鸣学堂——传播科研方法 塑造精彩研生

学术领航青春，经验引领方向。在面对面交流中寻找方向，在心与心沟通中找寻答案。该模块邀请优秀青年教师和研究生，通过讲述其科学研究经验、第一篇小论文诞生记、情感和就业经历等，为同学们研究生涯指点迷津，成就精彩。形式：线上直播；时间：每月一次。

【成效及意义】

学院有了比较完整的文化脉络，建成了文化体验场所，增强了师生的集体归属感和学科认知度。创作的部分网络文化作品被中国教育电视台官方微信公众号、全国高校思想政治工作网转载。具有学术特色的文化品牌活动不断提升学生品格素质、知识视野和业务水平，帮助受众学生树立正确的世界观、人生观、价值观、择业观，深入培植学生的“燕大机械人文化品格”，增强学生科创底层思维和能力。同时，帮助师生深入理解培育家国情怀所包含的对民族的责任感和使命感、对国家的归属感和认同感以及对中华文化的自信与自觉，从而正确处理个人与社会、个人与国家的关系，正确认识中国特色和国际比较，正确理解民族立场和人类情怀，自觉承担时代责任与历史使命，并最终内驱自身成长成才，主动投身社会发展与国家建设，勇于担当中华民族伟大复兴大任。

二、高校基层党组织育人方法探索——“教之有法 育之有道”

【实施背景】

高等院校是为社会培养专业能力过硬、道德修养水平较高的人才的主要阵地。施教工作者不仅要向大学生传输专业知识，更要关心和了解他们的心理状态，这样才能做到因材施教。心理健康教育是思想政治教育中的一项重要内容，作为高校教育管理部门和工作者要关注学生身心健康，舒缓学习生活压力，帮助指导学生以积极向上的心态开展学习活动、正确认知未来发展。

一般来说，开学初或毕业季是高校大学生出现心理问题的高发期，燕山大学机械工程学院党委高度关注学生心理健康，通过在开学初举办“教之有法 育之有道”专题沙龙，统一研究指导教师党支部在学生心理健康教育、良好师生关系建立等方面应发挥的作用。

【实施过程与内容】

学院党委召开以“教之有法 育之有道”为主题的党建工作沙龙，由学院党委书记主持，主管学生工作、本科及研究生培养工作的学院领导、教师党支部书记以及教师代表等参加培训与研讨。

1. 举办专题讲座及案例分享

邀请燕山大学心理健康教育服务中心老师为大家作学生早期心理问题发现的专题讲座，向大家普及学生心理问题的发现途径、处理办法，以及如何谈心等心理健康教育知识。主管领导分别向大家介绍学生心理健康总体状况、班级导师工作要求，本科和研究生培养过程中典型的心理健康案例等，并结合自身经历同大家分享如何处理好师生关系，强调作为导师要了解学生特别是研究生的压力来源，要把学生当成“心头肉”，和学生多说心里话。

2. 部署“教之有法 育之有道”主题党日活动

学院党委先行研究制定“教之有法 育之有道”主题党日活动方案，具体包括：（1）理论学习。学习习近平总书记在中央党校（国家行政学院）中青年干部培训班开班式上重要讲话，了解党中央和国家对年轻干部的希望和嘱托；观看总书记“公开课”，引导教师教育学生做新时代有为青年。（2）方法实践。根据习近平总书记的指示和思想，指导开展实际工作。在心理问题高发期，面向学生身心健康，开展有关工作。党支部书记与教师分享案例和工作方法，动员指导本单位学生班级的班主任、研究生导师与学生贴心交流、贴心对话。针对本科生班级，可以与辅导员联合，组织开展专题开班会。针对研究生，号召导师逐个排查，了解学生真实心理状况，消除学生杂念、怨念，以及畏惧、恐慌等心理，帮助学生解除心结，释放压力，放下包袱，以健康的身心投入学习和生活。同时，鼓励以党支部或课题组等为单位适当开展一些有益学生身心健康的文娱活动。通过举办专题沙龙，统一向各党支部介绍活动的背景，深入分析活动的内涵和意义，并培训指明工作开展的方法。

3. 开展理论学习与培训

党委书记带领大家学习习近平总书记在中央党校（国家行政学院）中青年干部培训班开班式上重要讲话，强调广大教师肩负着把学生培养成为党的干部和人民公仆的重任，每位教师都应深入学习领会习近平总书记重要讲话精神，要不断学习了解党的思想和行动路线，谨记党的嘱托，练好“内功”、提升修养，做到信念坚定、对党忠诚，注重实际、实事求是，勇于担当、善于作为，坚持原则、敢于斗争，严守规矩、不逾底线，勤学苦练、增强本领，努力成为可堪大用、能担重任的栋梁之材。

4. 党支部集中“教之有法 育之有道”主题党日活动

在学院党委的统一部署和指导下，各教师党支部集中开展“教之有法 育之有道”主题党日活动，共同学习分享处理学生心理问题的方法与技巧，引导教师在教学过程中关心关爱学生，建立良好师生关系。通过党支部的组织和引导，在学院范围内集中开展教师育人方法和育人规律培训，触动教师心灵、引发教育思考、改进教学行为。

【成效及意义】

通过集中研学，各党支部书记统一思想、提升认识，明确教育要有目标、有规矩、有底线，同时更注重探索途径和优化方法。举办“教之有法、育之有道”专题沙龙，也是对统一开展主题党日活动进行的一次集中培训和指导，能够保证主题党日活动开展步调一致，不跑偏、不走样，促进教师党支部把学生心理健康和教育教学紧密结合，引导广大教师意识到学生心理健康教育的重要性，激发教师开展固本培元、因材施教的育人之道方式方法研讨，使学院“教与学、育与长”的育人生态建设更加健康向上。

三、高校基层党组织育人途径探索——党支部“智联建”

【实施背景】

立德树人是我国高校的根本任务，其中思想政治教育是生命线。做好高校思想政治教育，要放在世界百年未有之大变局、党和事业发展全局中来看待，要紧密结合学校办学优势和特色，站在社会政治、经济、科技发展趋势的高度来筹划学生的教育管理模式。当前，在高校学生教育管理过程中，大力推动构建“大思政”育人格局，要求高校、教师、企业等多个主体共同参与，在学生管理和教育教学中互促互进，发挥协同效应，形成强大育人合力。与此同时，我国正在进行新一轮技术改革和科技创新，国家对科技创新和自立自强的需求空前迫切，企业技术创新和产品迭代升级的速度加快推进，特别是作为国家经济命脉的制造业，正在加速向智能化、信息化发展。这无疑对人才的输出主体——高等院校，特别是以工科为优势和特色的高等院校产生重要影响。

高校应充分发挥党组织在思政教育与人才培养中的作用，通过党建引领，探索产学研协同育人新模式，促进校政企多方开展广泛合作。为此，燕山大学提出要开展服务国家战略、服务地方经济社会发展等专项活动，引导广大基层党委和教师党员着力提升科技创新能力、促进科技成果转移转化，用专业特长为地方经济发展服务。校政企党建共建联建协同育人是探索高校基层党支部建设的新思路、新做法，是高校产学研协同育人的新路径、新模式。燕山大学机械工程学院党委确立并坚持“开门联合搞党建、融通共促谋发展、优势共享育人才”的建设思路，积极探索“校联融合集智慧 产教互促破难关”的校政企“智联建”模式，主动与地方政府、行业企业、相关协会等建立合作关系，开展有组织的教育与科研活动，为发挥校政企三方协同效应，形成强大育人与科研合力提供有益的实践探索。

【实施过程及内容】

1.研究确定党支部“智联建”育人模式

为充分发挥高校党支部的育人功能，深入贯彻党建与学校中心工作充分融合的党组织建设理念，燕山大学机械工程学院党委通过党建思政专题沙龙，研究提出党支部“智联建”育人模式，为高校基层党组织育人探索出一条有效途径。党支部“智联建”育人，从教师党支部的引领入手，协同学生党支部，开展与政府、地方、企业等组织开展联建，以“校企融合集智慧 产教互促破难关”为主旨，重点布局京津冀重点工业产业链相关县区和企业基层党组织，围绕落后产能转型升级、特色产业规划布局、中小民营企业技术服务与人才培养、校企科研协同平台建设等方面开展联建活动。“智联建”重点推进四个联建方向：一是面向地方政府协同产业发展顶层设计，联建提升师生政府视角认知能力；二是面向产业集群协同建链强链补链延链，联建提升师生产业发展掌控洞察能力；三是面向生产企业协同关键核心技术攻关，联建提升师生科技创新实操能力；四是面向行业研究机构协同智力资源装备资源共享，联建提升师生团队协作沟通交流能力。“智联建”发挥产学研深度融合优势，搭建多元育人场景，构建产学研协作育人新范式。

2. 策划开展“校企携手 智慧协同”主题党日活动

学院党委将“智联建”列入党支部年度重点工作，通过党建思政专题沙龙定期研究指导，同时策划开展“校企携手 智慧协同”主题党日活动，对“智联建”落实任务、集中推进，提升“智联建”育人质量和效果。

目的：

推动教职工党支部校企“智联建”，党支部与系部共同谋划组织教职工、学术团队联系专业相关企业或协会开展走访交流，深度对接企业和行业科技需求，助推学院教师、学术团队与企业联手攻关工程技术难题，实现科技成果转化落地，增强学科的社会服务功能和能力。

工作方案：

已开展联建的党支部，可组织支部教职工开展实地交流活动。

尚未开展联建的党支部，应结合系部学科和专业特色、结合教职工科研需求积极谋划、开拓联建单位，积极推进线上线下交流活动。

规模较小的党支部可以与其他支部联合开展活动。

有关要求：

开展实地交流的党支部，需提前形成活动策划方案，方案应包括：时间、单位、参观人员、主要内容、预期效果和经费预算，并报学院党委审批备案。

实地交流前，党支部应认真做好筹备和预演工作，要向联建单位准确全面地展示专业的研究基础和业绩成果，提倡集体行动，提倡以老带新，提倡面向企业问题，提倡走入工程实际。

交流后要认真总结，切实落实交流提出的需求，持续跟踪推进合作意向。

3.组织开展“智联建”专题推进研讨

学院党委书记作为负责人，介绍学院谋划制定的“校企携手 智慧协同”主题党日活动的目的和主要内容，并对具体开展过程和操作程序提出指导性意见建议。各教工党支部书记汇报本单位党支部联建工作已经取得的主要成效，分析存在的问题，提出下一步建设构想。通过研究确定，党支部要准确全面地展示专业的研究基础和业绩成果，广泛深入地方、企业和协会，为广大教师对接企业工程技术需求提供渠道和平台。与会人员互相分享经验，共同研究点子，为深入推进校企教师党支部“智联建”理清思路，为党支部如何寻求联建单位以及如何组织教职工和学术团队开展走访交流等方面提供参考。

4.“智联建”典型经验分析

燕山大学机械工程学院党委及各党支部带领广大教师主动对接地方政府和企业技术需求，发挥高校学术、人才、科研等资源优势，开展校政企三方全面、深层次合作，积累了一些典型的建设经验。一是赴河北沧州开展校地企融合对接。学院党委与沧州市孟村县政府建立长期合作关系，并到沧州市、盐山县等重点企业进行调研交流。促进校地双方成立了燕山大学管道装备产业孟村研究院和科技人员工作站，促成多项校企合作项目。二是赴河北邢台开展政校企合作调研。学院党委带领教师团队分别到邢台市临西县和任泽区考察当地轴承产业集群、机械制造产业集群等发展情况，参加科技赋能特色产业集群“领跑者”企业培育研讨会，与企业代表交流座谈技术需求和科技成果转化等工作，促成燕山大学与当地合作共建华北轴承智能制造产业孵化基地、邢湾智能制造产业科研中心等。三是开展校企党支部“智联建”活动。学院教师党支部与省内外企业开展组织联建，发挥党建引领作用，为提升专业人才培养能力引进资源，为教师发挥科研能力搭建平台，不断拓宽校企合作空间。

【成效及意义】

“智联建”已辐射4个地方政府、5个高校和院所、50多家企业、2个协会，形成合作数十项，是高校基层党组织领导推动产学研协同育人的有益探索。

其一，符合学科发展需要。服务地方经济发展是争取学科地位重要的

“软环境”，是高校学科特别是工程类学科价值感、存在感和美誉度的迫切需求，也是谋求和获取省内相关部门支持的重要“砝码”。做好学科贡献、讲好学科故事、树立学科形象至关重要，校政企“智联建”体现了燕山大学机械工程学科主动把学术论文、科研工作谱写在河北经济发展上。通过党组织领导布局，有效精准地与地方政府和企业对接合作，形成对重点产业链的全域性、革新性赋智赋能，同时充分彰显高校学科的社会服务功能。

其二，符合人才培养需要。“面向工程”是燕山大学机械工程学院的“建院之基”“立院之本”，培养学生的工程实践创新能力是工科院校人才培养的重要目标。校政企“智联建”能够有效解决高校师生的工程实践能力问题。一方面，从师资队伍培养看，深入工程项目实际，为青年教师提供更多的实践机会，在实践中锤打锻造，并逐步形成个人或团队长期合作的企业群体，从而传承学科优良的工程理念和工匠精神，为高校教师群体注入鲜活的“富氧”血液。另一方面，从学生培养角度讲，校政企三方联合开展有组织力、协同性强的产教融合互动，发挥政府在地方产业集群发展中的主导作用，精准高效对接产业发展前瞻性技术需求和企业实际工程技术难题，将产业发展需求动态反馈运用到教学体系建设中，促进学院聚焦智能制造新元素、新形态，制订以实景项目为载体的多元项目式体系设计和训练方案，突出工程实践创新能力训练和素质养成，形成校政企联动协同共建的实践育人新局面。

四、高校基层党组织育人模型探索——“三梁四柱”

【实施背景】

学科建设是新时代高质量高等教育体系和高素质人才培养的关键。习近平总书记指出，“建设教育强国，龙头是高等教育。要把加快建设中国特色、世界一流的大学和优势学科作为重中之重”[①]。当前，党建思政引领举措及成效已成为学科建设的重要指标，高校基层党组织建设不仅要起到引领和保障作用，更是学科建设的重要内容。面对一流高校和一流学科的“双一流”建设重要任

① 新华社．习近平在中共中央政治局第五次集体学习时强调 加快建设教育强国 为中华民族伟大复兴提供有力支撑 [J]. 共产党员，2023（11）：8-9.

务，高校基层党组织建设工作必须瞄准“双一流”建设内容，“靶向”发力、“精准”施策。为充分展示燕山大学机械工程学院育人特色，学院党建思政研究团队多次召开专题沙龙，根据学科特点研究凝练“三梁四柱”（源于国之重器万吨液压机本体结构）思政育人模型。

【实施过程与内容】

“三梁四柱”思政育人模型，上梁定位、动梁锤锻、底梁支撑、四柱导向，为落实立德树人根本任务固本培元。

1. 思政课程为“上梁”，定位育人方向

构建“不断线、全覆盖、入脑入心、学思践悟”思政课教学体系。①第一课堂筑牢理论根基。扭住培育当代大学生对中国共产党政治认同的“牛鼻子”，推行沉浸式逻辑思辨课堂，筑牢学生思想理论根基。②第二课堂发力价值判断。拧紧理想信念“总开关”，筑建集红色讲坛、马研会、读书会于一体的育人格局，打造精神盾牌，提升学生价值判断能力。③实践教学深化学思践悟。以基础课“前行者”成长记录、原理课“朗读者”推荐书简、纲要课“追随者”情景演绎、概论课“观察者”网微视听为平台，建构“四位一体”思政课实践教学全员覆盖体系。

2. 课程思政为“动梁”，锤锻育人本领

创立“机思广益”党建思政工作室，形成课程思政“三化”升维方案。①研究体系化。建构专业教师、思政队伍、马列专家“三融通”机制，为系部选配课程思政秘书，协同驱动课程思政体系化建设。②资源校本化。挖掘“燕大精神”思政元素，打造学科特色思政案例，实施“二 N 三一”工程：凝 N 个案例插片、录 N 个示范课、建一个线上平台、理一个素材库、编一本案例集。③融合多元化。思政教育融入教学改革，嵌入培养计划、教学大纲和实践环节，渗入科创科研和社会服务全领域。

3. 政治教育为“底梁”，支撑育人根基

以思政队伍、意识形态、社会实践、基层党建为抓手，夯实思政工作根基。①思政队伍协同效应。创办辅导员加油站、“听 TA 说”、校友思政导师团等特色平台，构建融入企业专家、校友导师协同育人“大思政”队伍。②

意识形态领航效应。筑牢拓展意识形态教育阵地，文化铸魂，亮剑发声，打造党员微服务、微党课、学楷模、四史文化传承等网络思政阵地。③党建实践共振效应。坚持开门联合搞党建、融通共促谋发展、优势共享育人才，发起校际学生支部云共建，与清华大学、塔里木大学和西藏农牧学院等 10 余所高校携手探索学生党员培育新路；发起校企教工支部智联建，与中国一重、中电五十四所等多家企业联手打造党务业务育人通途。

4. 思想教育为“四柱”，导向育人目标

以爱国、励志、求真、力行为“四柱”导向。伴随新中国重机行业萌芽成长发展，“匠心为国”早已成为燕大机械人永志不忘的红色血脉。学科发扬熔铸在燕大人骨子里的奋斗基因、工匠精神、卓越品质和家国情怀，贯彻科技强国战略，提升自主创新能力，提出践行“赓续奋斗精神，铸大国重器；传承红色基因，育科创英才”发展理念，贯彻实践“知识传授、能力培养、价值塑造”三位一体培养目标。

【成效及意义】

学院党组织从顶层设计角度强化组织领导，突出思想引领，注重与专业育人工作融合，充分发挥对院（系）专业人才培养的推动作用，与学科建设紧密结合，形成显著的育人特色，着力提升学生的政治品质和综合素质，引领新时代创新型复合型应用型人才培养模式。

五、高校基层党组织引领育人质量提升探索——“课程思政”

【实施背景】

2017 年 12 月中共教育部党组将“课程思政”写入《高校思想政治工作质量提升工程实施纲要》，并把“以‘课程思政’为目标的课堂教学改革”放在“十大”育人体系的首位。近年来，课程思政建设成为高校人才培养中的一项重要工作。推进课程思政建设工作是学习贯彻落实习近平新时代中国特色社会主义思想和深入学习习近平关于高等教育改革发展重要论述的需要，是高校切实落实立德树人根本任务的需要，也是推动高等教育内涵式发展，切实提高办学质量、提高育人能力和质量的需要。课程思政要做到育知和育德有机融合、达到育才和育人的真正统一，这是当前高校落实立德树人根本任务、回归课程教学本然逻辑轨道、实现教育价值的重要使命，是高校提升育人质量的重要环节。推进课程思政建设，要切实提高政治站位，完善工作格局，结合新时代历史使命，深化课程思政教育教学改革，将学科使命、新时代高水平特色大学新使命中蕴藏的丰富育人内涵融入其中，彰显特色育人成效。课程思政既关乎课程建设也涉及思政教育，其建设应由高校基层党组织来领导，多个部门协同推进实施。因此，要做好高校基层党组织育人工作，必须要把好课程思政的建设航向，根据学科专业特点，引领教育教学方式创新和思政建设，推动实现思想政治教育与知识体系教育的有机统一。

【实施过程及内容】

1. 加强系统规划

在上级党委的坚强领导和有力组织下，学院党建思政研究团队着眼三全育人新格局，在统筹规划上下功夫，对标“双一流”建设要求，对标学科评估指标体系，科学制定党建思政工作发展规划拓扑图、“课程思政”建设框架图等，坚持问题导向，针对弱项发力，研究制定“五个一工程”：建设一批课程思政示范课；培养一批善讲课程思政的教师；打造一个课程思政教学竞赛；整理一本课程思政案例集；建立健全一个课程思政育人教学体系。以全面推进课程思政教改为契机，不断完善全员、全程、全方位育人格局，以习近平新时代中国特色社会主义思想为指导，对标对表新论述、新要求，不断完善顶层设计，强化授课教师担当学生健康成长指导者和引路人的自觉意识，深入挖掘各类课程和教学方式中蕴含的思想政治教育元素，使各门课程都“守好一道渠、种好责任田”，建设适应新时代要求的一流本科课程，培养德才兼备、全面发展的高素质人才。

2. 举办专题沙龙

组建由马列专家、课程思政秘书（为系部专门选配骨干辅导员担任）、党务工作者、校友导师构成的“大思政”工作团队，定期举办课程思政主题沙龙、课程思政教学示范设计交流会、典型案例交流会等一系列专题研讨活动，共同研讨教改思路，探讨教学改革实施方法，挖掘工程技术领域课程中的思政元素，指导教师将思政元素巧妙设计融入教学环节。教师党支部在课程思政建设中发挥主导作用，将“课程思政说课”作为党支部的常规活动内容，同时部分党支部将课程思政引入实践环节，将党建思政元素融入生产实习，探索思政教育与专业教育紧密结合的实践体验式生产实习。比如：机械制造专业学生在企业实习过程中，通过现场教学，由学生通过编程和设备操作，制作完成含有党建元素、学科发展元素等具有荣誉感和使命感的作品，在掌握专业知识和技能的同时，培养工匠精神和爱党爱国情怀。

3. 协同指导推进

采用多种手段、多种模式推动课程思政建设工作，不断拓展思政教育与专业教育融入渠道，推进多元化虚拟项目制实践教学改革。比如：同学校马克思主义学院开展课程思政与思政课程“双向融合”联合教研活动，为8个基层教学组织分别邀请马克思主义学院骨干教师开展集体联合备课，并且每组安排一名处级领导主持教研活动，推动专业课教师与思政课教师双向沟通与交流，使“课程思政+思政课程”协同发力、协同育人，实现同频共振；积极推进课程思政线上建设，在学院官微开设专栏，推送任课老师以“视频微课”形式开展课程思政系列专题数十期，形成广泛的教育和辐射作用。此外，每学期参与组织和指导举办课程思政专题研讨培训会、课程思政教学观摩及经验分享会、课程思政竞赛，举办由学生参加的“微党课”视频大赛、“师生携手 燕大智汇”课程思政案例大赛，统筹指导党支部开展“全面推进，做优做强——课程思政建设”主题党日活动等，全方位开展课程思政建设，形成良好的课程思政建设氛围。

4. 专题促进提升

党建思政研究团队持续开展“大思政”视域下高校新工科“课程思政”实践路径探索专题研究，综合运用资料收集法、教育实验法、行动研究法、个案研究法、教育调查法等研究方法，紧贴“燕大精神”“机械文化”“课程思政”等实际，打造课程思政“研究体系化”“资源校本化”“融合多元化”的一体化建设研究，重点开展“二N三一”建设工作（凝练N个思政案例插片、录制N个课程思政示范课，建立一个思政案例线上推广平台、整理一个课程思政案例素材库、汇编一本课程思政案例集），帮助工科教师解决案例缺乏亲和力、思政元素糅入生硬的实际困难，树立培养具有机械知识、工匠精神、人文精神、家国情怀的新时代机械专业人才的目标，为新时代工科思政教育提供有益借鉴和参考。

【成效及意义】

基层党组织带动发力，促进学院课程思政全面推进，选优培优。一方面，将课程思政建设纳入教师党支部的重要职责和组织生活内容，党支部定期组织本专业课程思政研讨交流、集体备课、示范观摩等，积极为本专业课程思政建设搭建平台。在学院党委的领导和党支部积极参与下，学院回归教研室教学研究、规划、组织等职能，以集体备课的形式开展教学策略、方法和技巧研究，探索适合每门课程的教学方法和育人思路，实现精准教学。另一方面，在学院党委的领导和指导下，组织党建思政研究团队编写课程思政案例集一部，录制教师课程思政微视频数十个并在学院官微开设专栏推送，为学院课程思政建设成果的涌现奠定坚实保障和基础。

六、高校基层党组织引领人才队伍建设探索——“青蓝计划”

【实施背景】

2013 年 5 月，中共中央组织部、中共中央宣传部、中共教育部党组联合印发的《关于加强和改进高校青年教师思想政治工作的若干意见》中指出：“青年教师是高校教师队伍的重要组成部分，是推动高等教育事业科学发展、办好人民满意高等教育的重要力量。青年教师与学生年龄接近，与学生接触较多，对学生的思想行为影响更直接，他们的思想政治素质和道德情操对学生的健康成长具有重要的示范引导作用。加强和改进高校青年教师思想政治工作，对于全面贯彻党的教育方针、确保高校坚持社会主义办学方向、培养德智体美全面发展的社会主义建设者和接班人，具有重大而深远的意义。”习近平总书记 2021 年在中央人才工作会议上曾指出：“要造就规模宏大的青年科技人才队伍，把培育国家战略人才力量的政策重心放在青年科技人才上，支持青年人才挑大梁、当主角。”学院把培养人才作为第一资源，大力引进青年教师。近年来，学院退休教师不断增加，平均每年引进、培养优秀青年教师近20人，面临新老交替的重要历史发展期。学院认为，青年教师引进力度大，更要关注他们的发展问题，部分教师存在无法融入学院和团队的现象，学院要主动关心关爱，为青年教师在学院更好发展搭建平台和桥梁，真正培育出一批能挑大梁、当主角的青年人才。做好新时代人才工作，必须坚持党管人才。坚持党对人才工作的全面领导，这是做好人才工作的根本保证。作为高校基层党组织，必须切实担负起青年教师人才培养与发展的重任，成为推动青年教师成长的主导力量。

【实施过程及内容】

1. 成立青年教师俱乐部

以“关爱 凝聚”为宗旨，学院党委通过调研了解，发起成立学院青年教师俱乐部活动，为青年教师发展搭建平台。把青年教师的思想政治教育放在首位，学院领导特别是党委书记每学期与青年教师就思想政治教育进行深入交流；组织青年教师参观学院学科回廊和校史馆，并定期开展学术沙龙、文体竞赛、素质拓展和校企交流等活动，增强青年教师凝聚力和归属感。比如，2021年学院组织开展的新教工认家活动，包括思想政治教育交流、参观校史馆、学科发展长廊等活动。其中，在思想政治教育交流环节，学院党委书记带领大家学习习近平总书记在中央党校（国家行政学院）中青年干部培训班开班式上的重要讲话，传达燕山大学党委书记在学期初工作会议上的有关讲话精神，对新入职教师在开展教学、科研以及参加校院各项学习培训、文艺文化活动等方面提出要求和希望，并要求学院广大青年教师增强政治意识，提高政治站位，要从为党为国育人育才的高度不断加强学习，注重对马克思主义理论特别是新时代党的创新理论学习，守住底线和红线，在教书育人工作中弘扬意识形态主流思想，做好新时代思想政治工作。青年教师特别是新入职教职工，要认清学校和学院发展形势，增强对校、院发展的信心和决心，培育自强不息、积极进取的精神，认真做好教学和科研工作，同时积极开发社会和企业资源，实施面向需求的紧密对接，努力提升科研工作的社会服务水平。青年教师要铭记习近平总书记的殷切希望，珍惜时光、不负韶华，如饥似渴学习，一刻不停提高，尽快成长为一名优秀的人民教师，为党和国家培养德才兼备的高层次人才。

2. 开展青年人才培育行动

以“培养 发展”为目标，提出分析规划、分类选苗、团队研培、精准指导的培育目标，学院科研管理部门加大国家自然科学基金特别是青年基金培育力度，制定实施机械工程学院青年英才培育计划。有的学院青年教师表示：“入职后的经历是逐渐适应新角色、新环境的过程。从只做好自己的研究到指导学生作研究、给学生授课，渐渐体会到做好高校教师是一个不断修炼的过程。在新的环境中，自己的专业背景、知识体系、研究方向与学院和学科发展需求有一定差异，也给我带来了新的挑战，学院的指导、领导的关怀、同事的帮助让我更快更有信心地融入新环境。”

3. 策划开展系列主题党日活动

重点针对青年教师教书育人本领锤炼，策划并指导教师党支部集中开展“教之有法 育之有道”“传师生情 感爱国志”“筑牢师德 树好师风”“传承品格 全面育人”“毕业设计 质量提升”“全面推进 做优做强——课程思政建设”等主题党日活动，注重育人规律教育和指导，多角度提升教师特别是青年教师的职业能力和职业素养。

4. 为青年教师成长搭建平台

学院党委指导、党支部发动实施，将“教学讲堂”“学术沙龙”等作为党支部活动的常规内容。每次开展组织生活时，将“青年教师说课、教学方法交流、课程思政案例分享、优秀教师示范课”等“教学讲堂”等作为一项必要内容；专业新引进的青年教师，必须要在支部活动中进行至少一次学术论坛，介绍自己的学术研究内容。通过该项活动的大力推广和开展，各党支部总结推广出一条卓有成效的教学改革引领方法，为每位教师打造适合于每个人的教学模式。比如：青年教师教学交流或课程思政案例分享以教师自由选择内容、现场讲解、现场提问和讨论的形式进行。通常教师讲解内容为一个完整的知识点，时间不限，要求以正常授课形式开展，能够暴露老师在课堂教学中的众多问题。讲解完毕后由经验丰富的老教师在语言语速、知识体系、讲解思路、授课技巧等方面给予评判，并就其后期注意事项等提出建议。对于共性问题，现场开展讨论并努力形成较好的解决方式。对于课程思政案例分享，就案例的合理性、切入点、讲解方式和技巧、共鸣性、转换切出方式等提出意见，并针对特定课程逐步形成每一章节的典型案例和最合适的讲解模式。对于优秀教师示范课，重在学习优秀教师的讲课技巧、语言表达、课堂互动等，并加强示范后的学习交流。

【成效及意义】

基层党组织在青年教师中的影响力和凝聚力大大增强，明确了基层党组织在青年教师培养方面的工作职责和内容，通过主题党日活动、青年教师教学指导融入组织生活等方式，找到了具体的途径和方法，将青年教师思想政治教育与业务工作有机结合。特别是“教学讲堂”“学术沙龙”等党支部活动，大大丰富了组织生活内容，增强了组织生活吸引力，也为青年教师在思想、教学、科研等方面的培养和成长提供了重要平台。

七、高校基层党组织引领教学改革提升探索——“毕设质量提升”

【实施背景】

新工科要求培养实践能力强、创新能力强的高素质复合型人才，毕业设计等实践教学环节是培养实践创新能力的重要环节。目前，高校工科专业的毕业设计等实践教学环节中存在工程实践创新能力培养与服务社会需求脱节的突出问题，应用性选题的项目内容陈旧、工程实景缺乏、技术手段不切实际等，以理论研究为题的综合能力培养覆盖度不够、传统题目换汤不换药、创新能力培养达成度不强、虚构题目自编自导自演、应用能力培养适配度不足等问题普遍存在。

【实施过程及内容】

学院党委围绕毕业设计质量提升召开党建思政专题沙龙，学院党委书记、教学副院长，各系部主任、副主任、党支部书记等参加。

1. 专题报告

教学副院长作题为“本科毕业设计问题分析与质量控制”的专题报告，从本科毕业设计面临的问题、毕业设计常见问题剖析、持续改进质量提升策略三个方面进行详细讲解。与会人员针对系部在毕业设计组织实施过程中存在的问题进行深入交流。

2. 统一思想

一是更新理念，鼓励创新。在人才培养的进程中，要因时而变、随事而制，根据学生个体的实际情况，面向社会总体需求导向，因材施教，开展具有个性化特性、统一化基础的培养，不断调整知识体系、能力图谱和思维方式。二是发扬优势，关注实践。要基于学院的优势和特色进行毕业设计指导，题目应来源于已经完成的科研项目、横向课题、企业委托项目，深入研究难度、强度、新度，体现培养和训练的多样性、规范性、综合性。鼓励教师们将"智联建"成果向毕业设计延伸，挖掘横向课题和毕业设计的关联性，强化选题，把最新科研工作和成果融入本科实践教学。三是闭环管控，持续改进。对青年教师指导毕业设计工作，系部要根据自身情况进行环节管控设计，确保青年教师的迅速成长以及学生的培养要求得以满足。

3. 说课演示

邀请有经验的青年教师进行说课，共同学习了解说课的意义、设计过程和讲授方法等。会议强调，高校教研室功能的回归与重建对提高教师授课能力至关重要，要传承接续这一优良传统，以生为本，以师为先，更好地教书育人。会议要求，各党支部（系部）贯彻落实学院党委关于青年教师培养相关精神，推动落实青年教师教学方法交流与研讨，形成各党支部（系部）独特的教研活动形式和常态化教研制度。

4. 部署开展"加强产教融合 升级毕业设计"的主题党日活动

在学院党委的统一谋划下，学院各教师党支部开展"加强产教融合 升级毕业设计"的主题党日活动，开展毕业设计研讨，推动教学方法研究，实现党建工作与人才培养工作深度融合。学院全体处级领导干部深入联系的党支部列席参加，进一步指导提升主题党日活动效果。

毕业设计质量提升工作推动方案：

针对毕业设计质量提升问题，党支部书记和系部负责人共同商议后，结合本单位实际情况，提出解决办法并与广大教师交流。经学院研究，提出如下建议，供有关系部参考。各系部认真研究，并通过主题党日活动传达本系部提升毕业设计质量的思想、思路、方法。

（1）根据专业特点，成立专委会，提出具体要求和实施细则，规范管理。

（2）鼓励各系组建毕设教学团队，协同指导，加强青年教师培训和指导。

（3）鼓励学生提前进入科研团队，专业分流后，提前布置毕设方向题目。

（4）加强题目审核，不陈旧重复，加强与科研、科创、实习、课设融合。

（5）发挥经验丰富教师携领作用，对新教师毕业设计底线和质量把关。

（6）加强各系部各专业融合指导，聘请优秀教师、工程师协同指导答辩。

【成效及意义】

以党建引领教育教学改革，把基层党组织建设成为有效实现党的领导的坚强战斗堡垒。发挥高校基层党组织在推进高校大学生教育教学改革方面的引领和推动作用，最大限度地发挥调动党组织的政治优势和组织优势，把党的组织优势转化为高等教育的系统性育人优势和高质量发展优势。围绕育人主线，聚焦关键问题，将党的教育方针、先进的育人理念、实时的发展趋势等融入其中，引导学院教育管理工作部门和人员针对教育教学过程中的问题制订专项解决方案。

八、高校基层党组织引领师德师风建设探索——培养育人“大先生”

【实施背景】

高校要想实现立德树人的目标，先要培养良好师德，打造一支政治立场坚定、教育理念正确、道德行为高尚的高素质教师队伍。党的十八大以来，习近平总书记针对高校教师队伍建设先后提出“四有”“六要”标准，“经师”与“人师”相统一理念等，在高校教师队伍教育管理工作中落实这些指示要求，是高校党组织思想政治建设的首要任务。中共教育部党组印发的《关于完善高校教师思想政治和师德师风建设工作体制机制的指导意见》强调：“要压实院（系）直接责任，强化教师党支部政治功能，把教师思想政治素质和师德考评作为党支部发挥政治功能的重要抓手，在教师成长和管理各环节发挥政治和师德双把关作用。”[①] 因此，以师德师风建设为手段开展思想政治建设，应是高校基层党组织的日常工作。高校基层党组织要不断增强党组织在教师队伍中的凝聚力和号召力，增强教师的政治责任感和政治使命感，加强教师队伍的思想政治建设，通过广大党员的带头模范作用引导广大教师为人师表，争做新时代师德标兵。

与此同时，进入新时代，大量“90后”群体已逐渐成为年轻教师主力，思想认识、意识形态多元化成为高校教师队伍教育管理所需面对的现实特点，在开展师德师风建设工作中，必须灵活方式方法、创新工作模式，确保青年教师走好职业第一步。加强高校基层党组织师德师风建设工作，必须充分发挥党的理论优势、政治优势、组织优势、制度优势和密切联系群众的优势，做好日常基础性工作，切实提升师德师风建设工作效能。

【实施过程及内容】

1. 举办专题沙龙

针对青年教师存在教学经验不足、专业训练不够等问题，学院党委组织开展以“筑牢师德 树好师风”为主题的党建工作专题沙龙，学院主要领导、分管本科生教育的领导、教职工党支部书记、系部主任等参加会议，深刻剖析问题根源，重点总结分析青年教师在授课过程中可能存在的问题，交流研讨提升青年教师课堂教学的方法和措施，并指导各教师党支部开展青年教师说课、示范课讲解等活动。学院教学工作负责人同与会人员交流青年教师课堂教学中存在的问题，提出重点对策方略，并对教学管理过程进行提示。全国“双带头”教师党支部书记工作室负责人介绍本系部开展的青年教师说课、优秀教师示范课等典型案例，详细分享培养青年教师教学能力和水平的工作经验。学院党委书记强调，重视教学是教师师德师风的重要体现，党支部与系部要将教师教学水平的提升作为一项重要工作，教育引导广大教师特别是青年教师守好教学底线，对课堂教学充满敬畏，严谨、严肃地做好教育教学工作。

---

① 中共教育部党组. 关于完善高校教师思想政治和师德师风建设工作体制机制的指导意　见 [EB/OL].（2021-12-31）[2024-03-26].http：//www.moe.gov.cn/jyb_xwfb/gzdt_gzdt/s5987/202112/t20211231_591670.html.

2. 指导开展主题党日活动

主题党日活动开始前，学院党委举办党建思政专题沙龙，对“筑牢师德树好师风”主题党日活动的组织和实施进行细致深入指导，为各党支部开展好此次主题党日活动打下坚实基础。在活动实施过程中，学院处级领导干部分别到联系党支部列席会议，并对本次主题活动的开展进行点评和指导，确保活动高质量开展。在学院党委的统一策划和大力指导下，各教师党支部开展以“筑牢师德 树好师风”为主题的党日活动，深入学习习近平总书记关于高等教育的重要讲话，深刻领会《高等学校教师职业道德规范》《新时代高校教师职业行为十项准则》《研究生导师指导行为准则》等文件内容，强化教师职业道德，增强师德师风素养，为开展教育教学和科研工作提供思想基础和组织保障。在此基础上，组织开展教育教学方法研讨活动，系、部负责人总结本单位教师课堂教学情况，重点总结分析青年教师授课过程中可能存在的问题，交流研讨提升青年教师课堂教学的方法和措施。与此同时，各教师党支部将青年教师说课、示范课讲解等作为一个重要环节，并纳入党支部的一项长期工作持续深入开展。此外，部分党支部还组织开展离退休教师座谈会、名师交流分享会、校地企“智联建”推荐研讨会等。

3. 制定实施师德师风锤塑升维工程

探索新时代师德师风建设有效途径，实现师德师风与人才培养、科学研究、社会服务全面结合，确保师德师风建设常态化、机制化。

（1）坚持思想铸魂党建引领机制，力推师德师风入脑入心。成立师德建设工作领导小组，形成党委领导下“集体学习 + 培训讲座 + 观摩大赛 + 特色活动”四链协同推动机制，依托“机思广益”党建思政工作室，实施课程思政秘书、校友思政导师等特色举措，开展师德主题教育月、师德专题报告、校企支部联建等活动，形成“为人为师为学”尊师爱生师德文化品牌。

（2）构建内外深度融合激励机制，创成师德师风多元考核。建立师德先进人物典型库，运用荣誉授予、媒体宣传等手段，发挥典型引领作用。学科官微开设“名师风采”专栏，编撰出版《大学之道——师德案例集》。出台师德考核新举措，制定《师德考核实施细则》等多项规章，从教师聘用、职称评审、评优评先、年度考核等维度构建协同激励体系。

（3）形成全方位监督与惩戒机制，促进师德师风自省自警。构建师德师风监督体系，推行“教学督导团、班导师团”双督导、青年教师“传帮带”培养导师制、青年教师脱产实训、师生座谈评价反馈、师德违规通报等制度，实行师德师风一票否决，引导教师自重自励。

（4）创新学科课程思政育人机制，实现师德师风与教学同行。萃取机械工程思政内核，武装课程思政理念到教师头脑。探索师风学风融合机制，组织开展“难忘毕业声”走进毕业生“四个一”活动，组织参与集体自习坊、早读时间、相约诚信、学霸讲堂等活动，完善学风生态系统，促进师德师风提升。

（5）健全导师责任全面落实机制，加强师德师风与科研互融。严格执行“八条红线”规范导师行为，建立科研育人质量指标与招生资源配置联动机制。导师培训与上岗挂钩，举办师德师风与科研廉政教育活动，聚焦国家重大需求，引导主动服务创新发展，推动师德师风与科研实践互融互促。

【成效及意义】

对学院广大教师特别是青年教师职业道德素养和职业技能的提升起到较好促进作用，有效地提升青年教师的教学能力和授课水平，激发青年教师在本职工作岗位上认真贯彻落实立德树人根本任务，对学院青年教师的成长与发展、优化教师队伍、提高课堂教学质量起到重要推动作用。

九、高校基层党组织育人的组织保障建设——“对标争先”

【实施背景】

高校基层党组织建设和作用发挥是系统性推进新时代组织育人工作的关键，加强自身建设、提升党组织的育人功能是首要内驱动力和要求。高校党组织要从顶层设计角度强化组织领导，加强基层党组织建设。近年来，高校院（系）示范性党组织的创建对发挥育人作用起着重要保障和支撑作用。2018 年以来，中共教育部党组印发《关于高校党组织“对标争先”建设计划的实施意见》，教育部办公厅印发《关于开展新时代高校党建示范创建和质量创优工作的通知》等文件，大力推进新时代高校党建示范创建和质量创优工作。根据党中央大抓基层的鲜明导向，用力抓基层、强基础、固基本，各省大力推动高校基层党组织建设，深入实施中共教育部党组“对标争先”计划。学院通过定期举办党建思政专题沙龙加强基层党组织建设工作，明确党建思政工作目标、任务和行动路线，夯实育人工作的组织基础。

【实施过程及内容】

1. 示范性基层党组织建设

有关负责人对学院特色党建工作推进、党支部规范化建设方案等进行定期汇报。汇报会与会人员围绕如何发挥学院专业特色和有效调动党员参与活动的积极性等内容进行深入交流讨论。会议强调学院各基层党组织，特别是标杆组织，必须加强示范引领作用，要围绕师生党员需求积极组织开展具有学科专业特色的经典活动，保证开展一次积累一次，开展一次凝聚一次，不断增强党组织的活力和动力。同时，要高度重视党支部规范化建设工作，扎实落实“三会一课”、主题党日等党组织运行制度，提高执行力，执行过程要严谨规范，经得起检查、监督。学院各基层党组织要打牢基础，强化特色，高质高效开展党建示范创建工作，奋力发挥标杆作用，努力把学院党组织建设成“铸大国重器”和“育科创英才”的坚强战斗堡垒。

2. 基层党组织问题改进

围绕领导干部列席年度党支部的组织生活和工作中的有关问题开展专题研讨，处级领导干部分别交流列席联系党支部组织生活的感受，重点分析在指导党支部工作中发现的问题，围绕如何改进问题、进一步提升党支部工作方法和质量进行深入研究，形成意见建议。一是要改进工作机制，特别是对学生党支部的管理。充分调动辅导员参加支部工作的积极性，有效传导压力，努力营造环境，激发党员对党组织的敬畏；要促进学生党员保持激情和冲劲，使广大学生党员成为有理想、有抱负、有目标的时代青年。二是要目的明确、目标清晰。党支部书记，特别是教师党支部书记要做好身份角色的把控和转换，要为广大党员发挥作用搭建平台，让广大党员成为主角，注重发挥老党员的带头和示范作用。三是要对支部活动有信心。党支部书记要以严谨的工作态度和高度的工作热情投入工作，组织开展好每一次支部活动，使组织生活起到更好的活动效果。

3. 明晰工作任务

学院党委书记定期领学教育部和学校重点文件，比如2020年初组织学习《教育部等八部门关于加快构建高校思想政治工作体系的意见》（教思政〔2020〕1号）和《教育部思想政治工作司2020年工作要点》中的重要内容、学校党委书记从严治党工作讲话等，带领党建思政工作人员认真贯彻落实上级部门工作意见和工作要点。大家对学院样板支部建设、优秀党课案例征集、典型成果宣传、特色活动开展等方面进行深入研讨，在工作凝练、创新意识等方面达成共识。通过明确工作任务促进学院党建思政工作者勤思考，积极为学院贡献创新思路和创造本领，坚持高标准、高要求、高水平；努力提升"脚力、眼力、脑力、笔力"，时刻保持危机意识，摆清位置，设好目标；时刻紧盯重点任务，锐意探索，见诸行动。

4. 提升工作方法

学院专职组织员定期对党支部书记进行党务工作规范化培训，包括高校教师党支部主要工作、组织生活制度与规范、党员发展、工作记录与存档要求等。党支部要重点思考和解决两个问题：一是如何去除离心力，凝聚战斗力，增强支部的战斗堡垒作用；二是如何让党建与业务工作同向同行，相互融合，相互促进。党支部要明确定位和职责，加强支部建设，规范开展组织生活，找准工作发力点，增加教师参加组织生活的收益感，提升大家参加组织生活的积极性，带着情怀开展有温度的工作。

5. 开展党建思政项目研究

紧密结合工作实际开展课题研究，共同谋划党建思政研究课题，通过党建思政专题沙龙定期进行跟进和研究指导，确保课题研究与工作开展同向同行，促进工作能力提升和高水平研究成果产出。（见表3-2）

表3-2　2020—2023年河北省高校党建思政研究课题立项情况统计表

序号	项目名称	年度	课题类别
1	新时代高校基层党建工作创新体系研究与实践	2022	重点课题
2	"云智协同"的高校基层党组织建设创新研究与实践	2021	重点课题
3	"大思政"视域下课程思政实践路径创新研究——以燕山大学机械工程学院为例	2021	重点课题
4	新时代背景下冶金机械专业"课程思政"创新设计与实践	2021	重点课题
5	基层党建与一流学科协同共建研究——燕山大学机械工程一流党建探索与实践	2020	重点课题

（续表）

序号	项目名称	年度	课题类别
6	“样板党支部”培育视域下研究生党建工作质量提升路径研究	2023	立项课题
7	新时代高校研究生思想政治教育的守正与创新	2023	立项课题
8	高质量基层党课——党史与秦皇岛	2023	立项课题
9	专业课程“课程思政”改革实践	2023	立项课题
10	基于国防军工特色的高校教师党支部建设	2022	立项课题
11	新工科背景下高校学生党支部高质量发展研究	2022	立项课题
12	构建青年学生“四史”学习教育多维协同长效机制	2022	立项课题
13	高校教师党支部特色阵地建设研究	2021	立项课题
14	CDIO 模式下的“思政工程”助力高校思想政治教育高质量发展研究	2021	立项课题
15	高校师生党支部联合共建的工作模式研究与实践	2021	立项课题
16	东重——燕大思政元素和“四史”内容的梳理融合探究	2021	立项课题
17	基层党建与教学科研融合的创新机制研究	2021	立项课题
18	“大思政”视域下高校新工科“课程思政”实践路径探索	2020	立项课题
19	基于党工共建的高校二级学院分工会建设研究	2020	立项课题
20	融入专业课程体系改革的基层党支部“课程思政群”建设的实践研究	2020	立项课题
21	高校研究生党员提高学习教育实效性的途径研究——以“微党课”平台为例	2020	立项课题

【成效及意义】

牵引学院党建思政工作驶入快车道，推动学院党建与业务工作同向同行、双线提升。一方面积极谋划申报示范性党组织，成功入选全国高校党建工作标杆院（系），入选全国高校党建工作样板支部、“百个研究生样板党支部”和“双带头人”教师党支部书记工作室共 4 个；入选首批全省党建工作样板支部和“双带头人”教师党支部书记工作室各 1 个。另一方面积极组织申报党建思政研究项目，获教育部“高校思想政治工作中青年骨干队伍建设项目”1 项、高校思政工作精品案例 1 项，获全国高校思政案例二等奖 1 项、省高校思政工作一等奖 2 项，获省级思政类相关项目 30 余项。

第四章　高校基层党组织育人工作方法

高校党建工作是基层党组织工作职责的具体体现和核心工作，其本身就是重要的育人过程。高校要强化党建引领、发挥党建育人引擎作用，把党建引领的思想优势、组织优势转化为立德树人、铸魂育人的内在动力，依托学科、专业特色培育打造党建工作品牌，担当起为党育人、为国育才使命，培养符合社会发展要求和学校目标的新时代人才。高校基层党组织必须立足建设实际，坚持目标导向、问题导向、结果导向相统一，强化政治功能，不断探索创新党组织育人工作方法，实施有效的育人工作举措，把党的组织优势转化为育人优势、党建活力转化为育人动力、党建成效转化为育人实效，提高新时代高校党组织育人质量。

第一节　高校组织育人工作方法运用原则

方法如同“钥匙”，科学合理的工作方法能有效解决问题，提高工作效率。本章所称的高校组织育人工作方法，是指高校基层党组织在制定和实施育人工作举措时采用的方式、手段，以及所遵循的基本原则。高校在组织育人过程中，要充分发挥基层党支部的战斗堡垒和党员的先锋模范作用，延伸党建触角，创新活动载体，坚持以示范引领促发展，以凝聚组织力量促创新，以融入教学科研促质量，以营造学习氛围促成长的原则，紧扣高校基层党组织特点，实现党建工作与全员育人有效衔接，有力推动教育工作高质量发展，进一步提升党组织的育人实效。高校基层党组织在制定和实施育人举措时，应坚持和把握以下基本原则。

一、举措融合化

高校党建与高等教育事业的发展密不可分，中共教育部党组发布的《关于加强新形势下高校教师党支部建设的意见》指出，要坚持“围绕中心抓党建、抓好党建促发展，围绕服务学校改革发展稳定，全面贯彻落实学校党委决策部署和学校中心工作任务”①。学生党支部要重点服务学生工作，帮扶指导学习就业，着眼于提升学生综合素质，指导学生强化专业学习、参与社会实践、学科竞赛、科技创新活动等，促进学生全面发展。作为教师党支部，一是服务专业发展，打造和谐环境。树立“凝聚人心、服务教研”的服务中心工作意识，加强与行政班子的配合，定期开展丰富多彩的党支部活动，加强党员先进性教育，让党员与普通教师员工积极融入院（系）大家庭，构建起和谐愉快的教学科研环境。二是服务教学工作，培育一流成果。围绕专业特色化教学，引领带动教育教学方式方法改革，不断提升教学质量。三是服务科研创新，提升研究水平。以创建科研成果为导向，积极搭建科研平台，帮助青年教师申报国家、省部级各类科研项目，在项目开展、奖项申请等方面给予积极有效指导，提升教师教学研究水平，有力支撑本单位科研工作的快速发展。四是服务教师发展，助力成长成才。激励广大师生创先争优、争当“四有”好教师的榜样，以师德为根基，以教育教学能力、科研创新能力、社会服务能力等为主线，有力促进教师成长成才。比如，党支部可将党日活动与集体备课和教研活动相融合，以课程思政推进为主要抓手，通过交流、说课、授课、实地考察等多种形式提升教师的课程思政授课能力，利用思政课堂把红色故事讲得有意义，提升课程思政育人的融合度、感染力和说服力。

二、方式创新化

习近平总书记指出：“高校党的基层组织建设要适应高校发展趋势，遵循

① 中共教育部党组.关于加强新形势下高校教师党支部建设的意见[EB/OL].（2017-08-02）[2024-03-26].http：//www.moe.gov.cn/srcsite/A12/moe_1416/moe_1417/201708/t20170823_311692.html.

高校的特点和规律，创新体制机制，改进工作方式。”[①] 作为高校基层党组织，教师党支部应坚持将党建工作与教学科研提升相结合、与人才培养相结合、与社会服务相结合，努力探索创新党建育人的新模式、新途径、新方法。高校基层党建工作要致力于党建工作与高校教学、科研等方面的功能融合，夯实基层党建，促进内涵发展，在此过程中积极推进高校基层组织活动方式的创新。高校可以通过创新新时代基层党建工作模式，提升党建育人质效。比如，高校基层教师党支部与政府机关、企业（行业协会）三方共建党组织，通过共建共享，最大限度地发挥资源共享、优势互补的作用，推动党建与中心业务深度融合，促进三方开展党建共建、企业实践、教学科研、教育实践等合作育人活动，推动党建品牌创建与中心业务工作有机融合，深化产教融合、人才培养，建设有高度、有深度和有亮度的基层党支部，推进高校党建育人工作实现更高质量的提升。

三、引导精准化

师生党支部要精准分析所属群体特点，开展富有针对性的教育引导，通过党支部活动培养师生的专业能力和创新精神，让师生既能接触到最前沿的专业知识，又能接受到思政教育，将解决思想问题与解决实际问题相结合。为了高质高效开展基层党组织工作，基层党委必须提高工作的指导性。比如，燕山大学机械工程学院党委在指导党支部建设过程中，经常发布工作提示及注意事项，提供相关工作案例或范例。同时，为了进一步加强“双带头人”教师党支部书记队伍建设，针对学院党支部书记年轻化、工作经验不足、党建与业务工作融合度不够等问题，学院党委深入调研、研判谋划、切实推行“精准滴灌”式工作帮扶，坚持每月指导发布主题党日活动。每次活动前，学院党委会认真研究上级最新部署，结合学院工作现状与发展需求，策划主题和内容，制定具体指导意见，整理提供学习素材和案例，尽力为党支部开展

① 新华社．让高校成为坚持党的领导的坚强阵地：习近平总书记在全国高校思想政治工作会议上的重要讲话持续引发热烈反响 [EB/OL].（2016-12-10）[2024-03-26].http：//www.xinhuanet.com/politics/2016-12/10/c_1120090838.htm.

工作提供“一站式”“菜单化”定制服务，着力推进党务与业务工作同向同行、融通共促，学院基层党组织的组织力、凝聚力、战斗力不断增强。

四、活动品牌化

品牌是现代管理学的一种管理技术和管理思维，品牌化是提高工作能力和水平、扩大社会影响力的有效方法。党建品牌其实质是将“品牌”的理念移植到党建工作中，运用项目化方式，为党建工作注入活力。基层党建育人品牌的创建就是对基层党建工作内在规律的探索总结，品牌创建过程就是推动基层党建工作理念、载体、机制不断创新的过程。高校基层党组织育人，要注重通过党建育人品牌的创建及培育，形成具有一定影响力的特色工作及实践成果，发挥教育、示范和辐射作用，深化师生对党的领导、国家的各项方针政策的认同感，增强党组织的凝聚力。高校基层党建育人品牌要具备创新性、先进性、推广性和影响力等特点，在创建过程中一般应考虑以下标准：要体现特色，根据学校、学科、专业等实际情况和特点，体现独特性；要凸显主题，根据内容凝练选择易于理解并便于识别的品牌名称，名称要简洁凝练，个性鲜明，易懂易记，避免没有特色；要体现实践性，有内容、有形式、有载体、有实效。基层党组织进行党建品牌创建时，要避免重名称重宣传，摆“空架子”，对活动主题和内容落实不到位、有名无实，要切实推动基层党支部的组织建设和能力发挥，拓展师生思想政治教育的深度和广度。

五、队伍专业化

高校党务工作者作为组织育人的主要实施者，其立德树人意识、思想政治素养与人才培养能力的高低，对于提升组织育人质量有着直接影响。做好新时代党建工作，对高校党务工作队伍提出了较高工作要求。党组织育人工作方法是否专业，直接取决于工作队伍的专业化水平。其中，专职组织员是专门从事高校基层党建的工作人员，其能力高低直接影响到高校基层党建的水平，应提高各方面综合素质，努力朝着专业化、职业化的方向发展。一是加强政治能力培养。不断提高政治判断力、政治领悟力、政治执行力，学会从政治层面上分析问题、解决问题和推进各项具体工作的开展。二是加强文字和沟通能力培养。注重日常工作积累，勤于思考和观察，善于琢磨，及时总结提炼，把深层次问题凝练出来，凭借较强的文字功底制订党建工作计划和总结、撰写党建调研材料、专项工作汇报等。三是加强调研能力培养。深入到师生中，掌握第一手资料，善于发现党建工作中出现的新问题和新情况，寻找适合解决的办法，创造性开展工作。四是加强科研能力培养。深入系统研究党建工作规律性问题，注重日常工作经验的积累，全面归纳总结，凝练升华，积极承担党建研究工作。除了高校的专职组织员，高校基层党组织书记、辅导员等也是基层党组织育人工作的主要力量，也应不断提高自身开展党务工作的专业化能力和水平。

【燕山大学机械工程学院党组织育人工作方法】

燕山大学机械工程学院积极探索实践与学院教育事业发展深度融合的党建工作方法，创新党组织育人工作举措。学院党委重点以主题党日和党员发展为抓手，运用“精准滴灌”工作方法，开展党组织育人工作。

精准滴灌，是现代农业的一种灌溉方式，与粗放的大水漫灌相反，是一种精密的滴灌方法，使农作物更加高产。在党建工作中采取此种方法，是指增强党建工作的指导性，根据工作中需要解决的问题，设计针对性解决方案，机械工程学院党委主要通过精确设计指导党支部主题党日活动和精细优质开展党员发展培养工作来提高党建育人工作质量和效果。

一方面，“精准滴灌”分类指导，推进主题党日内涵化。为提高基层组织活力，提升党员参与质量，打通党建与育人工作融合路径，学院党委坚持问题导向和分类指导，运用“精准滴灌”工作举措，紧密结合学院发展中心工作，根据师生党支部学科优势和专业特色，每月精准设计教工党支部主题党日指导意见和学生党支部工作分解清单。“主题党日指导意见”采取“主题必选+特色自选动作”，“每月工作分解清单”采取“指令性+自主性计划实施”。每月月初向各党支部发布，统筹指导各党支部开展活动，推进主题党日内涵化。学院党委在制定主题党日指导意见过程中，有效运用“四融四进”工作理念，即将党建工作与业务工作、理论精进与教育理念、专业优势与政治生活、师德建设与立德树人的理念有效融入主题党日活动方案。同时，采取处级领导干部列席、党支部相互学习观摩等方式，对各党支部主题党日活动开展情况进行监督检查，确保主题党日活动取得实效。

另一方面，“墩苗培实”专门指导，保障党员发展优质化。为做好学生党员和青年教师党员的吸收与发展工作，学院党委围绕“精准滴灌”工作方法，采取“墩苗培实”的专门指导措施。各党支部加强组织建设，积极聘任专业优秀教师党员、退休老党员，以及校友企业家和校友学者党员，作为党支部和学生党员发展的指导员（思想政治辅导员）；加强育人阵地建设，充分利用学院学科回廊、校史馆、组织生活馆、周边红色教育基地等育人阵地开展理想信念教育，提升入党积极性，强化思想入党；加强学风生态建设，坚持党员发展与学风生态建设的策划组织和实施等工作紧密结合、深度融合，提高党员发展质量，强化党员先锋模范作用。

【典型宣传】燕山大学机械工程学院党委：主题党日“精准滴灌”党建教研“双项融合”

习近平总书记指出，要把党的领导贯穿办学治校、教书育人全过程，如何抓好落实，打通基层党建“中梗阻”、糅合党建业务“两张皮”，是摆在高校基层党组织面前的重要课题。燕山大学机械工程学院党委创新思路、主动作为，围绕推进内涵式高质量发展、加快“双一流”建设，传承和弘扬“奋斗基因、卓越品质、工匠精神、家国情怀”，以严格组织生活、创新“主题党日”为切入点，通过“四融合四推进”的“滴灌式”精准分类指导，不断提升基层党组织组织力、凝聚力、战斗力、号召力，以党建引领学院教育事业内涵式高质量发展。

1. 强化育人使命 彰显时代担当

“学习习近平总书记近期关于高等教育的重要讲话，学校党委书记和党委副书记、校长在中层干部工作视频会议上的讲话。教师党支部围绕提升网络育人质量交流研讨对策；学生党支部围绕网络课程、毕业设计等提出建议；行政机关党支部研讨网络化、信息化办公提质增效举措。”这是2020年燕山大学机械工程学院党委第一次主题党日指导意见的部分内容。

学习课程思政文件，体悟燕大人精神品格。教师党支部开展网络教学与课程思政融合交流研讨，分享案例和实践技巧；非教学党支部探讨课程思政组织引领要素。在主题党日活动中，学院党委紧密结合当前高校课程思政任务制定指导意见，同时编印学习资料。

学院教师表示："虽然是线上组织生活，但现在的支部活动却很有实效，政治理论学习与教学科研等工作紧密结合。"机械电子工程系党支部书记表示："广大教师对课程思政有了系统深入理解，结合网络教学情况对课程思政实施、授课平台选择、课程效果评价以及学生考勤方式等展开热烈讨论，对网络教学起到了较好支撑作用。"

2. 树牢育人职责 共促学科发展

教师党支部围绕研究生指导及职业能力提升讲经说法；基础实验中心党支部研讨线上实验教学方案设计；行政机关党支部针对写作规范和水平提升开展心得交流。学院党委指导及时而具体，提前收集整理的指导案例发挥了重要作用。

冶金机械系党支部书记表示："主题党日指导意见对我们年轻党支部书记帮助很大，使我们增强了开展工作的自信和底气。组织生活为广大教师研究业务工作提供了平台，大家分享经验的同时也提出了存在的困难和建议。部分建议及时向学院反馈，促进了解决方案制订，推动党建与业务工作协同互促，广大党员参加组织生活的积极性比以前大大提高。"

机械工程学院肩负着一流学科建设重任，学院党委指导的某次主题党日活动以"共谋团队建设 推动学科发展"为主题，通过共同解读、开放交流，优化方案、推动落实，把团队作为教学精进和学科发展的基本单元，依托团队提升指标、锤炼成果。主题党日活动进一步畅通了民主管理渠道，促进广大教师参与学院政策制定，推动政策有力执行。

机电控制工程系党支部书记说："大家在学院和学科发展建设上统一思想，凝聚共识，将加强团队建设，产出高水平科研成果，助力燕山大学'双一流'建设和学院一流学科建设。"

3. 锻造育人品格 弘扬优良传统

在党日活动中，教师党支部以学术交流研讨为主线，邀请青年教师进行学科技术理论研究发展与展望专题报告。鼓励邀请离退休老专家参会，讲述学术研究或专业发展历程。调动研究生参与，推动师生支部共建。这次主题党日活动，机械工程学院党委将着力点放在学术研讨方面。

通过推动支部在青年人才培养上发力，机械工程学院党委以组织生活为基本阵地，在青年教师中熔铸“奋斗基因、工匠精神、卓越品质、家国情怀”的精神品格，传承专业历史、共谋学科发展，用优良传统铸就品格情怀，用创新思维指导创新实践。

“在工作中，机械工程学院党委逐渐确立了‘四推进四融合’的‘滴灌式’指导思路，不断推进党建工作与业务工作融合、理论精进与教育理念融合、专业优势与党建活动融合、师德建设与立德树人融合。”机械工程学院党委书记说，“学院党委坚持深度融合立德树人育人方针、一流学科建设目标、一流本科教育理念，精准精细纳入党的建设工作，去除离心力，凝聚向心力，引领全院师生党员立起标尺、写好奋进之笔，以实际行动践行初心使命。”

时不我待促发展，机械工程学院党委以促进教育事业发展和一流学科建设为牵引，打破党建和教学科研工作隐性壁垒，推动党建与业务协同互促、有机融合。

第二节　主题党日“精准滴灌”方法及案例

主题党日“精准滴灌”的指导过程主要包括：调研了解需要解决的问题，确定活动主题和目标，编制具体指导意见和内容，组织指导党支部集中开展活动，形成活动记录、纪要报送至学院党委，向学院党委反馈、解决活动过程中有关问题，形成完整闭环。某些重要活动，还需要安排专题沙龙，进行思想和内容的解读、培训以及活动开展的预演，并在重要活动过程中安排处级领导干部列席指导，保证活动开展质量和效果。本节内容选取教师党支部部分主题党日活动的指导和开展情况，为高校教师党支部主题党日活动开展提供参考案例。

一、挺起脊梁 冲锋在前

【活动目的】

认真贯彻习近平新时代中国特色社会主义思想，深入学习习近平对中青年和中青年干部的要求与嘱托，充分了解青年教师工作、生活及思想状况，为青年教师发展营造良好氛围、提供交流平台，切实解决青年教师发展过程中的问题，激励青年教师在教学、科研以及公共事务等各项工作中冲锋在前，创造更有价值的人生。

【指导意见与内容】

1. 政治理论学习

习近平总书记在中央党校（国家行政学院）中青年干部培训班开班式上发表的重要讲话

参考资料：这堂党课 总书记对年轻干部提出这些要求 _ 共产党员网 https：//www.12371.cn/2022/03/01/ARTI1646136914256254.shtml

2. 青年教师思想交流

（1）了解青年教师工作、生活感受。

（2）组织其他教师对本单位青年教师教学、科研等工作的表现进行评价并提出意见建议。

（3）会后，系部班子成员认真研究有关问题，制定并实施切实可行的解决办法。

3. 青年教师学术交流

（1）组织青年教师介绍研究方向。

（2）组织系部其他教师对青年教师如何更好地开展学术研究和科研活动提出意见建议。

【开展情况】

广大党员深入学习了习近平总书记在中央党校（国家行政学院）中青年干部培训班开班式上发表的重要讲话，进一步明确了党员干部特别是中青年党员要在工作中真抓实干，加强政治理论学习，筑牢理想信念根基，守住拒腐防变防线，树立和践行正确政绩观，练就过硬本领，发扬担当和斗争精神，贯彻党的群众路线，锤炼对党忠诚的政治品格，培养不负人民的家国情怀，追求高尚纯粹的思想境界，为党和人民事业拼搏奉献，在新时代新征程上留下无悔的奋斗足迹。

在此基础上，各党支部组织青年教职工进行了思想和学术交流。通过与青年教职工座谈，充分了解青年教职工的工作、生活感受，本单位其他教师对青年教师教学、科研等工作表现给予评价，提出发展意见和建议。同时，各党支部举办青年教师学术交流活动，青年教师介绍自身的研究方向，系部其他教师对青年教师如何更好地开展学术研究和科研活动提出宝贵意见和建议。会后，党支部和系部班子成员认真研究有关问题，及时制定实施切实可行的解决办法。

比如：冶金机械系党支部组织 13 名冶金系青年教师介绍自己教学、科研及生活中的基本情况，并充分表达工作感受和困惑。党支部组织系部有经验的教师、系部相关工作负责人，针对年轻教师的困难和疑问，作了交流和解答，并就反映集中的共性问题，整理了反馈文件，发给每位年轻教师，为他们以后的工作提供指引和帮助。

机械工学部党支部召开青年教师教学基本功交流、课程思政案例分享活动以及青年教师科研方向交流活动。活动中，一位教师进行“机械设计基础”课程齿轮机构章节中有关齿轮机构介绍、齿廓啮合基本定律的讲解，我国古代齿轮发展、现代齿轮水平的引入将使同学们在视觉和听觉上产生共鸣，极大地激发学生的学习兴趣。齿轮啮合基本定理中通过与凸轮机构对比、错误齿廓导致的后果讲解，将使同学们在边回忆前述章节内容的同时，加深对本章节内容的理解，并通过数字和警示案例提高同学们对本章节内容的重视。与会党员就教师上课过程中存在的语速较快、讲解中多增加对比环节、提问环节等提出宝贵意见和建议，并就如何讲好齿廓啮合基本定律这类理论性较强的章节内容等开展深入讨论。同时，就进一步提高近机械类学生的课堂效果提出问题，给出一些好的建议，为青年教师提高教学基本功提供宝贵经验。

机电控制工程系党支部结合系部实际情况，邀请马克思主义学院马克思主义基本原理教研部骨干教师，进行课程思政与思政课程“双向融合”联合备课教研活动。党支部三位青年教师代表分别介绍相关课程的思政典型案例并进行难点剖析，与会的马克思主义学院教师，针对案例中所体现的哲学和教育学基本原理，给全体与会教师进行详细讲解和阐述，并对部分思政案例的细节内容进行点评和修订。

此次主题党日活动，以习近平新时代中国特色社会主义思想为指导，深入学习了习近平总书记对中青年和中青年干部的要求与嘱托，充分了解青年教师工作、生活及思想状况，为青年教师发展营造良好氛围、提供交流平台，切实解决青年教师发展过程中的问题，激励青年教师在教学、科研以及公共事务等各项工作中冲锋在前，创造更有价值的人生。

二、关爱青年 抚育成才

【活动目的】

认真学习贯彻习近平总书记关于教育的重要论述，根据党和国家对青年的要求和希望，主动关心关爱青年，探寻更好培养学生的方法和手段，为做好当前学生的教育教学工作提供更多参考。

【指导意见与内容】

1. 政治理论学习（可选其中的重点内容学习）

（1）《习近平给全国高校黄大年式教师团队代表的回信》

参考资料：http：//www.news.cn/politics/2021-09/09/c_1127843783.htm

（2）《习近平给北京科技大学的老教授回信》

参考资料：http：//www.news.cn/politics/leaders/2022-04/22/c_1128584312.htm

（3）《新时代，总书记这样寄望青年》

参考资料：https：//www.sizhengwang.cn/a/szzx_tbtj/220504/1073659.shtml

（4）《胸怀国之大者 建设教育强国 推动教育事业发生格局性变化》

参考资料：https：//www.sizhengwang.cn/a/szzx_tbtj/220506/1075043.shtml

2. 教育教学、指导学生交流

（1）系部负责人介绍有关情况

介绍当前学校有关教学和管理等方面的情况；总结本单位近期本科教学和研究生培养过程中存在的突出问题；确保本单位下一阶段本科和研究生教育教学质量的工作思考。

（2）指导学生进行经验分享

组织各团队介绍当前学生思想、学习等方面的指导情况，重点分享解决问题的案例。或者提前征集一些共性问题，组织各团队分享指导经验和感受。通过共同交流研讨，达到优化方法、创新思路、提振士气的目的。

【开展情况】

各党支部组织党员共同学习《习近平给全国高校黄大年式教师团队代表的回信》和《习近平给北京科技大学的老教授回信》，感受习近平总书记对于高校教师殷切的期望，对于为祖国科技事业作出重要贡献教师的肯定与激励。深入学习教育部部长怀进鹏的文章《胸怀国之大者 建设教育强国 推动教育事业发生格局性变化》。各党支部组织开展了多种形式的交流研讨活动，重点针对教育教学特别是本科毕业设计环节和研究生指导过程中存在的问题进行交流，提出改进意见建议。学院处级领导列席联系党支部的主题党日活动，指导、点评活动开展情况，并了解广大教师的心声。

比如：冶金机械系党支部邀请系部副主任介绍当前学校有关本科教学、管理方面的情况，总结近期系部在本科教学、培养、本科答辩过程中存在的突出问题；主任介绍学校有关研究生教学、管理方面的情况，总结近期研究生教学、培养、答辩过程中存在的突出问题，并对下一阶段确保本科和研究生教育教学质量提出工作思考。同时，组织一些科研团队介绍学生思想、学习等方面的指导情况，重点分享解决问题的案例。此外，组织 1 位新入职老师作学术报告。

机械电子工程系党支部针对本单位广大青年教师毕业设计指导能力提升问题，进行“毕业设计及论文抽检质量提升”讲解培训，大家对照“本科毕业论文（设计）抽检评议要素”各指标点逐一开展讨论，初步确定专业毕业设计水平提升策略；根据与会教师建议，进一步完善“毕业设计说明书参考模板”“工程图注意事项表”以及“毕设论文格式问题自查对照表”等，逐步形成具有专业方向特色提升毕业设计水平的指导性文件和参考规范。

学院主管教学的副院长作为联系领导参加机械电子工程系党支部的主题党日活动。活动中，系主任总结了本科毕业设计和研究生答辩情况，认为本次本科毕设和研究生答辩总体上质量较好，但也暴露出个别同学对毕设不够重视，具体表现为图纸质量不高、论文写作不规范等，后续将围绕相关问题开展进一步研究讨论。列席领导指出，全系教师能够按照校、院两级党委的要求，认真完成各育人环节，取得较好效果。后续工作中，要面向党和国家对青年的要求和希望，主动关心关爱学生，积极主动探寻更好培养学生的方法和手段。

机械设计系党支部组织教师分别针对研究生培养过程中的课题选题、周报制度、导师示范作用、学生心理以及论文写作等方面进行分享；围绕学生的知识体系、课题选择、写作等方面进行分享；从关注学生成长、学生感悟等方面进行分享。学院副处级辅导员作为联系领导参会，结合自己的工作经历围绕不同学科学生的思想和学习情况进行详细介绍，并同大家进行充分交流探讨，年轻教师获益良多。

三、传师生情 感爱国志

【活动目的】

认真学习贯彻习近平总书记有关青年教师的重要讲话，深入开展党史学习教育，在毕业生离校之际组织开展形式多样的送别活动、在喜迎“七一”和党的二十大召开之际到有关教育基地开展红色学习教育或实践活动，增进师生友谊，提升学生的爱党爱国爱校情怀。

【指导意见与内容】

1. 政治理论学习（可选其中的重点内容学习）

（1）《习近平总书记给南京大学留学归国青年学者回信》

参考资料：https：//www.12371.cn/2022/05/19/ARTI1652937141314710.shtml

2022年5月18日，习近平总书记给南京大学留学归国青年学者回信，勉励他们在坚持立德树人、推动科技自立自强上再创佳绩，在坚定文化自信、讲好中国故事上争做表率，充分体现了党中央对高等教育事业的高度重视和对高校青年教师的亲切关怀。各党支部要学深悟透，学以致用。

（2）《百年初心成大道——党史学习教育案例选编》（典型案例以附件形式单独提供）

推动党史学习教育常态化、长效化和政治理论学习的重要辅导读物，在结合自身实际中借鉴有益经验、深化实践探索，不断增强工作的针对性、实效性。

2. 欢送毕业生

各党支部发挥活动引领作用，主动联合系部组织教师特别是党员教师，开展有组织有规模的“走近毕业生”——毕业生送别活动，主要包括：毕业生欢送会、师生文体联谊赛、毕业生宿舍探望、毕业驿站送别等。

3. 校内外学习实践

各党支部可以依托学校党员组织生活馆，以及昌黎五峰山、青龙满族自治县花厂峪、卢龙县冀东抗战纪念馆等革命旧址，组织党员就近就便开展重温入党誓词、观摩学习等活动，激励广大党员不忘初心、牢记使命。适时组织开展“讲好一堂专题党课”“开展一次志愿服务”“集中过一次政治生日”等活动。

【开展情况】

每年在“七一”之前，将爱党爱国爱校教育与毕业生离校教育紧密结合，指导组织党支部集中组织党员到校内外学习教育基地开展实地参观学习，如燕山大学党员组织生活馆以及京津冀地区的爱国主义教育基地等。同时，在校内以“走近毕业生”为主题开展广泛的教师送别毕业生活动，以专业为单位组织毕业生欢送会、师生文体联谊赛、毕业生宿舍探望等活动，号召开展“四个一”，即走访一次毕业生宿舍、在食堂与毕业生共同进一次餐、与毕业生谈一次理想和人生、参加一次送别毕业生的活动等。此外，学院集中设置毕业生送别驿站，学院领导班子及广大教师党员积极参与为毕业生送别，佩戴一枚校徽、发放路途上的饮用水、送上临行前的叮嘱等，留住感人瞬间。

比如：机械工学部党支部通过诵读形式一起学习习近平总书记给南京大学留学归国青年学者回信，感受习近平总书记对于留学归国人员为祖国科教发展而努力、为报效祖国而奋斗的肯定，激励广大教师肩负起推动我国科技发展、服务地方经济方面的使命，为全面建设社会主义现代化国家而自强不息；学习《百年初心成大道——党史学习教育案例选编》——走进大国重器感受中国力量，从核工业的发展感受老一辈科技工作者们为实现科技自立自强而顽强拼搏的精神，“两弹一艇”和大国重器华龙一号等辉煌成就也让大家感受到国家科技创新力量，更加坚定了科研报国、科研强国的信念。面向科技强国建设的创新人才需求，面向国防和军队现代化的重大需求，党支部教师践行科研报国、科研强军理念，开展国防专题沙龙讲座，介绍极端条件下机械结构和材料科学国防重点学科实验室代表性科研成果，充分展示支部党员勇于挑战“卡脖子”技术难题，为国防现代化发展勇挑重担的奋斗精神，紧跟国家国防战略发展需求，厚植师生的国防军工情怀。

机电控制工程系党支部、塑性成形工程系党支部等举办专业的毕业生欢送会，设置“最美辅导员团队”“最美实训团队”“最受学生喜爱奖”“教师终身成就奖”等颁奖环节。同时，欢送会设置“再讲一堂课”环节，由专业资深教授讲授，浓缩了学校、学院、教师们对即将走向新的人生阶段的青年毕业生们的殷切嘱托。机械设计党支部在学校塔山公园进行师生联谊活动，包括：传声筒、手游竞技、唱歌、教师寄语等，增进毕业生之间以及师生之间的友谊。

四、筑牢师德 树好师风

【活动目的】

认真学习贯彻习近平总书记有关重要讲话精神，强化教师职业道德，增强师德师风素养，为开展教育教学和科研工作提供基础和保障；总结、借鉴单位内外“智联建”开展情况，探索继续推进策略和举措，巩固扩大活动成效。

【指导意见与内容】

1. 有关文件、案例学习

（1）《高等学校教师职业道德规范》

参考资料：https：//baike.so.com/doc/6198706-6411968.html

（2）《新时代高校教师职业行为十项准则》

参考资料：http：//www.xinhuanet.com/politics/2018-11/16/c_1123722540.htm

（3）教育部《研究生导师指导行为准则》

参考资料：https：//www.sizhengwang.cn/a/jdwx_zcwj/201112/637214.shtml

2. 教育教学方法研讨

（1）系部负责人总结本单位教师课堂教学情况，重点总结分析青年教师授课过程中可能存在的问题，组织研讨提升青年教师课堂教学的方法和措施。

（2）建议在每次主题党日或系部会议中将青年教师说课作为一个必要环节，请认真组织落实。

（3）适时组织开展离退休教师座谈会、名师交流分享会等。

3.“智联建”主题学习与活动

（1）有关文件、案例学习

教育部《关于加强高校有组织科研 推动高水平自立自强的若干意见》

参考资料：https：//mp.weixin.qq.com/s/mHsx5pgSuMwGTYRPcUx39A

科技部办公厅《关于开展科技人员服务企业专项行动的通知》

参考资料：https：//mp.weixin.qq.com/s/zqt7fv2g_vNpiGbl6uy2pw

（2）“智联建”推进交流研讨

邀请本单位或其他系部有关负责人总结汇报本年度“智联建”开展情况，交流探讨“智联建”下一步工作计划和方案。

【开展情况】

各党支部组织教师深入学习习近平总书记关于高等教育的重要讲话，深刻领会《高等学校教师职业道德规范》《新时代高校教师职业行为十项准则》《研究生导师指导行为准则》等文件内容，强化教师职业道德，增强师德师风素养，为开展教育教学和科研工作提供思想基础和组织保障。在此基础上，组织开展教育教学方法研讨活动，系、部负责人总结本单位教师课堂教学情况，重点总结分析青年教师授课过程中可能存在的问题，交流研讨提升青年教师课堂教学的方法和措施。与此同时，各教师党支部将青年教师说课、示范课讲解等作为一个重要环节，并纳入党支部的一项长期工作持续深入开展。此外，部分党支部还组织开展离退休教师座谈会、名师交流分享会、校地企“智联建”推荐研讨会等。

主题党日活动开始前，学院党委举办党建思政专题沙龙，对主题党日活动的组织和实施进行深入细致指导，为各党支部开展好此次主题党日活动打下坚实基础。在活动实施过程中，学院处级领导干部分别到联系党支部列席会议，并对本次主题活动的开展进行点评和指导，确保活动高质量开展。

比如：机械工程部党支部组织党员一起学习《高等学校教师职业道德规范》《新时代高校教师职业行为十项准则》《研究生导师指导行为准则》等，并就目前社会上存在的一些不良现象进行说明和讨论，尤其就研究生指导问题进行深入讨论，就研究生可能存在的心理问题要求教师们高度重视，要求教师们始终加强个人素养的提高，注重师德培养，加强与学生沟通，守好底线。同时，不断提升个人的科研素养，全面提高个人服务社会的能力。

“工学讲堂”成为主题党日活动的一个必要环节，主讲教师就“机械原理”课程中“行星轮系及其传动比计算”部分进行讲解，从风电齿轮箱的应用和我国风电齿轮箱发展史出发，用生动的工程案例和规范的计算过程讲解行星轮系传动比的计算过程、行星轮系的特点和重要性，用蝴蝶效应对比行星轮系齿数微小变化导致的传动比巨大变化说明机械齿轮传动的巨大魅力，可极大地激发学生对齿轮传动的探索欲望。与会党员及教师就教师讲解过程中课程思政案例引入的方式和讲解给予充分肯定，并对思政案例回归、与知识点的融合以及后期的知识巩固关节开展引申讨论。同时，就如何更加充分与学生加强沟通、讲解可适当放慢速度等提出建议，就课程思政如何更加巧妙地与知识点融合，并且无声地回归知识点进行探索。

在“智联建”主题学习环节，大家一起学习教育部《关于加强高校有组

织科研 推动高水平自立自强的若干意见》、科技部办公厅《关于开展科技人员服务企业专项行动的通知》，鼓励教师们主动面向国家发展的重大需求，面向行业与地方经济发展需求，尤其是面向河北区域经济发展，走出校园，主动对接企业，将服务企业、提升中小企业的创新能力作为未来科研工作的重要内容。党支部书记就党支部对校企校际“智联建”开展情况进行总结汇报，尤其是党支部组织针对与邢台临西县轴承产业基地和任泽区机械制造产业集群的合作进行重点分析，希望教师们在后续纵深合作中都能发挥自己的特长，为服务河北经济发展贡献力量。

本次主题党日活动的开展，对学院广大教师特别是青年教师职业道德素养和职业技能的提升起到较好的促进作用，激励广大教师在本职岗位上认真贯彻落实立德树人根本任务，以良好的工作状态和过硬的育人本领履行岗位职责。

五、领会二十大 聚智解难题

【活动目的】

积极贯彻落实《中共中央关于认真学习宣传贯彻党的二十大精神的决定》，把思想统一到党的二十大精神上来，深刻理解党的二十大确定的各项任务。同时，以党的二十大精神为指导，结合学院实际工作，聚焦重要问题解决和重要工作落实，分析交流破解学院发展瓶颈的办法和举措。

【指导意见与内容】

1. 领导干部宣讲党的二十大精神

学院广大处级领导干部发挥模范带头作用，到各自联系的党支部进行党的二十大精神宣讲，以实际行动带动学院广大师生学习领会党的二十大精神。各党支部邀请联系领导宣讲党的二十大精神，并认真组织本单位广大师生积极参加学习。

2. 破解学院发展瓶颈交流研讨

学院各处级领导干部在宣讲党的二十大精神的基础上，以党的二十大精神为指导，聚焦分管工作领域的发展瓶颈问题，分析汇报发展思路和推进举措，并同广大教师进行交流研讨，进一步调研民情，开拓思路，凝聚智慧。

各党支部组织本单位广大教师参与交流，为学院发展建言献策。

【开展情况】

学院党委处级领导干部积极发挥模范带头作用，分别到各自联系的师生党支部进行党的二十大精神宣讲，以实际行动带动学院广大师生学习领会党的二十大精神。学院党委处级领导干部全部参加宣讲，覆盖学院46个党支部，1000余名师生党员。

同时，学院各处级领导干部以党的二十大精神为指导，聚焦分管工作领域的发展瓶颈问题，分析汇报发展思路和推进举措，同广大教师进行交流研讨，进一步调研民情，开拓思路，凝聚智慧，汇聚推动学院发展的强大力量。

比如：塑性成形工程系党支部联合机械工学部党支部开展主题党日活动，学院党委书记列席参加，通过翔实的数据和生动的案例，对党的二十大提出的一系列重要思想、重要观点、重大战略、重大举措，作了全面辅导解读和深入阐释分析，并结合党的二十大对高等教育和科技创新等方面的解读，对党员教师今后的工作提出更高要求，希望大家在不断提升自我的道路上，始终践行立德树人的使命，无愧于党，无愧于时代。此外，大家还学习观摩了工学部的“工学讲堂”青年说课活动，计划以此为契机在本支部主题党日活动中进行推广和借鉴，并就内容上如何进一步推广和延伸展开深入讨论。

学院主管科研工作副院长参加了机电控制工程专业师生党支部的主题党日活动，以“开新篇、谋新局、成大业”为主题，梳理了学院近年来在教学、科研和学科建设中取得的成绩和亮点，同时对标学科评估和国家“双一流”建设指标，指出学院在顶尖人才储备、国家级教学科研奖励以及成果转化等方面的短板，激励大家以党的二十大精神为指引，破除瓶颈问题，精准发力，埋头苦干，为学院和学科的发展贡献力量。

学院院长参加了冶金机械专业师生党支部的主题党日活动，对党的二十大报告中的新观点、新论断和新思想进行深入的解读和宣讲，同时也结合学院发展工作实际，梳理研究生培养工作的现状和存在的问题，并交流破除瓶颈问题的举措思考。机械设计系党支部各位教师结合日益增多的研究生规模和灵活多变的实习实践形式等众多因素，针对研究生培养和管理两大方面涉及的师生支部融合、教学、教师责任心、研究生助管、实习基地、国奖评审、毕业要求、管理组织架构等多方面问题进行交流研讨。

党的二十大召开以来，机械工程学院党委高度重视党的二十大精神的学习宣传和贯彻落实工作，及时成立学习宣讲先锋队，为开展好此次主题党日活动作了充分准备。学院领导干部以实际行动带领广大师生深入学习，营造了学习宣传贯彻党的二十大精神的良好氛围。学院广大师生表示，将在全面学习、全面把握、全面落实上下功夫，进一步深化对党的二十大精神的理解，切实将学习党的二十大精神与实际工作相结合，做到学以致用，促进各项工作顺利开展，奋力推动学院各项工作再上新台阶。

六、加强产教融合 升级毕业设计

【活动目的】

深入学习领会党的二十大的精神实质和精髓要义，把党章作为加强党性修养的根本标准，学习党章、遵守党章、贯彻党章、维护党章。同时，结合学院当前实际工作，积极推进产教融合，加强青年教师培养，提升毕业设计质量，提高青年教师教学科研能力。

【指导意见与内容】

1. 政治理论学习

深入学习宣传贯彻党的二十大精神，坚持全面深入理解内涵，原原本本、逐字逐句学习。党支部书记领学党的二十大报告第五部分：实施科教兴国战略，强化现代化建设人才支撑。同时，对比学习新党章的变化。

（1）《习近平：高举中国特色社会主义伟大旗帜 为全面建设社会主义现代化国家而团结奋斗——在中国共产党第二十次全国代表大会上的报告》

参考资料：https：//www.12371.cn/2022/10/25/ARTI1666705047474465.shtml

（2）《中国共产党章程》（2022 年新旧对照版）

参考资料：https：//www.12371.cn/2022/10/27/ARTI1666845926836204.shtml

2. 加强产教融合，升级毕业设计，推进常态化教研

（1）开展毕业设计研讨：总结上一年度实施问题，形成闭环反馈，推进

持续改进；将“智联建”成果向毕业设计延伸，校企协同，强化选题，拓展与企业交流合作，把最新科研工作和成果融入本科实践教学。

（2）推动教学方法研究：贯彻落实学院党委关于青年教师培养相关精神，推动落实青年教师教学方法交流与研讨，形成各支部（系部）独特的教研活动形式和常态化教研制度。

【开展情况】

学院党委书记在联系的党支部作专题讲解，主要围绕党章的重要地位作用、本次党章修订的重要内容、党章发展的历史进程等方面进行系统解读，强调党章是党的总章程，是党的根本大法，规定了党的重要制度和体制机制，是全党必须共同遵循的根本行为规范，要求广大党员结合工作实际，继续学好党章，不断增强党员意识，加强党性修养。

各教师党支部开展毕业设计专题研讨。传达学院关于毕业设计有关工作精神，总结上一年度实施中的问题，提出本年度具体的要求，推进持续改进；鼓励教师们将“智联建”成果向毕业设计延伸，挖掘横向课题和毕业设计的关联性，强化选题，把最新科研工作和成果融入本科实践教学。广大教师对校企协同、强化选题、科研融入毕业设计等表示高度赞同，同时希望学校和学院提高本科毕业设计审核流程管理，切实提升本科生的理论应用和实践动手能力。

机电控制工程系党支部主要针对目前广大本科四年级学生在毕业设计过程中出现的问题进行剖析和针对性研讨。大四本科生存在对毕业设计不重视、完成不规范、工作量不充分等情况，个别导师还出现选题陈旧、要求不严格等现象，这些问题严重影响本科毕业生今后开展工作的能力和态度，进而影响学校和专业的毕业生质量。大家对学院提出的校企协同、强化选题、科研融入毕业设计等表示高度赞同，同时希望学校和学院提高本科毕业设计审核流程管理，切实提升本科生的理论应用和实战动手能力。

机械设计系党支部举办本专业“本科毕业设计问题分析与质量控制”讲座，分别从毕业设计面临的新挑战、毕设常见的问题剖析和持续改进质量提升策略三个层次，向教师特别是年轻教师展示指导教师在毕业设计过程中容易出现的问题以及相应的解决思路，并在持续改进环节提出毕设指导的具体改进要求。同时，希望教师逐步将“智联建”成果向毕业设计延伸，校企协同，强化选题，拓展与企业交流合作，把最新科研工作和成果融入本科实践教学。

部分党支部采取联合开展主题党日活动的形式，贯彻落实学院党委关于青年教师培养相关精神，推动落实青年教师教学方法交流与研讨，持续推进党建引领的高校教研室功能回归与重建，促进形成各支部（系部）独特的教研活动形式和常态化教研制度。

七、教之有法 育之有道

【活动目的】

学习贯彻习近平新时代中国特色社会主义思想及其科学思想方法和工作方法，关注学生身心健康，舒缓学习生活压力，帮助指导学生以积极向上的心态拥抱明天。

【指导意见与内容】

1. 理论学习

（1）学习习近平总书记在中央党校（国家行政学院）中青年干部培训班开班式上的重要讲话，了解党中央和国家对年轻干部的希望和嘱托。

资料下载链接 https：//notice.ysu.edu.cn/info/2008/8975.htm

（2）《总书记“公开课”，引导教师教育学生做新时代有为青年》

资料下载链接 https：//mp.weixin.qq.com/s/pzGTfVNLVbCmgKF_wCPhhw

2. 方法实践

根据习近平总书记的指示和思想，指导开展实际工作。在心理问题高发期，面向学生身心健康开展有关工作。

（1）党支部书记与教师分享案例和工作方法，动员指导本单位学生班级的班主任、研究生导师与学生进行贴心交流、贴心对话。

针对本科生班级：可以与辅导员联合，组织开展专题开班会。

针对研究生：号召导师逐个排查，了解学生真实心理状况，消除学生杂念、怨念、畏惧、恐慌等负面情绪，帮助学生解除心结，释放压力，放下包袱，以健康的身心投入学习和生活。

（2）以党支部或课题组等为单位适当开展一些有益学生身心健康的文娱活动。

【开展情况】

在此次主题党日活动中，党支部书记向大家普及“早期发现心理问题的一点思考”讲座知识，与大家沟通交流有心理问题学生的数量和表现、教育部关于加强学生心理健康管理工作、研究生导师指导行为准则、导师上报途径等方面的问题，同大家分享涉及硕士生和博士生的心理问题案例，并针对研究生的心理问题展开有益讨论，提醒研究生导师、本科生班主任、任课教师要通过多种途径加强与学生的交流，了解学生真实心理状况，帮助学生释放压力。参加活动的教师围绕学生身心健康展开交流，分别分享个人工作经验，并提供一些实操建议。

为增强主题党日活动开展质量和效果，学院党委提前组织专题沙龙进行部署和指导。由学院党委书记介绍活动背景，深入分析活动内涵和意义，指明工作开展的方法。强调党支部要引导广大教师意识到学生心理健康教育的重要性，通过主题党日活动让大家讲述“教之有法、育之有道”的故事，激发教师开展固本培元、因材施教的育人之道研讨，使学院“教与学、育与长”的育人生态建设更加健康、向上。

为进一步提升教师育人能力，邀请学校心理健康教育服务中心教师作学生早期心理问题发现的专题讲座，向大家普及学生心理问题的发现途径、处理办法、如何谈心等心理健康教育知识。学院主管本科和研究生教学工作的领导，分别向大家介绍一些典型的心理健康案例，并结合自身经历同大家分享了如何处理好师生关系，强调作为导师要了解学生特别是研究生的压力来源，及时与学生沟通，帮助解决困惑和压力。

八、校企携手 智慧协同

【活动目的】

推动教职工党支部校企“智联建”，党支部与系部共同谋划组织教职工、学术团队联系专业相关企业或协会开展走访交流，深度对接企业和行业科技需求，助推学院教师、学术团队与企业联手攻关工程技术难题，实现科技成果转化落地，增强学科的社会服务功能和能力。

【指导意见与内容】

1. 工作方案

（1）已开展联建的党支部，可组织支部教职工开展实地交流活动。

（2）尚未开展联建的党支部，应结合系部学科和专业特色、结合教职工科研需求积极谋划、开拓联建单位，积极推进线上线下交流活动。

（3）规模较小的党支部可以与其他党支部联合开展本次活动。

2. 活动内容（仅供参考）

（1）组织联建

各党支部交流介绍支部基本情况，分享支部建设经验做法。

（2）党员联学

召开“讲党课，办讲坛”，双方同上党课，分享学习心得等。

（3）活动联办

发挥双方优势，开展互惠互补的参观交流或主题展演等。

（4）发展共谋

召开“教学—科研—工程融合，共谋合作发展”座谈会，双方在“卡脖子”技术交流、思政教育、新工科人才培养、联合双创基地等业务方面寻求合作契机。

3. 有关要求

（1）开展实地交流的党支部，需提前形成活动策划方案，方案应包括时间、单位、参观人员、主要内容、预期效果和经费预算，并报学院党委审批备案。

（2）实地交流前，党支部应认真做好筹备和预演工作，要向联建单位准确全面地展示专业的研究基础和业绩成果，提倡集体行动，提倡以老带新，提倡面向企业问题，提倡走入工程实际。

（3）交流后要认真总结，切实落实交流提出的需求，持续跟踪推进合作意向。

【开展情况】

在主题党日活动开展前，学院举办校企党支部“智联建”专题沙龙进行针对性指导。学院党委书记介绍主题党日活动的目的和主要内容，并对具体开展过程和操作程序提出指导性意见建议。各教工党支部书记汇报本单位党支部联建工作已经取得的主要成效，分析存在的问题，提出下一步建设构想。指导中明确指出，党支部要准确全面地展示专业的研究基础和业绩成果，广泛深入地方、企业和协会，为广大教师对接企业工程技术需求提供渠道和平台。

活动中，各党支部深入理解并传达学院党委对“校企携手 智慧协同”主题党日活动的指导意见，通过支部大会汇报党支部在校企“智联建”方面的开展情况，并鼓励广大教师特别是党员教师积极参与联建活动，促进科技成果转化，提升社会服务能力。

比如：机械电子工程系党支部负责人在支部大会上汇报与航天某研究所第二党支部开展支部联建的进展情况。通过支部联建，支部教师完成航天某研究所委托科研项目一项，与航天某研究所共同申报项目一项，共建成果初步显现，但在合作的广度、深度以及辐射人员数量方面仍有不足。下一步，支部将继续结合学科和专业特色、结合教职工科研方向，积极谋划、开拓联建单位，积极推进线上线下交流活动，进一步为广大教师与企业联手攻关工程技术难题、实现科技成果转化落地、增强学科的社会服务功能和能力创造条件。

机械制造及其自动化系党支部讨论确定支部年度联建工作实施方案，计划与某数控刀具股份有限公司、中信戴卡、中钢石家庄工程设计研究院有限公司开展支部联建，立足机械制造及其自动化系专业技术优势，为企业解决实际技术难题，助力企业成长，实现社会服务职能。

塑性成形工程系党支部与长城汽车精工公司座谈交流校企合作相关事宜，计划与长城精工开展长期深入战略合作，包括已落地的本科生实习基地和研究生联合培养基地，后续即将开展的项目合作、联合培养等。长城精工提供了一些技术合作需求，后续党支部将联合系部根据需求列表对接系部教师，并鼓励具有相关研究基础的教师或团队积极参与。通过开展此类活动，确保专业能够与企业搭建高质量高品质的合作关系，促进专业在科技成果转化、产学研用协同育人等方面取得新成绩。

此类主题党日活动的开展，推动学院党委及各基层党支部与地方有关部门、企业积极对接，围绕京津冀地区装备制造业产业发展，充分发挥自身学科专业、科研优势，在科技创新、成果转化、人才培养、平台建设等方面探索全方位合作。基层党组织推动，开展有组织、有谋划、有规模、有团队的联建活动，提供有落脚点、有契合点以及具有一定公益属性的社会服务，重点解决产业链的发展结构与方向，通过数智赋能，挖掘新质量、新品质、新质效，使企业发展形成新的市场竞争力。同时，也为高校学生和青年教师提供“实地、实情、实事、实景”的工程实践创新能力训练平台。

九、点燃师生激情 创就共同梦想

【活动目的】

为进一步做好学院创新创业（以下简称“双创”）教育工作，学校出台《燕山大学“挑战杯”“创青春”“互联网 ”竞赛振兴工程实施细则》，该文件与教师职称评定、研究生招生、获奖奖励等密切相关。活动旨在增进教师对文件的了解，分享指导“双创”竞赛经验，掌握指导技巧，激励教师增强对学生“双创”竞赛的指导，提升指导水平，实现人才培养和自身价值双赢。

【指导意见与内容】

第一次活动内容：

“机创未来”创新创业教育工作室成立仪式；

校团委书记讲解文件并与教师交流（同步直播）；

学院副院长分享“双创”竞赛指导经验并与教师交流（同步直播）。

活动准备：

（1）将《燕山大学“挑战杯”“创青春”“互联网”竞赛振兴工程实施细则》文件提前发给大家，组织党员学习讨论并形成问题。

（2）学院举行现场会议并同步直播，直播链接及时在学院“党风红韵”群发布。各党支部组织教师集中观看（线下或线上），交流环节各党支部将代表性问题及时发在“党风红韵”群，由现场工作人员提问。

第二次活动内容：

教师分享“双创”竞赛指导经验；（约 40 分钟）

重要赛事讲解；（约 20 分钟）

参会教师现场交流座谈。

备注：按系部 / 支部分成 3 组，每组派 1 位教师分享经验、1 位教师讲解重要赛事，学院党委制定详细安排。

【开展情况】

为进一步做好学院创新创业教育工作，从学院发展全局出发，推进创新创业教育高质量发展，学院党委牵头，学院综合办公室、团委、学生工作办公室、各系部协同成立“机创未来”创新创业教育工作室。工作室围绕立德树人根本任务，构建“双创”教育与思政教育协同育人机制，进一步完善创新创业组织机构制度建设，深化创新创业人才培养范式变革，推动创新创业平台建设深度融合，以赛促建做好双创赛事策划实施等工作。工作室设主任 1 名，由学院选派 1 位处级领导干部担任，工作室成员由辅导员、专业教师、学生、优秀校友等组成。成立“双创”工作室，对学院学科评估和加快推进一流学科建设，统筹推进学院创新创业教育，培养拔尖创新人才等工作具有重要意义。

学院党委在创新创业教育工作上积极发力，充分发挥党支部的战斗堡垒和党员的先锋模范作用，进一步完善工作机制，鼓励广大师生积极参与投身创新创业活动，努力构建全员参与创新创业的工作格局，积极营造浓厚的“双创”氛围。为增进教师对文件的了解，分享指导“双创”竞赛经验，激励教师增强对学生“双创”竞赛的指导，实现人才培养和自身价值双赢，学院采取线下 + 线上同步直播的方式面向全院教师开展“双创”教育专题培训。邀请校团委书记介绍“挑战杯”“创青春”等赛事的基本情况，并详细解读文件内容。机械工程学院主管教学与“双创”工作的副院长结合自己指导学生参与科创竞赛经验，作题为“创新创业教育之学生科技竞赛思考与探索”的讲座。

通过培训，学院教师对学校出台的政策有了更深入的理解，激发了大家参与“双创”竞赛的热情，也对“挑战杯”大学生课外学术科技作品竞赛、中国国际“互联网 +”大学生创新创业等大赛作了动员，同时鼓励全院教师把创新创业的精神和方法融入专业课程和教学实践环节中，激发学生的首创精神，在创新创业中积极探索，力求取得实效。各党支部积极组织教师参会，并在会后组织教师进行专题研讨，有效调动广大教师对学生“双创”指导的积极性。比如，机械制造及其自动化系党支部围绕具有机制特色的“双创”竞赛指导进行热烈讨论，一致认为要立足专业优势，围绕智能制造与数字孪生、增材制造、仿生优化、数控技术等进行“双创”活动，逐步打造出具有机制特色的“双创”品牌。

大学生创新创业工作成绩是“双一流”建设的重要指标，学院党委在创新创业教育工作上积极发力，以创新创业教育工作室为推进器，充分发挥党支部的战斗堡垒和党员的先锋模范作用，进一步完善工作机制，鼓励广大师生积极参与投身创新创业活动，努力构建全员参与创新创业的工作格局，积极营造浓厚的“双创”氛围，推进学院创新创业教育工作开创新局面、取得新成绩。

第三节　党员教育管理方法及举措

发展高素质的优秀人才加入党组织并做好日常教育和管理是高校党组织的神圣使命，也是组织育人的重要内容。高校党组织要严格发展程序，创新教育培养方式方法，坚持原则、站高定位，不仅要注重吸收发展，更要注重发展后的教育管理，使党员始终成为具有坚定理想信念和政治觉悟、具有深厚素养并爱党敬业的先进分子，持续彰显党员在群众中的先锋模范形象。本节重点列举了燕山大学机械工程学院在党员教育管理方面的重点举措，并总结吸收了有关高校在党员教育管理方面的一些典型做法。

一、实行党建与业务融合机制

燕山大学机械工程学院探索实践学生党建与业务融合活动，完善党建与业务融合工作机制，坚持在学生党支部中开展“党业融合主题党日活动”，深化政治理论学习与业务能力提升、党建责任担当与岗位职责要求、党建品牌创建与解决工作难点、党建工作考核与业务工作考核相融合，切实解决学生党建与业务工作“两张皮”问题，更好地加强基层组织建设，促进党员教育管理工作进一步提质增效。

（一）将政治理论学习与业务能力提升相融合

一是加强政治学习，提高党建工作认识。成立由学生党员骨干组成的学生党务中心，统筹安排党建和业务学习，以“三会一课”、专家辅导、辅导员加油站等形式，开展政治理论学习，加强党员思想教育，提高政治站位和政治能力。尤其主题党日活动要围绕学校、学院中心工作开展，突出党组织在主题教育、三全育人、服务师生等方面的引领和监督指导作用，引导党员进一步增强推动党建与业务工作深度融合的思想自觉、政治自觉和行动自觉。二是落实理论联系实际，着力推进学以致用。坚持“学习必有交流研讨，研讨必结合工作”的原则，紧密结合思想和工作实际，强化问题导向、实践导向、需求导向，要求党员在学习中思考，把自己摆进去、把职责摆进去、把工作摆进去，增强理论学习的消化吸收能力，同时跳出具体工作的“小框架”，提高政治站位和理论水平。

（二）将党建责任担当与岗位职责要求相融合

学院学生辅导员均担任学生党支部书记，辅导员老师须结合自己承担的工作模块内容及带班工作实际，推进党建与业务同谋划同推进。学生党务中心及各党支部要加强思考，组织党员参与重要问题讨论，形成愿景共谋、路径共商、难题共解的工作机制，做好党建和业务深度融合的顶层设计，把党建工作纳入重要议程，在安排工作规划、年度工作计划、工作月清单时，将党建工作与业务工作一同谋划；另一方面，更要着重于工作落实，党支部书记要肩负起全面从严治党主体责任，根据中心工作目标任务，明确党建工作重点，以身作则，靠前工作，以任务清单化方式推进工作开展，坚持两手抓、同时抓、统筹抓，并做好督促和指导。

（三）把党建品牌创建与解决工作难点相融合

结合工作实际，打造“立得住、叫得响、推得开”的优质党建品牌活动。各党支部要锚定工作中的难点、痛点，针对面临的突出问题靶向施策，并定期组织党建交流会，及时凝练好的做法形成工作机制，创建工作品牌。同时，利用“风华机械人”活动，选树一批先进典型，通过学院各公众号、官网、燕铭红韵党建工作信息平台等加强宣传，在党员中营造比学赶帮超的浓厚氛围，并形成党员的示范、带动和辐射作用，促进党员充分发挥先锋模范作用，树立党员良好形象。

（四）将党建工作考核与业务工作考核相融合

注重工作过程监督和绩效考核，强化激励约束机制。每年年终，组织开展党支部书记述职工作，将党建与业务融合方面的工作作为重要考核点。同时，完善辅导员工作考核，将学生党建工作开展情况、学生党建与辅导员所负责工作模块内容及带班工作融合效果等均纳入考核体系。各党支部每年还需至少开展一次以党建与业务融合为主题的党支部书记讲党课活动，至少开展一次业务工作大讨论活动，把“学”与“做”有机统一起来。

二、进行党员全方位形象展示

学生党支部以党员发展和培养为主要任务，有计划、有目标、有检查、有考核，做到管理党员有力。学生党支部需重视入党积极分子培养、严把党员发展质量、强化学生党员考核。

一方面，规范入党联系人制度、培训制度，严格积极分子培养，邀请入党积极分子参与支部活动，帮助他们端正入党动机，树立为共产主义奋斗终身的信念。另一方面，大力强化学生党员示范表率作用，时时处处展示党员形象。具体措施包括：凝聚党员先锋力量，搭建志愿服务平台，持续推行“小微”志愿服务，常态化组织涵盖美化校园、清扫实验室、公寓管理等内容的志愿服务行动，联合教工支部开展实验室开放日、科技扶贫等科普与服务活动，在学生党员中树立“在志愿中感悟党性，在服务中心培养能力，在实践中展现先进”的目标，引导党员在任何地点、任何情况下都能铭记党员身份、履行党员义务。

同时，加强宣传引导，发挥先进典型的示范引领作用，连续组织举办“风华机械人”评选、“微党课”视频大赛、“党员风采展示”等活动，深入挖掘党员先进典型，依托学校“燕铭红韵”党建工作信息平台、学院官网、学院官方微信公众号等媒体宣传平台，开设“听TA说”“榜样力量”等更多专题栏目，对党员先进典型和事迹进行广泛宣传，展示学生党员的良好形象，引导全体学生学习先进、争做先锋。不断搭建丰富的活动载体，组建党建思政、党建赋能、实习实训等更多实践团队，让学生党员在实践中受教育、长才干、作贡献。

三、开展“微党课”党员自我教育

“微党课 ”是为了满足党员个性化学习需求 ，借助信息化手段，用较短的时间，以较小的事例或者实践来阐述党的理论、政策、方针的新型党课，具有内容精炼、针对性强、形式灵活等特点，是“互联网 +”时代出现的新型党员教育管理方式。“微党课 ”主题一般聚焦于某一点，时间大约为 10 分钟，重点突出，小中见大；主角是普通党员，党员既是教育者，同时也是被教育者，是一种具有较好教育效果的自我教育方式。传统党课一般由党支部书记、支委、上级部门的同志、专家学者等担任主讲，在人员、时间、场地等方面会受到很大限制。而“微党课”具有内容精练、针对性强、形式灵活等特点，是传统党课的有益补充。讲“微党课”给全体党员提供了自我展示的机会，使“专人领学”变为“人人讲学”，使教育客体转化为教育主体，让普通党员参与党课的设计和宣讲，有利于增强党员的主体意识。同时，讲课的过程也是学习的过程，党员在讲“微党课”的过程中，增强学习积极性和主动性，进一步领会党的理论的先进性，提升用习近平新时代中国特色社会主义思想武装头脑、指导实践的能力，有利于提高党员教育管理的效率和质量。

“微党课”是党员教育管理的一种新形式，在提高党员教育管理的效率、提升广大党员的素质和能力等方面具有显著的作用。燕山大学机械工程学院党委以“微党课”为抓手创新开展支部成员的思想政治教育，将短视频模式的“微党课”逐渐引入到学生党建的日常工作中。通过搭乘新媒体发展的快车，实现学生党建与现代传媒手段和信息技术的融合，为基层党组织建设提供了新思路、新方向，在广大学生党员中扬起一阵清新的“微”风。

【主题与思路】

在开展“微党课”过程中，根据不同层次、年级、性别的学生特点，紧密围绕“爱党、爱国、爱校”这一主线，从单独集中录制到圈定主题进行个性化发挥，立足学生手中现有的影音设备和宣传平台等软硬件资源，引导党员将国家发展和个人科研学习生活相结合，以“微党课”视频大赛为平台，激发党员的探索精神和求知欲、创造欲，展现学生党员和入党积极分子的学习成长过程和成果，将党组织的理论教育与学生的个体学习实践相结合，使微党课成为党员教育管理的新平台和有力抓手，最终推动学生党建育人工作高质量发展。

【实施方法】

突出方向性

针对党支部一线党建工作实际、党员结构特点和入党积极分子的现实情况，在实际工作中逐年摸索，最终将“微党课”明确为主题、形式、内容三大着力点，为党员开展“微党课”活动制作“指南针”。

一个“定位器”：引导党员明确主题。“微党课”参考高考命题作文的方式，开展主题式活动。围绕当前的国家发展、党的建设以及个人学生科研，先后开展“党课我来讲”“我和祖国共奋进”“我和我的祖国”等主题式“微党课”视频大赛，引导学生将建军 90 周年、中华人民共和国成立 70 周年、五四运动、建党、建校 100 周年等重大纪念活动与学校学生参与的 C919 大飞机、FAST 天眼、国防科工等重大项目相融合，深刻理解个人的学习发展与国家整体发展的关系，体会“一滴水融进大海则永不干涸”！

一台“助推器”：指导党员明确形式。学院组织的“微党课”活动采用当下最为流行的短视频形式，以几分钟的小视频形式讲授成员在党的组织生活、成长过程和科研学习中的心得体会，以学生的视角来进行讲授，融趣味性、时代性、娱乐性、知识性于一身。同时，“微党课”的展示形式也很丰富，学生采用讲故事、讲道理、列数据、说历史、新闻采访、导游式讲解、现场录制等多种不同的风格，形式多变，“千挑万选总有你的菜”！

一部“传感器”：倡导党员明确内容。“包子有肉不在褶上”，看内容必须有干货。“微党课”的讲授内容，大至国家政策方针、时事热点，小到一个科研项目的现实意义、一个标杆性学生的普通一天。既响应上级要求和号召，又贴近实际生活，以通俗易懂的语言和内容来讲述学生眼中的党建工作，贴地气吸人气，“香花要好看，会说更会干”。

【实施过程】

引导党支部以“微党课”为抓手，深入推进“建强队伍、建好平台、建全制度”为主要内容的“三建”工作，为广大学生党员制作一部好戏保驾护航。

打造“有力的拍摄团队”：建强队伍。充分发挥党小组、支委会和科研团队等现有基层组织的宣传、动员和组织协同作用。党小组负责组建队伍，党支部进行宣传动员、上报学院和学校进行展示和传播。随着“微党课”的影响力不断扩大，学院党务中心每年举办一届“微党课”视频大赛，并成功升级为校级党建比赛活动。

搭建“精彩的演出舞台”：建好平台。“微党课”平台主要分为制作平台和宣传平台两部分。制作部分以每年一届的“微党课”视频大赛为主，并在多届比赛的基础上逐步建立“微党课”优秀作品素材库。在宣传平台建设上则立足学院和学校，在学院的微信公众号、“机思广益”党建思政公众号、学校“燕铭红韵”党建工作信息平台的特色阵地专栏等进行宣传展示，以及在全国高校思想政治工作网展播。

建立“良好的票房保障”：建全制度。“微党课”视频大赛的成功举办，促成学院党委在发展对象确定及管理办法中将“微党课”作为发展对象和党员工作中应予以积极完成的基本任务，形成工作惯性。

有了拍摄队伍、建好了舞台、有了保障，就给了演员充足的发挥空间和演出期望，促成“微党课”活动出精品出实效，打造经典演出。内容上由最初的理论知识学习，发展丰富为校院史介绍、重大科研项目简介、党务知识普及、党建工作点滴等，涵盖了课堂教学、科研论述、国情讲解、理论学习、时事政治、校史校情、家国情怀、主题教育、宣传引导等不同内容的视频短片；形式上由最初的课堂录制，演变为实景拍摄、故事讲授、引导介绍、网络剪辑等多种样式。

微党课视频大赛已经连续成功举办多届，从党支部层面发展到学院、再到全校性活动，先后参与的学生近万人次，录制视频数百部，成为学院学生党员开展宣传教育的阵地、展示党员风采的窗口、完善党员教育的补充。

四、“线上”拓展教育：“听 TA 说”

当前，基于各类网络交流平台、手机 App 的普及发展，聊微信、刷微博、逛知乎等线上行为已经成为每个高校学生的生活“标配”。为了进一步提升学生党员教育管理服务机制的实施效果，高校积极构建数字化、智能化党员教育模式，使师生接受党务服务“不打烊”、参加教育培训“不出门”、了解党史党情“不费力”，随时随地接受主题教育。燕山大学机械工程学院探索新工科高校师生党员和大学生思想政治教育模式，打造机械工程学院官微“听 TA 说”协同育人网络思政栏目，扩大影响力和辐射力。栏目创建于 2020 年，发送的推文先后被中国教育电视台官方微信公众号、全国高校思想政治工作网转载。栏目以学院官方微信公众号和“机思广益”党建思政工作室为载体，充分挖掘育人素材，激发广大师生、家长、校友、企业等育人主体的积极性，立足网络文化育人实践，着力践行三全育人理念，有利于凝聚广大师生、家长、校友、用人单位的育人合力，主题涵盖“家国情怀”“爱校荣院”“责任担当”“学风建设”“就业指导”“阳光心理”“生涯规划”“习惯养成”等多个方面，在网络空间与学生用主旋律共振，提高育人质量，构建全员全过程全方位育人格局。

栏目开办以来，主创成员着力提高制作能力和水平，不断在实践中摸索、完善，逐渐形成一套内容制作和栏目推送流程，并不断优化改进。

1. 明晰栏目定位，选定文章主题

栏目主体内容包括但不限于：

（1）思想理论教育和价值引领。挖掘学生服务基层、携笔从戎、支边支教、参与国际交流与合作等故事，深入开展中国特色社会主义核心价值观教育、爱国主义教育。

（2）党团和班级建设。指导党支部、团支部、班集体、社团组织、宿舍发挥团体示范作用，广泛宣传，深度挖掘，切实回应学生关心的理论信仰、人际关系、宿舍关系、情感困惑等问题。

（3）学风建设。着重通过榜样的力量，重点挖掘以“风华机械人”为代表的典型案例，通过宣传、推广，引导学生适应新工科改革的新常态，做好时间管理和学业规划，着力解决学生在专业选择、考研、保研、出国深造等方面遇到的困惑和难题。

（4）学生日常事务管理。发挥朋辈作用，通过学生自我教育、自我管理、自我服务的典型案例、事迹，引导学生养成自信自强、自觉自律的意志品质和行为习惯。

（5）心理健康教育与咨询工作。通过心理健康教育工作人员，结合学生情感、人际交往等常见问题，普及心理健康知识，运用心理学方法和技巧，帮助大学生做好适应性、承受力、调控力、意志力以及自信心等方面的心理素质训练。

（6）网络思想政治教育。运用新媒体对学生开展思想引领、学习指导、生活辅导、心理咨询等日常育人工作，同时针对广大学生开展网络素养培训，引导学生创作网络文化作品，弘扬主旋律，传播正能量。

（7）校园危机事件应对。以典型案例为依托，通过普及校园安全知识，加强学生的规则意识、诚信意识的教育，守住安全稳定底线。

（8）职业规划和就业指导。通过栏目共享用人单位及生涯规划招生就业人员专题解析、朋辈经验、师生访谈等素材，帮助学生做好职业生涯规划、毕业准备等相关工作。

（9）理论和实践研究。通过推送思想政治教育的基本理论和相关学科知识，发布校内外相关课题和项目研究成果，倡导广大学工同仁，深入开展理论和实践研究，加快专业化、职业化、专家化步伐。

2. 厘清栏目版块，发布征稿启事

根据育人主体不同，栏目划分为“听老师说”“听同学说”“听家长说”“听校友说”“听用人单位说”等版块。除此之外，根据学院特色工作和重要时间节点，在栏目开辟相应思政专刊。每个版块从相应育人主体的视角出发，结合学生的成长成才故事，交流心得、分享经验、弘扬主旋律、传递正能量。栏目根据版块策划和工作实际采取约稿与征稿相结合的方式收集稿件。

3. 审核编辑文稿，制作推送文章

为提高文稿质量，栏目组对标一流思政教育栏目对收集的稿件进行分类整理和二次创作，突出主体，润色行文，增强可读性、趣味性及教育意义。稿件过审后，经原作者重新核稿，确认无误后根据文稿进行音频或视频录制。录制完成后，栏目组视频部对影音资料进行后期剪辑制作，并转交网络部策划排版，制作推文。推文经学院主管领导审核后，通过学院官方微信公众号和“机思广益”党建思政工作室微信公众号同步推送。

五、党员分类教育管理

根据身份角色，高校中的党员大体可以分为：本科生、研究生、专任教师、实验人员、行政管理人员、退休教师等类别，不同类别的党员具有不同的特点，分别划入不同类型的党支部。为了提高教育管理质量和效果，必须制订实施有针对性的教育管理方案。

一是根据高校不同类别师生特点，合理设置党支部，做到党员教育管理科学化。本科生党支部一般按照专业纵向设置，有效发挥传帮带作用。支部书记一般由辅导员老师担任，支部委员为优秀的大学生党员。专业联合、跨年级整合方式成立支部，解决低年级学生党组织“空白点”，加强对学生的政治引领，将思想引领和实践学习结合，纵向强化朋辈教育，进一步提高育人实效。研究生可以把党支部建在学科上，打造“一支部一特色”建设。一些高校依托学科建立师生联合学科党支部，由学科教师与研究生共同构成支部成员。除支部书记、组织委员、宣传委员以外，师生联合党支部设学生副书记 1 名。来自同一科研团队的党员具有天然的“传帮带”体系，长期在科研团队和党支部中形成的好做法和优良传统得以有效传承，推动党建工作和学习科研任务相互促进。此外，也可以根据实际情况，把党支部建在重点工作重大项目上，发挥基层战斗堡垒作用。以阶段性重点工作为基础，设置临时党支部，如疫情防控临时党支部、校外实习临时党支部、社会实践专项行动临时党支部、留校学生管理服务临时党支部、重大科研攻关项目临时党支部等。

二是具体分析，科学划分类别，根据不同类型党员的特点探索实施不同形式的教育管理。根据不同党员的身份、年龄、岗位、职责和特征等关键因素，将党员划分为教学科研型党员、管理服务型党员、学生党员。教学科研型党员是指承担教学、科学研究等工作的在职教职工党员；管理服务型党员是指承担管理、服务等工作的在职教职工党员；学生党员是指全日制在校学习、有正式学籍的党员，不包括有工作单位、脱产学习或进修的党员。在发展党员、学习教育、日常管理、作用发挥等方面对各群体实施分类教育管理，教学科研型党员实施“骨干式”管理、管理服务型党员实施“标杆式”管理、学生党员实施“先锋式”管理。在党员发展方面，除了政治标准等共性要求外，对教学科研型教职工重点考察教书育人、科学研究等方面表现，对管理服务型教职工重点考察日常业务、服务师生等方面表现，对学生重点考察学业学术、综合素质等方面表现。针对不同类型党员特点，探索将学习教育与岗位、专业等紧密结合，依托信息化和数字化手段，创设符合党员需求的学习载体和平台，不断提高吸引力感染力，引导教学科研型党员争当“育人先锋”、管理服务型党员争当“服务先锋”、学生党员争当“成才先锋”。以“共性内容 + 个性内容”相结合方式，制定不同类型党员的考核标准，开展量化考核和民主评议，将结果作为干部任用、评优评先等重要依据。将教学科研型党员学术诚信不端、管理服务型党员违反廉洁自律、学生党员违反考风考纪等设置为不合格“红线”，做好党员监督和组织处置。妥善处置不合格党员，严格执行党的纪律。

六、党员教育“积分制”管理

学生党员积分制考核管理是从全程化角度出发，运用奖分与扣分的方式，实现对学生党员政治素养、学业表现、道德品质、作用发挥等方面的全面量化考核。一些高校探索实行党员教育活动“积分制”，通过类别细化、标准量化、成果转化，促进党员教育的精细化和科学化，明确积分项目，权重理论学习、制度落实、实践锻炼、支部评定、底线惩处等内容的占比，明确党员怎么学，怎么做。同时，根据“积分”成绩，划等次，奖罚分明，抓两头促中间。通过发挥积分制的目标导向作用，可以有效调度师生党员特别是学生党员各方面的积极性、主动性，实现教育管理过程的延伸和细化。党员积分制目前主要在学生党员管理方面较为普遍，考评管理由学生党支部负责组织实施，考核周期可设置为一个学期或者一学年。考评步骤一般按照以下环节进行。

（1）制定标准。学期初，学生党支部根据实际工作需要和本学期重点任务，进一步细化明确积分制量化考核指标以及评分标准。在支部学生党员群体中进行广泛宣传动员，为积分制考核的顺利实施奠定思想基础。组织学生党员学习积分制指标体系，使支部党员熟知考评内容、明确努力方向。

（2）积分申报。学期末，党员个人对照积分考核指标分值，填写《积分申报表》，如实向党支部申报个人积分情况。党支部成立考核小组，由专人负责审核党员积分申报情况，并做好详细记录，做到有备可查。

（3）积分初评。党支部委员会组织对党员积分情况进行初评，根据考核小组平时的积分记录情况和党员本人申报积分，按照评分标准详细核算学生党员本学期的积分情况。

（4）积分评定。党支部组织召开支部党员大会，逐一向党员通报本人积分初评过程和结果，并接受党员本人审查、确认。支部委员会对初评积分结果进行讨论和审议，进一步确定党员积分情况。

（5）公开公示。党支部将党员评定积分结果进行公开公示，发挥学生群体的监督作用，对于仍存在异议的地方进行及时核实、解决，并向有关人员进行反馈。支部党员最终积分制考核评定结果，经支委会审议后报上级党组织。

（6）结果应用。对于考评结果的应用，应做到科学合理，以充分发挥积分制考核的正面激励和目标导向作用。积分制考核结果可以作为年底民主评议党员、党内评优评先、预备党员是否符合转正条件的重要依据。

在实行学生党员积分制教育管理的过程中，指标的设置不宜追求全面覆盖教育培养的各个方面，指标设定应抓住矛盾的主要方面、具有可操作性，不断完善明确积分制教育管理的目标与任务，科学设定积分制考核指标体系，对考核结果进行科学运用，从而提升高等院校学生党员队伍教育管埋水平。

七、创新实践“云智协同”党员教育

近年来，燕山大学机械工程学院党委以“开门联合搞党建、融通共促谋发展、优势共享育人才”为指导思想，根据高校教师和学生党支部的不同组织特征和职能特点，探索建立并实施“云智协同”的党员教育新模式，着力通过学生党支部校际“云共建”和教师党支部校企“智联建”提升党员教育质效，形成协同互促的党员教育工作格局。（见图 4-1）

【背景】

随着数字化、信息化等现代通信技术的发展，很多高校基层党组织都充分利用信息化技术和网络平台开展线上活动，实施“云共建”的组织共建模式不断兴起。2020 年，燕山大学机械工程学院党委创新发起“青年党员云携手 使命担当肩并肩”校际学生党支部“云端共建”，得到清华大学、贵州大学、湖南大学等 11 所高校党支部的积极回应，14 个党支部、千名党员、3000 余人次师生在云端开展学习。同时，鼓励、指导教师党支部“走出去”，探索实践校企“组织联建”，与中国电子科技集团、中国第一重型机械集团、中国锻压协会、秦皇岛市智能智造联合会等多家单位开展“组织联建”，促进双方教育资源优势互补，推动双方在理论学习、“卡脖子”技术交流等方面更好合作。以校际党支部“云共建”和校企党支部“智联建”的“云智协同”党员教育，是深入学习贯彻习近平新时代中国特色社会主义思想，贯彻落实新时代党的组织路线、加强和改进新时期高校党员教育的有益尝试和积极探索，被新华网、央广网、教育部官网、全国高校思政网、中国大学生在线、中国教育新闻网等多家媒体报道。

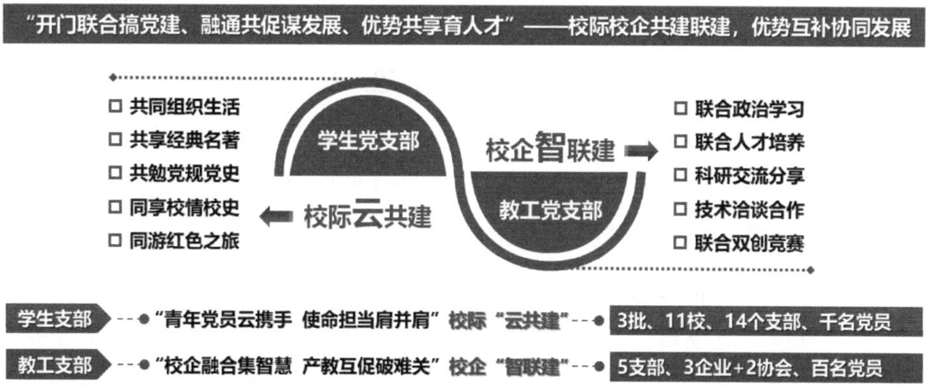

图4-1 燕山大学机械工程学院“云智协同”的党员教育体系构建和开展情况（部分）

【做法】

该方案聚焦“智慧党建”，提炼党员教育新思路、搭建党员教育新平台、开辟党员教育新路径；突破地域空间限制，搭建云端沟通平台，实现高校间、校企间思想理论共享与融通互促；推动学科交叉融合，打通线上线下育人阵地，以创新活动形式为载体，增强党员队伍的生机活力，提升基层组织的号召力；突出政治功能，充分发挥基层党组织的战斗堡垒作用和党员的先锋模范作用，以坚定的育人理念和丰富的活动形式，在推动党员教育工作创新发展和质量提升中发挥积极作用。

1. 首批共建，探索尝试与经验积累

第一批校际党支部“云共建”于2020年4月25日启动，启动仪式采取线上线下相结合的方式，主会场设在燕山大学机械工程学院，清华大学、长安大学、河海大学、湘潭大学相关领导及各共建党支部学生党员线上参加。首批共建的五个党支部分布在河北、北京、陕西、江苏、湖南5个省市，横跨祖国东西，纵贯大江南北；支部党员覆盖各年级、各学历层次，涉及机械、商务港航、马克思主义等多元学科背景。跨区域、跨学历、跨专业、跨年级的选择与安排，旨在通过“云共建”项目让支部党员能够交流思想、碰撞火花，开拓视野，共同成长。

2. 再次出发，持续探索与不断优化

第二批校际党支部“云共建”于 2020 年 7 月 1 日启动，参与高校有贵州大学、塔里木大学、西藏农牧学院。本次共建，旨在引导支部党员了解西部、走近西部，深化对祖国西部的情感，教育青年党员服务西部、建设西部，激荡奉献祖国的情怀。本批“云共建”在“四同四共”系列线上活动的基础上，突出研究生特色，拓展了“共探学术前沿”等活动。

3. 持续共建，精进完善与立体拓展

第三批校际党支部“云共建”于 2020 年 11 月 22 日启动，燕山大学携手吉林大学、湖南大学、合肥工业大学共同启动了“‘机械四小龙’云端同携手，不坠青云志使命勇担当”的校际党支部“云共建”。本次共建再次升级、优化与拓展。首先，增加了“追根溯源，共学党史校史”等活动，读史明智，鉴往知来，通过党史的学习，汲取前进力量；通过专业发展史学习，引导支部党员感悟家国情怀，勇担强国使命。其次，开始探索“线上”与“线下”的完美结合，实现“云端”与“现实”的无缝衔接，共同策划开展红色建模大赛、建党百年海报制作大赛等大学生课外科技创新比赛、社会实践调研活动，使共建活动载体更丰富、形式更多样。最后，依托“云共建”的平台，不断加强合作，积极探索，勇于尝试，开拓创新，发挥各自优势，坚持一致性和多样性统一，画出最大同心圆。（见图 4-2）

图 4-2　2020 年校际“云共建”实施方案与辐射范围

4. 广泛辐射，师生共进与方案升维

根据教师党员群体特点，在校际学生党支部“云共建”的同时，推出了教工党支部校企“智联建”，构建了较为完善的校际校企“云智协同”共建联建体系，实现了建设形式的丰富拓展与共建成果的辐射延伸。大力推进教工党支部与相关企业事业单位开展智慧联建，并从“线上共建”延伸到“线下合作”。一是组织联建。教师党支部根据自己的学科专业方向和特色，主动寻求行业领域内的重点企业和协会，与代表性党支部建立能够互惠互利、资源共享、优势互补的联建关系，共同商定联建方案、签订联建协议。二是党员联学。以政治建设和党员教育为基础，在联建期定期举办“党员讲坛”活动，邀请优秀党务工作者分享党建心得、业务达人分享业务成果、优秀师生代表分享科研方向等。三是活动联办。联建双方根据自身需求和特色以及对方优势等，联合开展科创竞赛或教学科研实践等活动。四是发展共谋。燕山大学机械工程学院指导党支部主动出击，发挥党组织的独特优势，推进以科技创新和科研合作为辐射的多点合作交流。通过“智联建”已经促成多个实际工程项目的合作启动和意向达成。（见图 4-3）

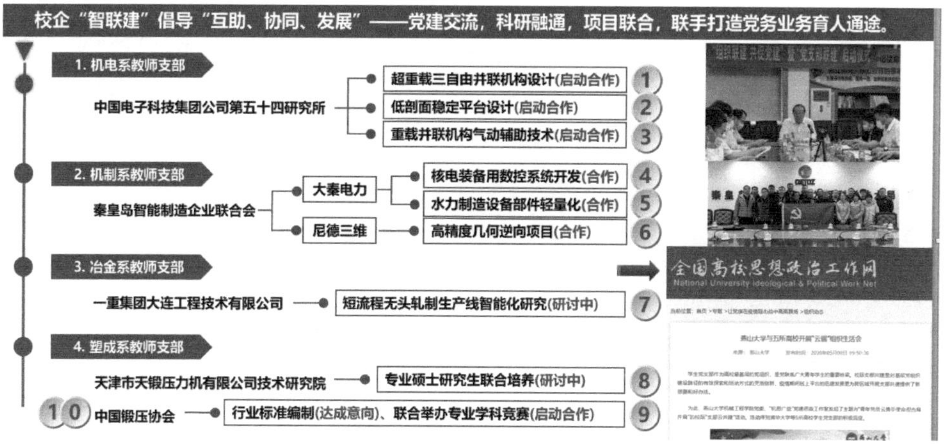

图 4-3　校企“智联建”成效案例（部分）

【启示】

“云智协同”党员教育方案的实施，促进了高校和校企间优势互补、支部间资源共享，实现了高校基层党组织发展建设、党员成长蜕变的耦合增量，具有非常强的可复制属性和可推广价值。高校基层党组织可聚焦多个领域，广泛启动校际党支部“云共建”和校企党支部“智联建”，深入探索不同专业学科的交叉融合，以理论学习为基础，在多个领域深化合作交流，不断提升党员教育质量和实效。

第五章　高校基层党组织育人工作模式

党的十九大报告指出要以提升组织力为重点，突出政治功能，把基层党组织建设成为坚强战斗堡垒。党的二十大报告作出深入推进新时代党的建设新的伟大工程的重要部署，提出增强党组织政治功能和组织功能的重要举措，进一步明确了坚持大抓基层的鲜明导向，指出把基层党组织建设成为有效实现党的领导的坚强战斗堡垒，推进事业单位党建工作。同时，党的二十大报告强调“加快建设教育强国”，并提出到2035年“建成教育强国”的目标。习近平总书记强调：“我们要建设的教育强国，是中国特色社会主义教育强国，必须以坚持党对教育事业的全面领导为根本保证，以立德树人为根本任务，以为党育人、为国育才为根本目标，以服务中华民族伟大复兴为重要使命，以教育理念、体系、制度、内容、方法、治理现代化为基本路径，以支撑引领中国式现代化为核心功能，最终是办好人民满意的教育。”[①] 随着我国进入新时代，高校的教育理念、办学模式、管理机制、人才培养模式等发生了新变化，充分发挥党组织的育人功能，要求高校基层党组织要主动适应新变化，积极探索党组织育人的新模式，确保高校组织育人工作取得新成绩、新实效。

第一节　高校基层党组织育人工作模式的建立

工作模式一般是指工作的组织形式，涵盖广泛的领域和应用场景。本书所指的高校基层党组织育人工作模式，是指高校基层党组织在育人过程中的

① 加快建设教育强国 为中华民族伟大复兴提供有力支撑 [N]. 人民日报，202-05-30（01）.

组织形式。不同的组织在工作中，可以结合自身特色和实际情况，建立符合自身发展需求的工作模式。

一、高校组织育人工作模式建立的基本原则

协同性，是高校组织育人工作模式建立的基本原则。当前，育人组织系统结构松散、协同力匮乏、互动性不足、同向发力不一等现象普遍存在，这些必然导致高校思想政治工作各组织行动“零敲碎打”“自拉自唱”，不能“同频共振”“同向发力”，客观上制约了“全员全过程全方位育人”和“大思政”的实际成效与质量提升。协同效应的缺席、缺位和缺失现象，导致高校思想政治工作组织育人整体功能没有得到有效发挥。在新时代全面推进“大思政”格局的战略形势下，强化思想政治工作的“组织存在”“组织化实施”，防止出现“组织涣散”，如何构建组织育人协同模式并发挥其协同效应，以政治功能为核心提升高校思想政治工作的整体功能，亟待加以研究解决。

高校肩负着人才培养、科学研究、社会服务、文化传承创新、国际交流合作的重要使命，是巩固马克思主义指导地位、发展社会主义意识形态的重要阵地，在培养又红又专、德才兼备、全面发展的中国特色社会主义合格建设者和可靠接班人，培养肩负民族复兴大任的时代新人方面担当重大职责。坚持遵循党对高校的坚强统一领导的最高原则，遵循高校的社会角色属性、功能定位、办学方向、事业目标和指导思想，构建高校组织育人协同模式，是充分发挥组织育人功能的内在要求，也是促进高校思想政治工作质量总体提升的重要举措。

推行科学合理的组织育人协同模式，需要通过理顺高校各种育人组织的内在联系、厘清各自功能定位和职责范畴，通过建立协同性运作机制，实现思想政治工作的协同效应与整体功能，形成功能协同、行动协同、成效协同的组织运行模式和机制链条，有助于加强和改善党对高校和思想政治工作的全面领导、集中统一领导，强化政治统领和政治建设，有助于提升高校思想政治工作的质量，培养德智体美劳全面发展的中国特色社会主义合格建设者和可靠接班人，培养担当民族复兴大任的时代新人，最终达成理想的育人目标。

在实践层面构建起组织育人工作新模式，破解协同育人困境，需要牢牢把握高校内部各组织以及与高校育人工作紧密相关的外部组织系统的基本特征，结合组织育人工作实际情况，从目标协同、主体协同、资源协同、路径协同等实践向度出发，构建协同配合、多位一体的协同育人工作模式。

1. 目标协同

在构建围绕核心、联动互补的目标体系或目标维度方面，高校内部各组织系统因职能差异，在具体工作目标方面存在工作侧重、差异性。达成各组织系统在育人目标上的协同，是构建组织育人新模式的基本前提。2021 年 4 月 19 日，习近平总书记在清华大学考察时指出“培养德智体美劳全面发展的社会主义建设者和接班人”，这是高校育人工作的核心目标。“广大青年要肩负历史使命，坚定前进信心，立大志、明大德、成大才、担大任，努力成为堪当民族复兴重任的时代新人。”实现目标协同，就要深刻把握高校“为谁培养人”“培养什么人”的根本议题，构建起围绕“培养德智体美劳全面发展的社会主义建设者和接班人”核心目标各组织系统联动互补的育人目标体系。目标体系在内容上要遵循教育发展规律，坚持“五育并举”促进学生全面发展；在实践上要契合各方组织系统结构属性，能够与组织系统运行相匹配，形成同向发力、各有侧重的良好工作机制。

2. 主体协同

形成主次清晰、职责同构的多元育人主体是达成协同育人的组织基础。在高校育人主体中，党组织系统是高校组织育人核心，推进组织育人的主体协同，就要切实强化党组织对组织育人工作模式的全面领导，围绕基层党组织这一核心主体构建起多主体协同配合的协同育人工作模式。要结合高校治理实际和现实育人需求，强化顶层设计，从高校组织体系顶层构建育人主体协同体系，通过高位协调、整合优化、主动联合分属不同组织系统的育人主体，在校级层面构建组织育人工作的专门机构或专项组织，打破原有不同组织系统互不隶属、相互分割局面；采取矩阵式组织结构，在不增加组织层级、人员的情况下，将包含育人职能的组织系统纳入其中，多方共建，促进高校育人工作专项组织与原有育人组织系统全面对接，在组织形态上形成行列交叉之式的矩阵式组织。这一系统整合优化方式，可以将高校育人组织有效结为一体，进一步化解高校内外各个职能部门及基层组织间的限制，以实现育人主体之间进行全面的沟通和协调。

主体功能的发挥，需要以筑牢各主体育人工作队伍的能力为基础。育人工作队伍能力提升，是适应新时代高等教育新发展的必然要求。要面向不同育人主体工作职责内容，针对性提升其思想政治素质、业务工作能力。党务工作队伍要强化政治能力建设，注重将思想政治理论性知识与学生思想实际相结合，增强价值引领与党务工作能力；群团组织要增强指导教师的思想政治素质，提升学生工作能力，熟练掌握新时代思想政治工作理论与方法；教学科研组织要大力推进思政课程与课程思政建设，提升专业教师的课程思政教学能力，在教学过程中实现知识传授和价值引领的统一。

3. 资源协同

高校不仅有丰厚的教学科研资源，还有优美的校园环境、深厚的历史底蕴、丰富的育人载体和平台，要把搭建优势互补、共享共有的资源矩阵作为高等教育主阵地。资源协同是组织协同育人的有效支撑，是形成育人合力的基础条件。有效调动各方面育人资源，搭建优势互补、共享共有的资源矩阵，在育人实践中实现资源共享、优势互补、协同并进，开创高校育人资源深度融合的新局面。一方面，在育人文化资源、物理空间资源等方面共享共有，充分实现资源效用最大化，打破空间资源、物理资源分割使用局面和文化资源互不联通现象，整合各方面资源优势为组织育人搭建协同互进的资源矩阵，形成丰富的育人资源体系。另一方面，不断拓展育人工作阵地、载体、平台，打造共有共享的信息资源矩阵。信息化、网络化是新时代新媒体蓬勃发展的主要趋向，而高校拥有丰富的信息化资源、平台、阵地，要在育人阵地、载体和平台形成合力，顺应时代发展潮流和师生信息化服务需求，完善育人工作主阵地、平台和载体，实现育人工作空间的拓展升级，探索形成“互联网+”思想政治教育的有效形式，推动传统资源和现代资源的优势互补。

4. 路径协同

组织育人协同效应的发挥，在于各组织系统能够统筹协调、一体推进。

组织育人各项工作要责任清晰、任务明确，完善的实施路径和实施策略是确保组织育人系统有效运行的制度保障。一方面，落实协同育人实施路径，需要构建协调运行的工作机制，围绕党组织建立协调运行的组织育人工作机制。院（系）党组织发挥政治核心作用，是院（系）层面育人工作的组织者、推动者、协调者；基层党支部发挥战斗堡垒作用，是组织育人的一线组织，是组织育人效能的发力点。在高校育人工作专项组织层面，建立组织育人协同工作会议机制，协同推进各类型组织的育人工作，针对育人资源、内容、责任等内容进行协同分配，基于各育人组织的作用和职能统筹协调育人工作开展，形成组织育人合理有序的工作模式。另一方面，要建立和完善协同工作考评机制。当前，高校各组织系统根据职责任务分别构建了多种考核评价制度，如党组织系统年度党建工作考核、教学工作考核、团委工作考核、学生工作考核等。完善组织育人考核评价机制，不在于建立组织育人工作的单独考核评价制度，而在于将组织育人相关工作内容嵌入到已有考核评价工作之中。完善的重点在于明确高校组织育人各系统的角色定位、职责边界、工作内容、成效要求等，在权责明晰的基础上，完善高校组织育人协同工作考核内容体系。在具体考核工作中，通过校级层面的协同推进，将组织育人考核内容嵌入到各组织系统已有考核评价工作中，在最大程度减少基层考核负担情况下，有效落实考核内容，一体推进组织育人工作有效实施。

组织育人协同模式既包括不同育人组织之间的协调发展，也就是通常所说的外部协同，同时，也体现在某一育人组织内部，具有不同功能和特点的同类组织之间的协同，可以理解为内部协同。内部协同是外部协同的基础，如果内部无法实现育人工作的协同，外部协同更无从谈起。本书着重从高校基层党组织内部的协同进行探索，构建内部协同且带动多方协同参与高校育人工作的建设模式。

二、高校基层党组织协同育人模式的建立背景与目标

为提升组织育人实效，应当确保育人工作推进到哪里，党的组织和党的工作就延伸和覆盖到哪里。师生党支部作为党建立在高校的基层组织，是对

高校师生党员进行教育管理的最基本单元，也是对师生党员进行教育管理最直接、最有效的载体，更是直接联系师生、引导师生最有效的力量。同时，基层党组织作为“党管人才”的主体，必须肩负起立德树人、培养人才的重任，打造好人才学习知识、增长才干、放飞梦想的阵地。高校基层党组织育人要紧跟时代发展，贴近师生实际，符合师生诉求。

当前，从整体上看，高校师生党支部的育人活动类型比较单一，且方式方法并没有跟上时代潮流，缺乏创新，组织育人内容也亟待优化，与现实结合不紧密。首先，高校基层党支部利用网络育人的能力有待提高。当前在网络新媒体迅速发展的背景下，部分党支部没有顺应时代潮流，没有将组织育人的传统优势与现代科学技术相融合。高校基层党支部要加强网络建设，充分利用各大新媒体平台推进育人工作，运用师生喜闻乐见的方式发布信息、开展师生活动、进行工作交流，充分调动师生的积极性。其次，高校基层党支部的实践育人功能有待加强。相当多的党组织活动还停留在理论学习上，采用强化灌输等传统育人模式，思想政治学习不够积极、学生理论知识不扎实、支部组织生活形式单一、枯燥乏味等现象时常存在。在实践活动中缺乏对实际情况的调查研究，调研、下乡、走访、慰问等只为完成任务，育人效果甚微。此外，高校基层党支部文化育人能力有待提升。目前，部分高校党支部工作大部分围绕党员发展、开展“三会一课”等常规性工作，对组织育人的功能定位不清晰，不重视文化建设，对文化建设不积极，在贯彻落实党的方针政策、凝聚共识等方面未能很好地发挥引领作用。

高校基层党组织存在的育人作用发挥不充分、育人形式单一等问题，给高校组织育人工作带来了难题与挑战。针对这些现实情况，当前高校采取较为普遍的育人方式是围绕基层党组织开展支部共建。支部共建主要是指两个或多个党支部按照共同约定，结为互帮互建对象，并联合开展有关教育的管理活动，从而形成两者的工作互动、资源共享，并不断促进两者共同提高的党建工作举措。在高校内部的基层党支部共建模式，往往是指以高校学生党支部为中心点，通过与其他类型的党支部和学生组织开展共建活动，达到交流、学习、合作、共享、提升的目的，以期加强党支部的凝聚力和战斗力，开拓支部内学生党员的视野，增强学生党性意识，强化其服务社会的能力，提升组织生活的活力与吸引力。很多高校也积极探索师生党支部共建，在师生党支部共建模式中，以支部为载体，开展共建活动来促进师生党员良性互动，加强高校党组织建设与思想政治工作合力的形成，实现教学相长，为学生党员培养提供新思路、新方法和新阵地，以有效促进党支部的良性发展。

在支部共建活动中，传统的基层党支部共建模式的形式主要有学生党支部与教工党支部共建、学生党支部与学校机关党支部共建、本科生党支部与研究生党支部共建、高年级党支部与低年级党支部共建、党团共建等校内共建活动。而在组织育人协同模式视域下，要实现基层党组织育人预期功能，摆脱传统育人桎梏，就不能闭门造车孤立做党建工作，要打开门，“请进来、走出去”，以党支部共建为切入点，推动与校外各类单位有关组织的多方协同互动、融通共促，即大力拓展高校与外部单位特别是地方政府、相关企业以及行业协会等的党组织共建联建，以此协调更多的资源参与高校育人工作，实现组织育人工作的倍增效应。

三、“云智协同”高校基层党组织育人模式

燕山大学机械工程学院党委践行“赓续奋斗精神，铸大国重器；传承红色基因，育科创英才”发展理念，面对新时代基层党组织的发展需求，结合师生党支部组织特征，推动党建与中心工作深度融合。学院党委确立“开门联合搞党建、融通共促谋发展、优势共享育人才”的指导思想，创建并实施“云智协同”高校基层党组织育人新模式，即“青年党员云携手，使命担当肩并肩”学生支部校际“云共建”，以及“校企融合集智慧，产教互促破难关”教师党支部校企“智联建”。

“云共建”布点全国多类学科、多种地域高校学生党支部，主要有线上开展同过组织生活、同办知识竞赛、同看红色电影、同上集体自习，共上云端党课、共读经典名著、共学理论知识、共作经验分享的“四共四同”共建活动。利用校际学生党支部合作共建，可以加强高校之间的联系和育人交流，通过云端支部党员的交流，促使高校不同的教育理念相互碰撞、融合，进而

创新出更加适合高校教育发展的先进理念。在启动建设“云共建”的过程中，各大高校的管理层和教师人才培养理念的交叉融合，能够为学生创造更加开放的教育环境，学生可以分享接受多元化的校园文化、教育理念，并在此过程中不断促进自身思维的开拓和创新，为学生创新能力的培养奠定良好的基础。“云共建”打破了各个高校之间的地域界限，使得高校基层党建工作的边界得到了进一步延伸，学生可以在不同的高校、不同的教育平台上获得更加丰富的知识，从而开阔自己的视野，这样有利于提升学生发现并解决问题的能力。此外，校际学生党支部的共建活动，还能有效促进高校之间的学术交流、人才交流，并在此基础上推动高校之间的师资共享、教学资源共享等，促进各个高校的共同发展以及人才培养模式的创新，也是影响高校人才培养质量的一个重要方面。同时，在“云共建”视域下，各大高校的校园文化也会不断相互渗透，从而让学生生活在更加浓厚的校园文化氛围中。比如，在组织生活交流方面，高校之间可以结合不同地域特点共同建设校际组织生活活动和文化交流平台；在学科交流方面，学生在这些校际平台上依托不同学科的学科特点进行展示分享。

“智联建”布点联建京津冀重点工业产业链相关县区和企业基层党组织，将教师党支部工作与地方政府、企业、行业与产业发展以及区域经济发展紧密结合，通过扎实牢靠的校地、校政、校企等合作，围绕落后产能转型升级、特色产业规划布局、中小民营企业技术服务与人才培养、校企科研协同平台建设等方面开展联合建设与交流活动，逐步形成校地政企等共建联建，优势互补协同发展的赋能扶智的联合育人新场景、新范式。校地政企等合作的根本目的是培养适应社会发展的应用型人才与技能型人才。在市场经济蓬勃发展的今天，校地政企等合作在高校教育模式中占有非常重要的地位。高校师生党建工作要注重与市场接轨，即立足社会、企业的人才需求开展党建工作。因此，各高校都高度重视并不断加强与地方政府、行业企业等的合作。通过扎实牢靠的合作，在达到产学研用高度融合的同时，进一步提高党建育人工作效率与质量。基于校地政企合作的党建共建，比传统的校企合作更进一步，引入了学校与地方政府的合作，增进了校企合作的积极性，增强了校企合作的保障性，更有利于将高校基层党组织育人工作与社会的经营、管理、生产等市场活动结合起来。

此外，在高校教学活动中，校地政企等多方合作同样高度契合新时代高校人才培养目标，已经成为很多高校教育模式的重要组成部分，无论是人才培养方案、教学大纲与课程设置，还是教学方法、教学模式，都将实现学校与校外行政以及社会组织的合作作为主要构成内容。以基层党支部为连接点，推动校地政企多方协同育人，能够有效解决教学与育人之间的脱节问题，加强产与教的融合，发挥合作行业、企业等的育人功能，使行业组织、企业等参与学校人才培养方案的制订，将学校的思想政治教育融入企业对学生的管理，实现高校与社会共育的目的。

第二节　高校基层党组织育人工作模式的实践

根据高校教师和学生两类主要党员群体，“云智协同”高校基层党组织育人工作模式，主要通过学生党支部的“云共建”和教师党支部的“智联建”两条路径实现。在模式运行过程中，深入贯彻和遵循“协同”的主线原则，对高校基层党组织自身建设和育人功能的发挥产生重要作用和意义。

一、“云智协同”模式的实践路径

“云智协同”高校基层党组织育人工作模式，主要包括基于校际合作的学生党支部“云共建”和基于校地政企等多方合作的教师党支部“智联建”两部分。“云共建”和“智联建”既彼此独立运行，又相互联系和补充，共同实现高校基层党组织的育人职能。

（一）基于校际合作的学生党支部“云共建”

高校组织育人要破解各自为政、“自拉自唱”的现象，必须打开门看世界，建立关系清晰、责权利清晰、运作机制清晰的联动机制，实现组织育人功能“1+1>2”的协同效应和整合功效。而当前为了顺应社会发展形势，各个高校都在不断进行组织育人模式的创新。校际学生党支部之间，开展线上共建共促是当前高校育人模式的一个重要创新。构建校际合作的学生党支部“云共建”模式，主要从党建工作共建为切入点，推动人才培养与课程平台共享、创新创业教育融合共建、高校文化共享等。

1. 校际学生党支部组织生活联动共建

办学条件类似或区域邻近的兄弟院校党支部结对共建，在一定条件下，分享党支部建设工作经验，共同建设并享用信息资源平台。这种联动模式，不仅可以节省应用型、技术型本科院校有限的办学资源，还可以扩大信息覆盖面，推动资源重组。此外，这种发展模式密切了兄弟院校之间的联系，迅速传达教育教学信息，更新教育教学理念，激发院校之间的竞争意识，最终形成为地方经济发展提供优质科技、人才等资源的有利局面。此外，积极联系不同地域、不同学科优势以及相关学科的优势院校开展共建活动，能开拓高校育人视野，让师生了解掌握更多的教育信息和资源，高效提升学生综合素质。同时，使高校学习先进的育人经验，激励其不断创新育人方法和举措，推动其更好实现育人目标。

2. 人才培养与课程平台共享

后疫情时代，“云共建”模式下共享平台不仅仅指共享的政策基础，还可以进一步拓展到共享网络课程资源平台。通过网络课程资源平台建设，高校间不仅可以共享在线精品课视频，还可以共享包括教学课件、教材、教学计划、教学视频、题库等在内的教学资源包。学生通过网络课程平台学习自己感兴趣的课程，充实自己的知识储备。这种学习有利于构建跨校学分互认体系，创新人才培养模式。

3. 创新创业教育融合共建

高等学校创新创业教育是国家战略规划整体的需要，与社会发展息息相关。但作为高等学校人才培养的重要部分，创新创业课程设置仍处于探索阶段，存在各种问题，其中较为普遍的问题是课程广度和深度不足，缺乏学科间交叉融合。“云共建”模式下校际创新创业教育融合共建能够在以下方面进行探索：（1）通过校际创新创业教育平台融合共建，合作双方利用本校特点和优势，进行学科交叉，促进双创课程跨学科融合，拓宽双创课程广度，挖掘双创教育深度；（2）通过校际双创课程融合共建平台，创造教师间交流学习的机会，取长补短，提高教师教学水平和实践能力，提升学校双创教师队伍质量；（3）校际创新创业融合教育平台不仅能够为学生提供与时俱进的跨学科课程体系以助力学生创新创业素养的提升，而且能够在创新创业实践环节为学生的跨学科综合能力应用提供有益指导。

4. 高校文化共享

大学文化镌刻着高校历史传承和发展脉搏，高校文化中的思想和精神是大学文化的灵魂所在，而高等学校教师和学生是所在学校文化的传播者。不同高校的党支部在共建交流过程中，其本身也能反映不同的大学文化背景和专业背景，可以帮助学生领略不同高校的文化，在项目交流中也可以实现思想的融合与创新。

（二）基于校地政企等多方合作的教师党支部“智联建”

校地政企等多方合作的党支部“智联建”以充分发挥高校理论创新优势、有关机构政策研究优势、地方政府政策引导优势、行业协会产业服务优势以及企业技术转化优势等为前提，通过高校基层党组织主动发力，牵头将不同性质单位的基层党组织联合在一起，共同开展党支部建设工作。简言之，就是高校与地方政府、相关行业协会、企业在平等、互利、合作、共赢的基础上，推进教工党支部与相关企业事业单位的党组织开展智慧联建。通过紧密联系但又具有不同性质单位的基层党组织开展联合建设，可以最大限度地发挥各个单位资源共享、优势互补的作用。同时，也实现了基层党建工作与中心业务工作有机融合，深化产教融合、人才培养、科研攻关、项目合作等，助力建设有高度、深度和亮度的基层党支部，提升高校教师党支部党建育人工作质量。构建校地政企等多方合作的教师党支部“智联建”，主要把“人才、资源、信息、技术”四个创新元素作为合作的基本内容和关联点，以这些元素的相互作用与联系，构建校地政企等多方合作的党支部联合建设工作模式，最终实现人才的多方培养、多方资源的融通共享以及科研技术的合作开发与创新。

1. 协同人才培养

沟通与交流是协同创新的前提和基础，因此“智联建”模式下的校地政企等多方合作党建工作的首要任务就是构建双方基层党组织的党员交流平台。在确立了协同创新合作关系后，双方党支部推行“双挂钩”制度。将高校与另一方的党支部进行“一对一”挂钩，即高校内的某一教师或学生党支部对应另一方的某一个党支部，在双方的合作交流过程中，这两个支部彼此沟通合作，共享资源，从而实现“1+1 ＞ 2”的协同效果。同时，创新交流活动形式，实现“线上线下”全方位沟通平台。各类活动是激活双方合作交流的重要载体，因此双方可以通过定期开展经验交流会、参观学习、学术沙龙等活动来增进党支部之间的沟通与交流。除了这类“面对面”的“线下”活动之外，双方还可以开设腾讯会议、微信群等“线上”的交流平台，让双方的党员交流不再受时间和空间上的限制。

2. 协同教学与实践

“智联建”模式下的教学与实践体系是组织育人协同模式中最为重要的组成部分。在教师党支部的带动下，为专业学生提供校外教学和实践场所。一方面它关注高校内师生党员实践能力的培养，另一方面也重视高校的社会服务功能和企业的社会责任。教学与实践体系应以提升师生专业涵养与实践能力为目标，以学期为时间线索，以各类实习机会合作为载体，以教学与实践两个环节为路径，搭建一整套完善合作的党员教学与实践体系。该体系可以分为三个部分，分别是：基础知识与技能教学、专业技能与实践能力培养以及创新创业能力培养。

（1）基础知识与技能教学：主要是针对大一刚入学的学生党员进行，高校通过专业课程导论、行业基本素质分析等课程教学，对学生进行专业入门教育。对于企业而言，通过组织企业内员工与高校学生进行经验分享以及企业参观，让学生对该行业有初步的认知与定位。

（2）专业技能与实践能力培养：大二、大三这两年是学生在学校里进行全面系统的专业学习的时间，同样也是学生自身知识涵养以及实践能力提升最快的一个阶段。因此高校和企业的协同，应该牢牢把握学生这一阶段的特点。一方面，高校应该通过从单项技能学习扩展到多项理论与技能的综合学习，丰富学生专业素质；另一方面，企业应该在原有的基础上与高校密切合作，建立实习实践基地，提供让党支部的学生拥有更多实践的机会。

（3）创新创业能力培养：针对即将大学毕业走上社会舞台的支部党员的培养，高校应着重于提升学生的行业综合技能和实际操作能力。同时，引导学生在既有的理论层面进行创新和发展。对于部分有条件和有能力创业的学生，高校与企业应该提供“双向支持”，即高校保证一定的技术和方法指导，企业提供平台和机会，从而降低学生行业门槛以及规避相关风险。

3. 协同科研创新

创新是协同合作的最终目标，因此实现校地政企等多方合作进行科研创新，是“智联建”模式下党建工作中的关键环节。校地政企等多方合作科研协同创新体系一般由投入支持、科研合作以及产出推广三个平台构成。

首先，投入支持平台，主要是指校地政企等多方充分借助彼此之间在政策、资金、信息、技术以及人才等方面的资源优势，搭建科研投入最大化和最优化的支持平台，从而确保科研合作创新在物资上有充足的保障；其次，科研合作平台，强调校地政企等多方人才进行充分的科研合作，共同围绕特定的领域进行研究和创新；最后，产出推广平台，是该体系的最后一个环节，也是呈现协同合作成果的阶段，这个平台强调通过长期的科研合作，技术攻关，最终形成的科研成果、产品可以与社会和市场接轨。

在该科研创新体系中，高校与其他组织各具优势。首先，高校的优势体现在科研环境和专业人才两方面。例如，高校有设备齐全的实验平台，政府的政策和资金支持；大量行业资深专家以及充满创新活力的学生群体。这些都为科研创新提供了重要的保证。其次，地方政府有政策和资金支持；有关行业协会等有行业发展研究支持；企业在科研成果的转化以及市场推广上又具备无可替代的优势。因此，校地政企等多方合作创新后的成果，可以有效地将产出效益最大化，从而提升协同创新价值。

综上可见，“云智协同”的高校基层党组织育人工作模式，其主导者和发起者是高校的基层党组织，其合作内容是以党支部建设或党建工作为切入点，推动高校与高校之间以及高校与地方政府、行业协会、相关企业等单位之间在党组织建设、人才培养、科技创新、新产品新技术研发等方面开展深层次、全方位合作。这种育人工作模式能够充分发挥党组织的政治属性，在建立合作关系上达到其他组织无法代替的独特优势，充分激发高校基层党组织的育人潜能和活力，促进实现多方协同育人的高校人才培养目标。“云智协同”工作模式要求高校基层党组织要打开格局和视野，站在更高的战略高度开展党的组织工作，在抓好抓实抓牢党建工作的基础上，积极协调有关行政部门或单位紧密联系、共同配合，合力开展高校组织育人工作。

二、“云智协同”模式的实践意义

“云智协同”的高校基层党组织育人工作建设模式是新时代提升高校基层党组织建设质量的重要举措，对高校基层党组织建设产生重要现实意义，为高校组织育人工作奠定坚实的组织保障，更是高校协同育人工作的一种有益创新，能够极大推动和促进各类育人组织尤其是社会组织参与高校育人工作，对提升组织育人效能具有重要实践价值、产生积极深远影响。

（一）与时俱进，更好发挥高校基层党组织育人的教育功能

学生党支部校际“云共建”活动从点到线再到面充分推进和实施，在推进过程中强调模块化、进度化，实时反馈，动态调整学习状态和内容，围绕集体红色研学、名家座谈、扶贫帮困、公益服务等多元话题展开，采用政治学习与业务学习相结合、个人自学与集中讨论相结合、阶段性学习与终身学习相结合、理论学习与经验总结和工作研讨相结合、会议学习与网络学习相结合、内容翔实具体与方式灵活多样相结合的方式，不拘泥于传统的“学习会”“报告会”等形式，合理利用并整合学习资源，结合学科竞赛、考研就业和育人经验等，组织多种线上共建共学活动，让学习变成引领专业发展，提升学科建设和学科发展的过程；在学习中结合工作实际，创造培养学生综合素质的软硬件条件，通过政治理论学习，带动业务能力提升。在学习平台的拓展上，注重线上与线下相结合，多利用云课堂、“两微一端”、红色遗址、文化影视等资源将现有平台进行整合与重组，发挥基层党组织学习力，多平

台拓展学习方式，这样既丰富了学生党支部的学习内容，创新了学习形式，还可以了解不同地域、不同学校之间学生党支部的发展实践经验，汲取发展智慧，更好地宣传贯彻党的路线、方针和政策；同时，通过支部学习资源和学习成果共享，有助于提升党员的认知水平，开拓党员成长路线，建立长效校际沟通渠道，促进支部党员不断学习、交流互动，调动高校党支部成员学习的积极性和主动性，进而突破高校理论学习形式化的现状，既有利于推进高校学习型党支部的建设，又能充分发挥高校基层党组织的教育功能。

（二）深入基层，更好发挥高校基层党组织育人的服务功能

教师党支部校地政企“智联建”活动深入基层，围绕落后产能转型升级、特色产业规划布局、中小民营企业技术服务与人才培养、校企科研协同平台建设等方面开展联建活动，积极鼓励和推广以教师支部连接企业支部的方法，拓宽产学研用育人范畴，建立校企为主体的德育课堂管理平台、教学质量评价平台、校友资源平台等，及时了解地方产业发展困境，发挥高校学术优势，为企业解难题、办实事，为地方输送科技研发人才、提供产业发展建议、强化科研成果转化。同时，结合各类社会实践活动、志愿活动，依托学校实践教学基地开展创新创业实践活动，在实践中培养学生党员责任意识、担当意识及服务意识。通过服务平台、载体和渠道的搭建，推进“服务型”党支部的一体化建设，提升支部服务能力。此外，也可以让师生党员跳出学校这个“象牙塔”，真正到社会的“大熔炉”中练就过硬本领，锤炼品德修为，汇聚服务力量，强化党员意识和责任担当，使服务工作形成特色和品牌，为国家地方建设贡献力量。党的二十大报告提出“增强党组织政治功能和组织功能”，要求“把基层党组织建设成为有效实现党的领导的坚强战斗堡垒”。基层党组织的组织力决定了基层党组织发挥的作用，“云智协同”组织育人工作模式能够发挥党组织的整体功能和协同效应，通过强化组织优势、组织功能、组织力量和组织协同等途径提升高校基层党组织的育人组织力，防止育人组织出现软弱涣散、虚化、空心化、娱乐化、随意化等现象，有效提升组织育人协同模式的组织力。

（三）开拓创新，增强高校基层党组织的育人活力

“云智协同”模式下的基层党支部在工作过程中，通过布局示范式带头学、创新式开放学、主题式教育学、体验式培训学、探索式创新学等模块，引导党员主动参与、自发设计、启发学习等来增强支部活力。示范式的带头学即是学院党委制定学习规划，将中心组学习当作龙头，着手议大事、转观点、学思路，把学习贯彻党的理论创新成果作为首要任务，紧紧围绕习近平新时代中国特色社会主义思想，开展工作所需的新知识新技能等进行专题学习和贯彻落实。在学院党委的策划联动下，各校际、校企、校地基层党支部及时跟进，通过“三会一课”的理论学习，步伐坚定不移地向党组织看齐，向党的伟大理论和政策看齐，向党中央决策部署看齐，为高校基层党建事业的科学内涵与和谐发展奠定了丰富良好的理论知识与思想基础，打造良好的学习氛围。创新式的开放学即是利用学校“党建智慧平台”，实现党建、思政教育、实践育人和网络育人的有机结合，推动党建工作进宿舍、进网络、进企业，完成党建线上线下双轨制并行运作，积极推进对基层党支部和学生党员的学习教育和动态管理，做到实时性、动态性，实现对党建工作的系统化、模块化、多方位监测，使党建工作趣味化、实时化、开放化、创新化，让党建工作生动、活泼地展现在党员面前，扩大了高校基层党建工作的影响力，使党员活动从原来的封闭式变为现在的开放式。主题式的教育学即是学院党委联合高校、企业、地方开展多种形式的主题教育，根据现有基础和潜在优势，谈认识、找差距、调思路、定措施。先后组织召开先进党支部经验交流会议、开展党建主题征文活动、主题演讲和党建主题辩论赛等活动。通过活动的开展，一方面宣传了党的光辉事迹，增强党员对组织的认可度和归属感；另一方面能够使得党员对党组织的认知愈发深刻，在新时代、新目标、新特点的环境背景之下完成新思想新思路的碰撞，推动党员自主学习，积极推动基层党建新发展。体验式的培训学习是充分发挥先锋模范作用，培养一支素质过硬的干部和教师队伍，通过邀请专家讲学、干部领学、党员自学、支部互学等学习方法和形式，引导广大党员师生学深学透、学以致用。探索式的创新学即是探索“三会一课”的创新方式，通过举办开展“红色印记——讲述百年党史故事”“带你看我家乡，共读经典名

著”云端组织生活，开展红色建模创新设计大赛、“党建赋兴”乡村振兴暑期社会实践调研活动，让广大学生党员通过“体验式、创意式、互动式、情景模拟式”的“四式党课”，来丰富组织生活，激发大家的学习动力，并在互动中接受党性教育和锻炼，以此来提升党员的党性认识和觉悟，更加完善党的形象和组织内部建设。“云智协同”模式下将“请进来”和“走出去”相结合，使学习教育手段多样化，提高学习质量，有利于创新支部的组织生活，让“三会一课”做的内容丰富、主题突出、形式多样，把政治性、科学性、趣味性有机地结合起来，不断提高党建工作的针对性和实效性，提升党员的责任感和归属感，从而大大激发和增强高校基层党组织的育人活力。

（四）互联互通，提升高校基层党组织的育人实效

“云智协同”高校基层党组织育人工作模式顺应时代发展和师生需求，不断开拓思想政治工作阵地、平台和载体，实现思想政治工作空间的拓展升级。在组织育人中探索“互联网 +”思想政治教育，实现传统优势和现代优势的整合互补，形成组织协同育人的组合效应。网络信息具有传播速度快、覆盖面广、不受时间空间限制等优势，高校党支部在开展支部共建时，可充分利用互联网平台，联结各类信息渠道，挖掘现代网络资源，为支部建设获取新契机、新思路、新载体、新办法，提高党支部工作效率和管理水平，创新高校基层党建工作方式，拓展党建工作空间，实现互联互通、优势互补、相互促进，从而增加党建育人工作的时代气息。通过支部共建，打造网络信息化党支部，可实现党组织建设、管理和服务一体化，师生党员在线查阅党和国家的大政方针、时事要闻、工作部署、学习材料等，能在第一时间获取最新资讯，拓展理论学习的领域，提高政治觉悟和政治能力。在各类育人活动中嵌入视频直播、场景模拟、情境体验等教育手段，能打破传统学习的时空限制，让大家随时随地都能互动交流，使支部活动更加便捷高效。2020 年，新冠疫情给党支部工作带来了较大影响，为了减少人员聚集，避免出现出行安全问题，校际、校企党支部通过将组织生活移至线上，学习主题让党员共同参与、共同决策、共同使用，每个党员既当参与者，又当组织者，还可以是监督者，增强党员的归属感和“主人翁”意识，这是互联网带给基层党组织建设的极大便利。全员参与，实时分享，寓教于乐，利用网上云参观，通过信息化、智能化技术，采用全景沉浸式体验的方式，在线参观红色教育场馆，形式新颖，引人入胜，增强了学习教育效果；开展线上“微党课”，综合运用多样化宣传手段，整合网络资源，采用图文、视频、音像等新媒体技术，全方位调动视听觉感官，激发情感共鸣，彰显课程魅力和感染力，让思想政治教育真正走脑入心。

第三节 高校基层党组织育人工作模式典型案例——“云共建”

2020 年 4 月，燕山大学机械工程学院党委创新发起“青年党员云携手 使命担当肩并肩”校际学生党支部“云共建”，得到清华大学、贵州大学、湖南大学、吉林大学、哈尔滨工业大学等 10 余所高校党支部的积极回应。截至 2024 年 7 月，学院联合近 20 所高校、组织数十个党支部、3000 余名师生在云端开展组织生活，起到了良好的协同育人效果。受到新华网、央广网、教育部官网、全国高校思政网、人民政协网、中国大学生在线、中国教育新闻网、中国经济网、安徽网、新民晚报、湖南日报等多家媒体的报道，在社会各界引起强烈反响。

案例 1：青年党员云携手 使命担当肩并肩

根据党中央对基层党组织的建设要求，结合新冠疫情防控形势，2020 年 4 月 25 日燕山大学机械工程学院党委发起了主题为“青年党员云携手 使命担当肩并肩”的校际党支部“云共建”活动，活动得到清华大学鄂北学生临时党支部、长安大学马克思主义学院研究生第二党支部、河海大学港口海岸与近海工程学院本科生党支部、湘潭大学商学院电子商务与市场营销本科生党支部的积极回应，机械工程学院本科生第二党支部参与了此次共建，支部党员覆盖各年级、各学历层次，涉及机械、商务、港航、马克思主义等专业。

在校际党支部“云共建”启动仪式暨首批共建党支部第一次组织生活中，大家达成一致共识。一是做新，将共建活动打造成党员间交流沟通的新天地、支部间教育学习的新窗口、高校间博采众长的新渠道；二是做实，通过共建活动让青年党员真正受益；三是做深，不断丰富活动的内容与形式，扩大实效与影响，把党支部“云共建”做成高校间开展党建共建的典范。围绕这三点要求，校际之间拟定了开展“同过组织生活”“共上云端党课”“同学理论知识”“共作经验分享”“红色文化云共享”“经典名著云同读”等系列共建活动规划。

在随后的组织生活中，燕山大学机械学院学生党员领学了《习近平给北京大学援鄂医疗队全体“90后”党员的回信》，各支部党员分别分享了学习心得和身边的抗疫故事：自己在家乡封控期间，身边党员志愿者不顾个人安危，勇担抗疫重担的故事；对武汉疫情防控期间全国驰援，共产党员冲在前线的感悟，表达了对身边最美逆行者的敬佩；自己及其身边人作为一名普通基层党员感人至深的抗疫故事和志愿服务经历；等等。清华大学鄂北学生临时党支部成员介绍了武汉封控时的经历，面对仍存在较大的感染风险和心理压力，号召学生党员凝心聚力，坚定抗疫必胜的信心，共克时艰。湘潭大学商学院电子商务与市场营销本科生党支部书记介绍了湘潭大学浓厚的红色基因、学科建设情况以及商学院党建取得的成绩，并重点介绍了支部组织建设、思想建设、党员日常教育管理等方面的经验与做法。

组织生活会议结束后，参加此次组织生活的各高校学生党员纷纷表示，通过此次组织生活，更深切感受到中华民族的团结力量，感受到社会主义制度的优越，感受到作为中华儿女的幸福和自豪，未来定要牢记作为党员的使命，践行作为党员的担当。

案例 2：“带你看我家乡，共读经典名著”组织生活

2020 年 5 月 31 日，燕山大学机械工程学院发起的“青年党员云携手　使命担当肩并肩”校际党支部“云共建”系列活动“带你看我家乡，共读经典名著”组织生活活动在线开展。此次活动，燕山大学机械工程学院本科生第二党支部携手清华大学鄂北学生临时党支部、长安大学马克思主义学院研究生第二党支部、河海大学港口海岸与近海工程学院本科生党支部、湘潭大学

商学院电子商务与市场营销本科生党支部，在云端同过组织生活。

第一部分是以“带你看我家乡”为主题的红色文化共享会。来自8个省份的12名学生党员对自己家乡的革命故事、红色景点进行了介绍，带领党员同志们领略不同地区的红色文化，感悟不同时期的红色风采。5个共建党支部的140名党员在线回顾晋鲁豫革命根据地的历史，共同重温沙家浜的故事，一起走到云南边陲，携手见证时代的发展、城市的变迁。本次活动通过支部党员家乡的红色文化“云共享”，让青年党员有机会了解到不同时期、不同区域的红色历史，追寻红色足迹，传承先辈精神，激发广大学生党员挖掘红色基因的意识，发扬先烈艰苦奋斗、献身革命的英雄情怀。

会议第二部分是“共读经典名著”的读书分享会。作为校际党支部“云共建”系列活动之一，“共读经典名著”旨在通过每月的好书推荐和组织生活会议上的读书分享，引导广大学生党员多读书、读好书。5月份，各党支部共同阅读了由清华大学鄂北学生临时党支部书记推荐的《论中国》。会上，党员代表领读了部分篇章并进行了经验分享。长安大学党员领读了“不倒翁”邓小平的部分内容；河海大学党员从书中讲到的“中华崛起”相关内容联系到“四个自信”；湘潭大学党员从书中感悟源远流长的中华文化对我国发展的重要意义；燕山大学党员结合时事热点，与大家分享了书中有关中美关系的段落，从新中国国际关系的视角分享了自身感悟，纵观古今国际关系的变化，感受祖国脚踏实地的发展。

校际党支部“云共建”活动开展一个多月来，来自五所高校的共建党支部通过线上平台充分交流、携手学习，开展了多项丰富精彩有意义的共建活动。此后，共建党支部进一步深化共建内涵，丰富共建形式，以期收获共建实效，实现支部发展建设、党员成长蜕变的耦合增量。

案例3：“潜熟高校专业 共读经典名著”组织生活

2020年6月23日，燕山大学机械工程学院党委发起的“青年党员云携手 使命担当肩并肩”校际党支部“云共建”系列活动“潜熟高校专业 共读经典名著”组织生活在线开展。

通过此前的“云共建”，五个党支部变得更加熟络，本次党支部“云共建”由燕山大学机械工程学院本科生第二党支部主导，主题为“潜熟高校专业 共读经典名著”。五个共建党支部的支部书记及学生党员参加会议。

第一部分是以“潜熟高校专业”为主题的党支部成员对自己本专业的介绍。来自五个不同学校的党支部成员分别介绍了自己所学的专业，从电子商务专业到机械设计制造及其自动化专业再到马克思主义理论专业，让在座的各位党支部成员对各共建党支部的相关专业有了更全面、更立体的认识。本次活动，通过各党支部成员的专业介绍，各党支部成员对其他专业有了更加深入的了解。不同专业都有各自专业的优势，信息高速发展的现代社会，只有把更多的技能融会贯通，才能更好地为中华民族伟大复兴贡献力量。大家主动加强交流，未来可以在各比赛、社会实践等活动中发挥各专业的优势，取长补短，互相学习，共同进步。

会议第二部分是“共读经典名著”的读书分享。本次分享的经典名著是由燕山大学机械工程学院本科生第二党支部党员推荐的《平凡的世界》。各位党员同志通过分享经典段落，让大家对经典有了更深的感悟。湘潭大学党员从书中领悟到“先天下之忧而忧”是在历史前进中人民应该保持的态度；燕山大学党员提出“平凡不等于平庸”与我们共勉之；长安大学党员从书中感受到了父辈青春的勇气；河海大学党员强调女性冲破世俗的枷锁，追求自我；燕山大学党员代表给大家作了关于《平凡的世界》较为系统、全面的分享。《平凡的世界》带给党支部成员许多感悟和体会，并从中感受到了过去先辈努力奋斗的热情和努力拼搏的勇气。

案例 4：“东西共建云端携手，互学互促使命担当”校际党支部“云共建”活动

2020 年 7 月 1 日，在党的第 99 岁生日之际，燕山大学机械工程学院党委联合贵州大学、塔里木大学、西藏农牧学院等三所西部高校共同启动了主题为“东西共建云端携手，互学互促使命担当”的校际党支部“云共建”活动。共建活动启动仪式暨共建党支部第一次同过组织生活在线上线下同步举行。燕山大学党委、塔里木大学党委、贵州大学文学与传媒学院党委、西藏农牧学院党委的领导分别在主会场和各分会场出席仪式并致辞。

燕山大学参会校领导在组织生活中回顾了燕山大学百年薪火相继的艰辛创业路程、为国家重大科研项目而生的卓越历史贡献；介绍了机械工程学院党委发起的校际党支部“云共建”活动。通过一些燕大学子立志扎根西部、胸怀家国的典型故事，阐释了燕大人报效祖国、奉献青春的爱国情怀。

贵州大学参会领导介绍了贵州大学浓厚的红色历史基因及全校创建全国党建示范高校的经验；塔里木大学领导讲述了塔里木大学扎根边疆，服务祖国需要，不忘兴疆固边初心、实现改变西部面貌宏愿的坚定信念；西藏农牧学院领导介绍了西藏农牧学院深厚的历史传承及立足高原、辐射全藏，做好祖国边疆守护者的壮阔历史。与会高校的领导对党支部“云共建”活动均给予高度认可和大力支持。四校一致认为，共建党支部要利用好“云共建”这个平台，积极探索，勇于尝试，开展丰富多彩的共建支部组织生活，打造有意义、重实效、高质量的支部组织生活，将党支部“云共建”打造成党员间交流沟通的新天地、支部间教育学习的新窗口、高校间取长补短的新路径和东西部合作交流的新渠道。

本次共建党支部分别是：贵州大学文学与传媒学院本科生第一党支部、塔里木大学经济与管理学院工商系学生党支部、西藏农牧学院动物科学学院动物医学学生第一党支部、燕山大学机械工程学院冶金机械系研究生第二党支部和机电控制工程系研究生第一党支部。各党支部所在地域横跨祖国东西，支部党员覆盖各年级、各学历层次，涵盖机控、冶金、经管、医学、文学等专业。会上，共建党支部分别介绍了各自的活动特色、经典项目及建设优势，以期通过深入交流，实现跨地域、跨学科、跨层次的深入合作，交流思想、碰撞火花，开拓视野，共同成长。

随后，共建支部开展了第一次“云共建”活动“同上云端党课”。特邀请河北省教学名师、燕山大学马克思主义学院魏黎波教授，为共建支部全体党员做题为“疫情下世界大变局”的云端党课。魏老师从全球蔓延的新冠疫情讲起，结合国内外发生的重大时事，围绕我国崛起过程中的政策方针和遇到的外部影响因素，通过多项指标对比，图文并茂、幽默生动地向与会师生党员阐明了我国如何在疫情中发挥社会主义制度优势，化危机为机遇，指出民族复兴和国家崛起的历史必然性，为大家上了一堂生动而深刻的党课。

此次燕山大学机械工程学院党委聚焦祖国西部地区，携手贵州大学、塔里木大学、西藏农牧学院共同启动党支部“云共建”活动，是继首批与清华大学、长安大学、河海大学、湘潭大学等典型特色高校开展“云共建”并收获实效的一次接续，是“云共建”辐射面的拓宽和党建育人经验的推广，更是学院“开门联合搞党建、融通共促谋发展、优势共享育人才”党建行动方针的落地。共建的四所高校均具有深厚的红色底蕴，希望通过共建活动搭建起东西部高校间共享共建共融的平台，推动各高校优势资源共享，实现支部发展建设、党员成长蜕变的耦合增量，帮助广大党员了解西部、热爱西部，深化对祖国西部的情感，引导广大青年服务西部、建设西部，涤荡奉献祖国的情怀。

案例 5：“机械四小龙”云端同携手，不坠青云志使命勇担当

2020 年 11 月 22 日，燕山大学机械工程学院党委聚焦原机械工业部“四小龙”老牌机械强校：吉林大学、湖南大学、合肥工业大学，共同启动了主题为“‘机械四小龙’云端同携手，不坠青云志使命勇担当”的校际党支部“云共建”活动。

共建活动启动仪式暨共建党支部第一次同过组织生活在线上线下同步举行。燕山大学党委有关领导在启动仪式上致辞，对参与本次共建的高校师生表示感谢，对前两期的校际党支部“云共建”活动取得的实效给予肯定，希望四所高校能借此契机，加强合作、积极探索，将党支部“云共建”打造成党员间交流沟通的新天地、支部间互相学习的新窗口、高校间取长补短的新路径。

本次四个共建支部分别为：吉林大学机械与航空航天工程学院本科生第三党支部、湖南大学机械与运载工程学院创新创业教育中心党支部、合肥工业大学机械工程学院本科生第一党支部、燕山大学机械工程学院本科生第三党支部。会上，共建党支部分别介绍了各自的特色活动、经典项目及建设优势。

共建支部开展了第一次“云共建”活动“同上云端党课”。“从美国大选看国际形势”，此次党课特邀请河北省教学名师、燕山大学马克思主义学院魏黎波教授主讲。魏老师从美国内部现状讲起，结合国内外发生的重大时事，图文并茂、幽默生动地分析了当今世界的新形势，阐述了中华民族伟大复兴和中国崛起的历史必然性，给大家上了一堂生动而深刻的党课。

此次“云共建”是继前期活动的又一次接续，是“云共建”辐射面的拓宽和好经验的推广。共建的四所高校都是老牌机械强校，将利用好“云共建”的平台，努力构建“资源共享、优势互补、互相促进、共同提高”的工作新格局。

案例 6：在线开展“红色印记——讲述百年党史故事”组织生活

在喜迎建党一百周年之际，2021 年 6 月 9 日，由燕山大学机械工程学院党委发起的“‘机械四小龙’云端同携手，不坠青云志使命勇担当”校际党支部“云共建”组织生活在线召开。本次支部“云共建”由燕山大学机械工程学院本科生第三党支部主导。自四所高校的四个党支部共建以来，开展了同上云端党课——魏黎波教授讲授“从美国大选看国际形势”；历时近五个月的党的知识云分享；“建党伟业，百年宏图”红色建模等活动，四个党支部取长补短，互相学习，共同进步。

此次组织生活主题为“红色印记——讲述百年党史故事”，四个共建党支部的支部书记及学生党员参加会议。会议共分为两个部分。第一部分是各高校共建党支部选取一名故事分享人，讲述所在省份的红色党史故事。来自四个省份的四名学生党员对所在省份的革命先驱、革命故事和红色景点进行了介绍，无论是合肥工业大学讲述的《大山里的将军》中“千军易得，一将难求”的洪学智，还是燕山大学讲解的革命先驱李大钊和红色根据地西柏坡，又或是吉林大学叙述的革命伟人王尽美，抑或湖南大学分享的湘江战役，都带领党员同志们领略了不同地区的红色文化，感悟了不同时期的红色风采。会议第二部分是各共建党支部选派党员代表结合各高校分享的各地红色党史故事和支部共建全过程中的收获进行述说感悟，大家畅所欲言、踊跃发言。

本次活动通过支部所在省份的红色文化“云共享”，让青年党员有机会了解到不同时期、不同区域的红色历史，追寻红色足迹，传承先辈精神，激发广大学生党员挖掘红色基因的意识，发扬先烈艰苦奋斗、献身革命的英雄情怀。

校际党支部“云共建”活动开展以来，来自四所高校的共建党支部通过线上平台充分交流、携手学习，开展了多项丰富精彩有意义的共建活动，增加了相互了解，增进了彼此友谊。共建党支部借此契机，加强合作，积极探索，将党支部“云共建”打造成党员间交流沟通的新天地、支部间互相学习的新窗口、高校间取长补短的新路径。

案例 7：联合四所高校研究生样板党支部开展“云共建”活动

2021 年 7 月 12 日，燕山大学机械工程学院联合哈尔滨工业大学、西南石油大学、重庆大学、广东工业大学等高校联合开展研究生样板党支部“云共建”活动。“云共建”活动启动仪式暨第一次支部工作交流会在线上线下同步举行。广东工业大学党委书记及副书记，燕山大学机械工程学院党委书记、学生工作处副处长、机械工程学院党委副书记等领导分别在各自会场出席仪式。参与共建的党支部书记及全体党员参加了本次活动。

燕山大学参会领导介绍了机械工程学院的发展历程和特色，对学院的党建成绩和以“云共建”为代表的特色工作作了回顾，对新一期“云共建”活动提出了殷切期望和建议，希望借党支部“云共建”活动搭建支部、学院、学校间交流与合作的纽带和桥梁；广东工业大学参会领导对活动给予高度认可，并简要介绍了广东工业大学自动化学院的发展历史和概况，对学院党建工作取得的成绩和特色工作作了较详细介绍。

哈尔滨工业大学机电工程学院学雷锋小组党支部、西南石油大学机电工程学院钻井提速科研团队党支部、重庆大学机械工程学院研究生第十二党支部、广东工业大学自动化学院博士研究生党支部、燕山大学机械工程学院冶金机械系研究生第三党支部等 5 个第二批“全国百个研究生样板支部”建设序列单位分别介绍了支部活动开展情况、特色项目及特有优势，精彩的发言和各具特色的支部建设工作使参会师生获益匪浅。同时，研究生样板支部指导教师和支委会成员就支部架构、特色项目实施、活动设计等细节问题进行了线上交流。

燕山大学机械工程学院党委发起并开展的校际学生党支部“云共建”活动，有效搭建了校际间共享、共建、共融的平台，搭建了广大青年党员跨地域、跨学科、跨层次交流的平台，成为创新高校基层党组织党建方式和育人模式的有益探索和实践。一方面，对标先优学习。重点对接机械工程学科优势高校开展“学术论坛 + 学业交流”等活动，对接国家党建工作样板党支部开展“经验分享 + 红色之旅”等活动。另一方面，榜样力量弘扬。对接人民军队英模边防哨所开展“爱国精神 + 军旅精神”等教育，对接企业劳动模范大国工匠开展“奋斗基因 + 工匠精神”等教育。进而实现各专业学生党支部多方融通、活跃的共建机制和发展态势。

第四节　高校基层党组织育人工作模式典型案例——“智联建”

燕山大学机械工程学院党委探索“智联建”组织育人工作模式，即坚持“互助、协同、发展”原则，通过组织基层党组织与地方政府、行业协会、重点企业等开展联合建设，进行党建交流、科研融通、项目联合，以党组织联合建设为切入点，以人才培养、项目合作等为抓手，推动校地政企等多方联手打造育人通途。

搭建“党建 +”平台是“智联建”的重要内容，支部建立在协同平台上、服务开展在协同平台上、活动展示在协同平台上。以“科技创新、成果转化、人才培养”为契机，学院与地方政府、企业签订战略合作协议；以“产学研”合作为基础搭建“党支部联建”平台，实现“教育教学、科学研究、党组织建设”相互促进、协调发展的新格局。

一是开辟政治理论学习新途径，创新组织生活形式。校内外共享思政教育资源，邀请企业党支部或有关单位、部门等党支部的优秀共产党员来校上党课，认真组织教工党员与企业及校外组织有关人员交流学习，共同组织支部的学习交流、组织生活等，开展共同参观、现场讨论等党建活动。

二是开辟校企科研合作新途径，推动联合科研攻关。高校基层党组织积极推进党员教师通过支部共建熟悉并逐步深入行业、企业，通过企业挂职锻炼、担任技术顾问等，参与项目研发，充分利用企业先进的设备和产线，将理论与实践相结合。通过支部联建活动，进一步增加了双方科研交流的频率，寻找更多的科研合作机会，双方队伍更加熟悉了解，提高联合科技攻关的成功率；基于对企业的深入了解，依托校企合作平台，激发出更多合作灵感，共同开发新工艺、新技术、新产品。

三是开辟人才协同培养新途径，促进多方共建育人。充分发挥地方政府或有关部门的管理人员，企业党员工程师、工匠，学校党员教师等的作用，让地方政府、行业协会、企业等校外组织共同助力大学生思想品德、创新创业能力全面提升。校外先进党员走进来，师生党员走出去，用劳模、工匠的精神、态度影响师生、感化师生。党员劳模、党员工匠身上具有“爱岗敬业、争创一流，艰苦奋斗、勇于创新，淡泊名利、甘于奉献”的精神，他们进学校、进课堂、进工作室，不仅仅传授学生专业实践知识、启迪学生创新精神，更在弘扬劳动光荣、引导大学生乃至高校青年教师养成艰苦奋斗的品格、强化师生社会责任感、践行社会主义核心价值观等方面有特殊效果。

燕山大学机械工程学院党委自2021年开始实施“智联建”，以点带面、广泛辐射，推进学院党委与地方政府紧密联系、教工党支部与相关行业协会和企业事业单位的党组织开展联合建设。截至2024年，与河北沧州、邢台等地的4个县区地方政府建立战略合作，累计联建单位30余家，产生科研技术合作落地项目10余项，接洽多项潜在合作项目。

在此过程中，燕山大学机械工程学院党委及各党支部带领广大教师主动对接地方政府和企业技术需求，发挥高校学术、人才、科研等资源优势，到秦皇岛、石家庄、沧州、邢台等地调研交流，开展校地政企等方面全方位、深层次合作，积累了典型建设经验。学院与中国电子科技集团、中国第一重型机械集团、河北省钢铁集团、中国锻压协会等多家单位开展联合建设，促进教育与产业资源优势互补，推动校企之间联合开展理论学习、业务交流、科研合作等。同时，面向省内区域经济发展，学院党委牵头与秦皇岛、唐山、沧州、邢台等多个地方政府紧密接洽，积极争取政府支持与平台搭建，组织教师团队面向地方的产业集群、重点企业等开展有组织的规模性科技服务，与地方政府联合建立产业装备研究院、产业促进中心等，探索实践高校助力地方经济发展和产业转型升级的新途径，从而为人才培养提供平台支撑和现实场景。

案例 1：与中国电子科技集团公司第五十四研究所天线伺服专业部联建

2020 年 7 月 1 日，燕山大学机械工程学院与中国电子科技集团公司第五十四研究所天线伺服专业部“党支部联建”启动仪式暨第一次联建活动线上线下同步举行。中国电子科技集团公司第五十四研究所（以下简称中国电科 54 所）纪委书记、燕山大学校党委副书记分别在双方会场出席会议并致辞。中国电科 54 所党群工作部、天线伺服专业部、机械工程学院领导班子成员，以及双方共建党支部全体党员参加会议。

燕山大学校党委副书记在致辞中对双方共建表示祝贺，指出在庆祝党的生日之际，在统筹推进常态化疫情防控和经济社会发展的关键时期，中国电科 54 所与学校开展党支部联建是双方准确识变、积极应变、主动求变的创新之举，是双方深入学习贯彻习近平新时代中国特色社会主义思想，贯彻落实新时代党的组织路线，加强和改进新时期基层党建工作的有益尝试和积极探索，希望能够以支部联建为阵地，进一步推动党建和中心工作“双融合、双促进”，充分发挥好战斗堡垒和先锋模范作用，不忘初心、找准核心、着力创新，切实搭建好校企交流合作新平台，碰撞思想火花、开拓广阔视野、激发创新思维，确保共建工作落地生根、取得实效。

中国电科 54 所参会领导在致辞中回顾了校企双方在并联机构天线等多方面深度合作，在上海 65 米天马射电望远镜、FAST 工程馈源舱的力学仿真等重大项目上密切协作，取得了一系列丰硕成果。他高度肯定和评价燕山大学师生的工作作风和专业功底，对双方开展党建共建表示热烈祝贺，指出随着我国国防建设的推进与党建工作的深入开展，两个单位的合作空间更大、合作前景更广，希望双方发挥优势，打造高校与科研院所共谋发展的党建工作新格局，探索出一条改革发展党建一体化推进的新路子。

参与此次共建的单位分别是中国电子科技集团公司第五十四研究所天线伺服专业部党总支第二党支部和机械工程学院机械电子工程系教师、研究生党支部。双方将以加强党建引领，打造校企联动、资源共享、优势互补、共谋发展的党建工作新格局为目标，开展组织联建、党员联学、活动联办、发展共谋等系列活动。期间，定期举办“讲党课，办讲坛”，联合举办机电系机创竞赛之“稳定平台”，组织“教学科研工程融合，共谋合作发展”交流研讨和参观学习，围绕“卡脖子”技术、思政教育、新工科人才培养、联合双创基地等方面进行深入合作。

启动仪式最后，双方签订了联建协议，并在线合影留念。

同年 12 月 19 日，燕山大学机械工程学院与中国电子科技集团公司第五十四研究所天线伺服专业部（以下简称中国电科 54 所天伺部）党支部联建技术交流会在燕山大学举行。本次党支部联建技术交流会是在前期支部联建的基础上，围绕双方中心工作开展的深度交流。针对中国电科 54 所天伺部在项目研究中遇到的瓶颈问题，联建双方在会前进行了充分沟通，学院党委指导机械电子工程系党支部作了认真规划与准备，旨在借助本次支部联建活动，推动党建与中心工作“双融合、双促进”，助推联建活动落地生根、开枝散叶。

学院师生在会上作了“液压伺服驱动及其在并联机构中的应用”的主题报告。与会人员围绕中国电科 54 所天伺部本次提出的超重载三自由并联机构设计、低剖面稳定平台设计、重载并联机构气动辅助技术等合作需求，逐项开展深入交流研讨。期间，结合具体问题，来自学院不同团队的教师党员分别展示了各自团队的相关研究实力和科研成果。与会人员一致表示，碰撞了火花，开阔了视野，会议取得了良好效果。

双方努力加强党建引领，推动全方位一体化建设，打造校企联动、资源共享、优势互补、共谋发展的新格局。

案例 2：与一重集团大连工程技术有限公司热轧装备研究所党支部联建

2020 年 12 月 4 日，燕山大学机械工程学院与一重集团大连工程技术有限公司热轧装备研究所“党支部联建”启动仪式暨第一次联建活动线上线下同步举行。本次校企党支部联建的主体为燕山大学机械工程学院冶金机械系党支部和一重集团大连工程技术有限公司热轧装备研究所党支部。燕山大学、一重集团大连工程技术有限公司、校党委组织部和机械工程学院有关领导出席启动仪式，联建党支部党员及学校研究生党员代表参加会议。

燕山大学参会校领导在致辞中对双方联建表示衷心祝贺，他表示燕山大学与一重有着深厚的历史渊源。此次联建是双方深入学习贯彻党的十九大和十九届五中全会精神，落实新时代党的组织路线，探索创新新时期基层党建工作的一次积极尝试，更是校企双方不忘初心、共担使命的睿智之举，有助于双方取长补短、合作共赢，能够推动双方党建与业务“双融合、双促进”，希望双方把政治建设放在首位、把促进业务放在要位、把改革创新发展放在高位，肩负起我国科技自立自强的时代使命，携手打好关键核心技术攻坚战，确保联建工作落地生根、取得实效。

一重集团大连工程技术有限公司参会领导表示一重与学校的友谊源远流长，双方自建立以来一直保持着密切合作、互为融合的“兄弟关系”。多年来，燕大为一重提供了众多讲政治、有素质、懂技术、敢担当的领军人才和技术骨干，荣获国家科技进步奖一等奖的15000吨水压机是一重的骄傲，也是燕大的自豪。党的十九届五中全会提出了“关键核心技术实现重大突破，进入科技创新型国家前列”的远景目标，体现了国家对于创新的殷切希望和迫切需求，高校和技术型企业作为“创新”主体，达成联建协议，以党建促融合，以业务促发展，一定会迸发出最美丽的精神火花。希望双方携手认真学习贯彻落实党的十九届五中全会精神，深刻认识新发展阶段，全面贯彻新发展理念，着力融入新发展格局，创新驱动，精诚合作，助推科技强国、科技强校、科技强企。

启动仪式最后，双方签订了联建协议，并在线合影。

随后，联建支部举行了以“组织联建，共促党建”为主题的第一次联建活动。机械工程学院冶金机械系党支部书记和系主任分别介绍了冶金机械系党支部的基本情况及国家工程中心的研究方向。一重集团大连工程技术有限公司热轧装备研究所党支部书记介绍了企业研发领域及行业热点技术需求。双方支部党员进行了业务交流和技术探讨，也对联建形式和内容提出了进一步安排。

联建期内，双方以党建为引领，着眼行业前沿和关键核心技术突破，促进资源共享、优势合作和强强联合，推动工程实践经验与高校学术研究相结合，不断丰富联建内容和形式。

案例3：与新疆工程学院机电工程学院教师党支部结对共建

2021年7月27日，燕山大学机械工程学院党委机电控制工程系党支部（以下简称机控系党支部）和新疆工程学院机电工程学院党委矿山机电教师党支部（以下简称矿山机电教师党支部）在新疆工程学院图书馆举行了党支部结对共建签约仪式。双方校、院有关领导出席会议，两个党支部的部分党员代表参加会议。

新疆工程学院参会领导对支部结对共建活动的顺利开展表示祝贺，对燕山大学机械工程学院的帮助与支持表示感谢，希望以党务带动业务，推动教学、科研等工作的共同进步。燕山大学参会领导对两个党支部签订结对共建协议表示祝贺，希望两个党支部加强日常工作联系，深入开展党务、教学、科研等方面的合作，燕山大学机械工程学院、机电控制工程系也将提供必要的支持和帮助，将党支部结对共建的各项工作做细做实。随后，机控系党支部书记和矿山机电教师党支部书记共同签署《党支部结对共建协议书》。

作为本次支部结对共建的一项重要活动，随后进行了新疆工程学院机电工程学院“液压元件原理示教实验室”的揭牌仪式，该实验室是由燕山大学机械工程学院联合力源液压（苏州）有限公司共同援建。

会后，双方代表共同参观新建成的新疆工程学院机电工程学院“液压元件原理示教实验室”并合影留念。本次援建的实验室共有教学用液压泵马达30件、各类液压阀52件、液压油缸5件、液压元件展示挂图20张，可满足相关专业学生开展液压元件感性认识、拆装示范以及测绘建模等实践教学任务。

按照双方党支部结对共建的具体步骤，燕山大学机械工程学院机电控制工程系将选派授课教师赴新疆工程学院开展教师培训、现场授课等，为提升新疆工程学院液压方向的学科水平和人才培养能力作出应有的贡献。

本次党支部结对共建活动以习近平新时代中国特色社会主义思想为指导，以加强高校基层党组织和队伍建设为重点，旨在增强党支部的凝聚力和战斗力，推进党支部创先争优，以党建促发展，推动党务、业务各项事业的协调发展，是燕山大学机械工程学院深入推动教师党支部“智联建”的重要体现，也是学院以实际行动支持和参与我国西部建设的突出贡献。

案例4：与解放军某厂联建

2022年5月18日，机械工程学院机电控制工程系党支部、机械工学部党支部与解放军某厂（以下简称工厂）的附件车间、试飞站两个党支部共同举办校企“智联建”学习教育。活动以线上线下相结合的形式开展，设置秦皇岛和石家庄两个线下会场，学院机电控制工程系和机械工学部的教师党员代表、研究生党员代表在燕山大学机械工程学院线下会场参会；工厂附件车间、试飞站的全体党员和职工代表在石家庄线下会场参会。本次学习教育邀请燕山大学马克思主义学院副院长柴勇教授讲授专题党课，会议由机电控制工程系党支部书记主持。

党课详细解读了中国共产党十九届六中全会精神，重点剖析了《中共中央关于党的百年奋斗重大成就和历史经验的决议》（以下简称《决议》）的全文结构与核心要义。党课以生动鲜活的事例和一组组翔实的数据回顾了党的百年奋斗历程，特别是党的十八大以来取得的历史性成就、发生的历史性变革。党课中指出，《决议》融汇了我们党践行初心使命、铸就世纪伟业的壮阔史诗，揭示了百年辉煌的深远影响和创造奇迹的核心密码，充分彰显了百年大党的坚定、自信、清醒、成熟。

机电控制工程系党支部与工厂附件车间党支部在2021年签订了校企支部联建协议，两个党支部先后开展了科研项目交流、研究生联合培养洽谈、研究生校外实习基地建设等合作。本次举办的党课教育，是两个支部联建的一项重要内容。

同年7月19日—22日，机电控制工程系党支部一行6人赴石家庄鹿泉区与工厂开展了校企“智联建”共建对接等一系列活动。本次对工厂的回访交流是支部共建的重要内容，双方在党建、人才培养、科学研究等诸多方面开展深层次的交流洽谈。

7月20日上午，机电控制工程系党支部6名教师代表、4名研究生代表与工厂附件车间党支部部分党员代表，赴全国爱国主义教育基地——革命圣地西柏坡，开展了以“校企共建激活力、互动交流促发展”为主题的联合学习观摩活动。参加活动的党员代表们首先参观了西柏坡陈列展览馆，学习了中国共产党全国土地会议、解放战争三大战役、中国共产党七届二中全会等我党历史上的重要事件的相关内容。随后，大家在讲解员的指引下，又参观了西柏坡中共中央旧址，这里是我党最后一个农村革命根据地，1949年3月，毛泽东主席带领党中央从这里出发，踏上了“赶考路”，开启了建立中华人民共和国的伟大征程。

7月20日下午，机电控制工程系师生代表与工厂党建与人力资源部、工厂培训部等部门召开了校企对接交流会议，工厂党建与人力资源部党支部书记及有关企业代表参会。

机电控制工程系党支部书记简要介绍燕山大学和机械工程学院的办学历史和基本情况，及其在国内高校中的学术地位。随后，详细介绍了机电控制工程系的师资力量、科研方向、人才培养和校企合作等工作，并表示机电控制工程系与工厂前期开展的科研合作是双方进行深度校企合作的重要基础，衷心希望校企双方在此基础上，开展深层次联合联建，共同为我国的国防军工事业贡献力量。

会议最后，校企双方代表共同为研究生联合培养基地揭牌并合影留念。

本次校企“智联建”共建对接活动期间，机电控制工程系师生代表还先后实地参观了工厂的总装车间、试飞车间、特设车间、附件车间、航电实验中心等，实地观摩了各车间、实验室的生产和试验现场。

案例5：到江苏省开展校企“智联建”活动

2021年11月18日至22日，燕山大学机械工程学院机械设计系党支部组织教师代表赴江苏省扬州市和苏州市多家制造业企业开展校企“智联建”活动，建立和回访了研究生联合培养基地，学习和了解了企业需求，推广和宣传了专业优势，扩大和促进燕山大学在本地区的影响力。

此次校企“智联建”活动教师代表由机械设计系党支部书记和系主任带队，本着“开门联合搞党建、融通共促谋发展、优势共享育人才”的行动方针，走访了江苏宏昌天马装备物流有限公司、江苏科迈液压控制技术有限公司、江苏亚力亚气动液压成套设备有限公司和苏州绿控传动科技股份有限公司等多家制造业企业，践行了“校企融合集智慧，产教互促破难关”的行动方案。

在与各企业开展的校企“智联建”活动中，机械设计系党支部书记分别介绍了开展校企“智联建”活动的内涵和党支部在其中的战斗堡垒作用；有关教师展示学科及专业特色、基于产学研融合的本硕藕接教育模式以及与企业研究领域相关的团队科研方向和科研成果等。各企业总经理、技术部长以及人力资源领导等对“智联建”活动的意义和内涵给予了充分肯定，并将企业党建工作以及技术需求进行了明确阐述，希望高校将党建特色和专业特色优势与企业需求相结合，在助力企业开发高质量高稳定性新产品中贡献积极力量。同时，校企双方共同探讨了利用研究生联合培养基地实现企业新产品开发以及高校研究生实践创新能力等两方面双提升的思路和举措。

案例6：与山东企业举办“智联建”交流会

2022年5月18日，燕山大学机械工程学院党委组织有关党支部与山东瑞诺液压机械有限公司（以下简称瑞诺液压）举办校企“智联建”线上交流会。瑞诺液压有关领导和企业的相关技术负责人在济南会场参会。机械工程学院党委书记、学院有关副院长以及机电控制工程系、机械工学部等相关科研团队的教师代表在燕山大学线上、线下同步参加会议。

机械工程学院党委书记表示，校企双方以党建为引领开展技术咨询与交流合作，足见企业对燕山大学机械工程学科的重视和认可，非常期盼能有更多像瑞诺液压这样的企业与学院或相关系部开展交流合作，实现校企双方共赢。

瑞诺液压参会领导介绍了企业的创办历程和主营业务，并向与会人员详细介绍了企业今后的发展战略和建设规划，希望燕山大学机械工程学科的专家们能参与到企业的新一轮技术改造升级中来，帮助企业解决一些技术瓶颈，共同攻关“卡脖子”难题，一起为民族企业振兴作出贡献。

机电控制工程系主任、机械工学部党支部书记分别介绍了各自系部的基本情况和科研方向，重点介绍了系部教师参与企业技术支持项目的情况。随后，学院智能装备机电液一体化元件及系统创新团队、液压测试技术与智能装备团队、机电液系统智能故障诊断与预测性维护团队、新型智能流控元件与装备团队、液压系统群智能控制与可靠性评估团队、新型液压元件与系统研发团队的教师代表分别详细介绍了各自科研团队的科研方向和承担的企业支持项目情况。校企双方针对企业在技术改造升级过程中遇到的问题进行了交流研讨。

此次交流会是在学院党委大力推动和党支部紧密配合下的一次成功对接，校企双方建立了良好开端。

案例 7：与沧州市孟村县开展校政企“智联建”融合对接

为充分贯彻落实学院党委“开门联合搞党建、融通共促谋发展、优势共享育人才”的建设思路，大力推动校地企“智联建”行动方略，2022 年 7 月 24 日—26 日，燕山大学机械工程学院党委书记带队到沧州市孟村回族自治县考察交流，与当地政府紧密对接，为县域重点企业把脉开方。

考察团先后到河北华洋钢管有限公司、河北亚都管道装备集团、河北龙锦管道装备有限公司、沧州格福管件有限公司、河北君宇广利专用汽车制造公司、河北神舟钢管制造公司、河北圣雄管件有限公司、县铸造协会等深入对接。大家参观了企业的生产一线，详细了解企业的生产现状、科技难题和技术需求等，并与公司负责人进行交流研讨。针对企业生产成本过高、产品科技含量急需升级、无法形成有效竞争力等问题，提出了诸多解决方案，在专业人才输入、优化生产工艺、技术改造与科技创新等方面进一步明确了合作方向。

期间，考察团到津南革命纪念馆参观学习，详细了解革命先辈光辉灿烂的革命历程，并进行了重温入党誓词仪式。通过重温革命历史，传承红色基因，进一步鼓舞了大家干事创业的信心和决心。

在燕山大学机械工程学院党委的积极推动下，燕山大学与沧州市孟村县校地合作签约暨揭牌仪式在孟村县会议中心举行。同时，校地双方签署了“孟村县人民政府 - 燕山大学共建燕山大学管道装备产业孟村研究院协议”，并共同揭牌成立了研究院和燕山大学管道装备产业孟村研究院科技人员工作站。

此前，燕山大学机械工程学院党委多次与孟村县政府和有关企业负责人沟通，党组织积极为校地企融合发展搭建平台，并促成签署多项校企合作项目，推动学院乃至学校的学科和科研优势赋能于地方经济发展和企业转型升级，让科研科技之花在地方结出产业之果。

案例 8：与秦皇岛县区钢铁企业开展校企“智联建”融合对接

为充分贯彻落实学院党委校企“智联建”活动思路，2022 年 8 月 9 日—10 日，机械工程学院冶金机械系党支部与国家工程中心组织教师前往昌黎、卢龙钢铁企业开展校企“智联建”融合对接活动，促进校企合作，服务地方经济发展。

团队先后走访位于卢龙的佰工钢铁公司、位于昌黎的河北安丰钢铁和宏兴钢铁，开展校企合作调研交流。大家详细了解企业的党建工作、生产现状、科技难题、技术需求以及近年来与国内科研院所合作情况，参观了企业的生产一线和党建阵地，针对企业发展转型中遇到的问题，与各公司负责人进行深入交流研讨，并提出了诸多解决方案。在组织共建联建、专业人才输入、优化生产工艺、技术改造与创新等方面进一步明确了合作方向。

在佰工钢铁，团队受到了卢龙县人民政府副县长以及县科技和工信局有关领导的接待，希望通过此次调研对接，进一步加快县校全面合作进程。在宏兴钢铁，参观了宏兴党建阵地——初心馆，详细了解了宏兴钢铁独具特色的非公企业党建工作之路，并就党组织联建工作进一步交换意见。

案例 9：与邢台有关县区开展校政企“智联建”融合对接

为进一步落实燕山大学机械工程学院党委“开门联合搞党建、融通共促谋发展、优势共享育人才”的建设思路，巩固扩大校政企“智联建”活动成果，2022 年 8 月，学院党委分批组织专家团队到河北省邢台地区开展考察交流。

在邢台临西县，先后到中伟卓特液压、宏达隆业轴承、中达轴承、诚为轴承制造等企业进行实地考察，了解企业生产经营情况，并参加了企业家座谈会，就企业技术需求和问题进行深入交流研讨。

在清河县，到中航上大参观考察，并与企业负责人进行了座谈交流，了解企业生产情况、需要解决的技术问题等，进一步扩大了合作范围。

在盐山县，到宏润核装备科技股份有限公司、汇中管道装备有限公司、沧海核装备管道部件产业技术研究院等进行深入考察，参观并详细了解企业的生产设备、生产工艺、产品情况等，并与企业有关负责人进行座谈交流，了解企业在技术改革创新、新产品开发、人员教育培训等方面的需求，进一步夯实了双方的合作基础，增强了合作意愿，征集了部分意向合作的课题。

在邢台任泽区，先后到任泽区邢湾镇的华电数控设备、冀工机械、大华宇机械、天做鼎成机械、华岳机械、龙泉剑钉业、双星机械、华密新材等多家企业实地考察，调研机械制造产业集群，现场对接技术需求。同时，参加任泽区组织召开的科技赋能特色产业集群“领跑者”企业培育研讨会。考察团了解了任泽区机械制造产业集群发展情况，汇报了机械工程学院师资队伍、教学科研等发展情况，教师代表介绍了团队科研方向和研究成果等，现场与企业代表围绕技术需求进行了深入交流研讨。此行教师被聘为邢台市任泽区人民政府决策咨询顾问团高级顾问、“任泽智库”高级专家、邢台市任泽区招才引智大使。

期间，考察团一行到坐落于临西县的吕玉兰纪念馆参观，学习全国著名劳模吕玉兰的先进事迹，并开展了重温入党誓词活动。此外，参观了中航上大企业的党员活动馆，将企业调研交流与接受红色教育有机融合。

燕山大学机械工程学院党委与邢台有关县区政府建立了紧密联系，并征集了诸多企业的技术需求，双方在人才培养、科技攻关、项目合作等多方面达成合作意向，为校政企深度融合对接奠定了坚实基础，进一步扩大了学院“智联建”覆盖区域和辐射范围。此后，燕山大学机械工程学院基层党组织促进建成燕山大学（临西）轴承产业创新研究院和华北轴承智能制造产业孵化基地，以及成立盐山县管道装备制造特色产业科技特派服务团，形成专门技术团队服务邢台有关县区制造业发展。

邢台市临西县、盐山县、任泽区等地的特色制造产业与燕山大学机械工程学院的学科优势十分契合，双方合作空间巨大、前景广阔。燕山大学机械工程学院党委发挥党组织优势，积极搭建平台，充分发挥科技和人才优势，以科技创新为引领，加快科技成果转化，与政府和企业携手推动当地产业提档升级，提高产品科技含量和市场竞争力，打造更高水平的机械制造产业集群，让学校“科技之花”在河北大地上结出“产业之果”。

案例 10：与中航工业南京伺服控制系统有限公司党支部联建

2023 年 6 月 7 日，机械工程学院机电控制工程系党支部与中航工业南京伺服控制系统有限公司（以下简称中航伺服）党支部举办校企“智联建”交流会。

两个党支部在科学研究、技术研发等方面有很多契合点和合作机会，希望以“智联建”为契机，搭建交流学习、优势互补、共研发展的桥梁，大力促进党建与业务工作有机融合、互促相长，推动校企合作取得更大成果。

随后，机电控制工程系党支部有关负责人详细介绍了党支部党建工作开展情况以及机电控制系学科建设、科研工作等情况。中航伺服有关负责人介绍党建工作开展情况、生产现状、科技难题、技术需求以及近年来与国内科研院所合作情况。双方围绕党支部共建联建、专业人才培养、优化生产工艺、企业发展转型中遇到的问题等方面进行了深入交流研讨，并提出了诸多合作途径。

此次校企双方党支部以“党建引领聚合力，联建融合促发展”为联建主旨，是开展共同学习习近平新时代中国特色社会主义思想、推进党建工作与业务工作深度融合的一次尝试。双方都表示，今后将保持紧密联系和沟通，通过党支部共建，推进项目共研、研究生联合培养等，确保联建有收获、见实效。

案例 11：与中信戴卡股份有限公司党支部联建

2022 年 6 月 29 日，燕山大学机械工程学院机关党支部与中信戴卡股份有限公司工程院第二党支部开展“党支部联建”活动。

双方党员代表来到燕山大学组织生活馆开展沉浸式学习。在宣誓厅内，全体人员庄严举起右拳，重温入党誓词。随后，大家共同参观了“红色历程厅”“精神谱画厅”“风纪镜鉴厅”“英模礼赞厅”四个展厅，共同回顾我党的百年奋斗历史与伟大成就。

随后，中信戴卡股份有限公司工程院第二党支部党员来到国防重点学科实验室和机械工学部“双带头人”教师党支部书记工作室参观。在“双带头人”教师党支部书记工作室，大家了解了基层党支部“双带头人”工作室建设情况。同时，双方进行了深入交流，并就如何开展今后联建活动达成了诸多一致意见。双方均表示在党员互学共学、实地考察参观、校企技术交流等领域开展更加紧密与深入的合作。

2023 年 6 月 20 日，机械工程学院机械设计系党支部与中信戴卡股份有限公司工程总院的第二和第四党支部举办校企“智联建”启动仪式和首次交流会。

校企双方进行了以党建为引领的专业领域内的技术交流和意向合作，体现了新时期中信戴卡拼搏创新和锐意进取的奋斗精神以及机械工程学院科研工作者深耕科研与服务社会的精神和责任。

会议邀请燕山大学马克思主义学院教师讲了以“以科技自立自强实现科教兴国”为主题的党课，随后大家一起学习了习近平总书记的重要论述。企业人员作了题为“全周期仿真技术的应用和发展—汽车底盘零部件单品海量开发模式下的思考”的讲座。随后，双方在产品设计、制造和市场推广等方面进行合作交流。

最后，双方共同来到燕山大学党员组织生活馆进行了入党宣誓和参观学习。

案例 12：与航空工业新航人力资源部党支部联建

2023 年 4 月 14 日，燕山大学机械工程学院机关党支部与航空工业新航人力资源部党支部签订联建协议。

双方表示，将通过党支部结对共建，发挥党支部战斗堡垒作用，激发党员的先锋模范作用，切实增强基层党组织的创造力、凝聚力和战斗力。通过活动开展，改进组织生活，丰富活动内容，增强活动实效，努力形成优势互补、资源共享、共同发展、相互融合的党建工作新局面，促进党建工作、人才培养、前沿和基础科学研究等方面的融合，共同促进现代化建设人才成长，实现党建、业务共谋共赢的目标。

两支部以“党建引领、业务互助、优势互补”为原则，实施共建内容。一是互学互促、提升水平。以提高基层党组织活力为重点，交流党建工作及团队能力提升经验，不断提升党建工作水平及高度，开创双方党建工作新格局。二是引领业务、共谋共赢。本着合作共赢的共同理念，重点做好校企产学研合作、搭建人才培养和交流平台，形成良好的战略合作关系。三是夯实基础、形成机制。不断完善双方合作机制，形成共建工作推动保障制度，建立工作对接及信息共享机制。

案例 13：联建支部举行联合党课活动及合作交流

2023 年 6 月 28 日，燕山大学机械工程学院机械制造及其自动化系党支部与联建支部航空工业保定向阳航空精密机械有限公司职能第二党支部、秦皇岛齐二机床有限责任公司党支部举行联合党课活动，活动以线下线上相结合形式进行。

会议邀请燕山大学马克思主义学院教授讲了主题为“深刻领悟‘两个确立’的决定性意义”的党课，与会人员就党建活动中遇到的实际问题与主讲教授进行了交流。活动最后，机械制造及其自动化系与联建单位就开展联合指导本科生课程设计、毕业设计、研究生实践的具体形式进行了讨论研究，并确定合作形式基本框架。

联建方以本次联合党课为契机，形成常态化共同学习的新机制，在充分发挥党组织引领作用的基础上，积极推动“资源共享、优势互补、协同发展”，实现在技术研究、成果转化、人才培养等方面的共同发展。

近年来，燕山大学机械工程学院基层党组织坚持“开门联合搞党建、融通共促谋发展、优势共享育人才”的建设思路，持续推动校企“智联建”向纵深发展，充分发挥政治引领和保障作用，促进高校服务社会职能，不断提升燕山大学机械工程学科的影响力。

参考资料 1：多维交叉融合 携手创新发展——企校“组织联建 共促党建”活动方案

（一）活动背景

研究所和高校在科技成果转化和产学研协同创新方面承担着重要使命。研究所在研发过程中遇到的“卡脖子”问题需要寻求智力支持，高校在新工科建设、思政教育、双创教育等方面需要企业支撑。

（二）共建主体

（1）中共中国电子科技集团公司第五十四研究所天线伺服专业部党总支第二党支部（简称中国电科 54 所天伺部二支部）

（2）中共燕山大学机械工程学院机械电子工程系支部委员会（简称燕大机电系党支部）

（3）中共燕山大学机械工程学院机械电子工程系研究生支部委员会（简称燕大机电研究生党支部）

（三）活动目标

实行“开门抓党建”，以加强党建为引领，打造校企联动、资源共享、优势互补、共谋发展的党建工作新格局。通过共建，搭建起研究所、高校交流的新平台，促进中国电科 54 所天伺部二支部科研工程经验与燕大机电系党支部、燕大机电研究生党支部科研学术相结合，推动天线技术发展，促进双方在“卡脖子”技术交流、思政教育、新工科人才培养、联合双创基地等方面有更好合作。

（四）活动内容（以一年为活动周期）

1. 组织联建

双方举办“组织联建共建、共促党建”启动会。各党支部书记介绍研究所 / 学校系部及支部基本情况。分享疫情防控期间自己或身边的典型事迹，感受党员力量，学习习近平总书记最新讲话精神。明确党支部联建共建计划。

2. 党员联学

共建期定期召开“讲党课，办讲坛”，双方同上云党课。举办“党员讲坛”，邀请优秀党务工作者分享党建心得、业务达人分享业务成果、优秀研究生代表分享科研心得等。

3. 活动联办

线上线下结合，联合举办机电系机创赛之“稳定平台”。中国电科 54 所天伺部二支部提供有关天线、转台等与业务相关的比赛主题，中国电科 54 所天伺部二支部、燕大机电系支部共同制订比赛规则。燕大机电研究生在二支部技术人员、燕大机电系支部教师联合指导下进行相关创新设计。双方共同对燕大机电研究生的设计进行线上线下展演和评选。

4. 发展共谋

共建期定期召开“教学 - 科研 - 工程融合，共谋合作发展”讨论。燕大机电系介绍新工科人才培养模式、思政教育以及双创情况。中国电科 54 所天伺部二支部介绍天线、转台等技术发展情况及“卡脖子”技术需求。燕大机电系介绍系部教师科研成果。两支部研究在“卡脖子”技术交流、思政教育、新工科人才培养、联合双创基地等业务方面寻求合作契机。

5. 建立定期联系制度

双方明确分管领导，牵头协调党建共建工作开展，并设立共建联络员，保持联系；双方秉承共同发展的理念，加强双方之间的沟通与交流，每年召开不少于一次的联合会议，共商共建工作目标和任务，交流共建中的经验，解决共建中发现的问题和困难，及时传递工作信息，反馈工作情况，进一步增进了解、明确方向，促进共建活动不断健康开展。

参考资料 2：党支部联建协议书

甲方（基层党组织名称）：

乙方（基层党组织名称）：

为深入贯彻落实新时代党的建设总要求，进一步创新党建工作载体，增强党支部工作活力，推进党支部建设标准化进程，全面开展基层党组织结对共建活动，着力构建基层党建工作新格局。经甲、乙双方协商，签订如下协议。

基层党组织结对共建活动坚持围绕中心、服务大局、统筹兼顾、整体推进的原则，通过活动开展，改进组织生活、丰富活动内容、增强活动实效，不断提高基层党组织的创造力、凝聚力和战斗力，努力形成互带互动、优势互补、资源共享、共同发展的基层党建工作新格局。

结对共建活动形式和内容：

（1）共筑组织基础。拓展和完善基层党组织功能，充分发挥结对双方党组织的自身优势，定期交流党建工作经验，共享党建工作信息，加强基层组织建设，提高党建工作水平。

（2）共促队伍建设。搭建党员相互交流、学习促进平台，形成支部之间的上下联动和党员之间的良性互动，全面提升支部党员整体素质，最大化发挥党员的先锋模范作用。

（3）共用党建载体。甲、乙双方要利用本支部的党建资源，定期共同开展党建活动。

（4）共办实事难事。在思想、教育、技术、生活等方面相互支持和帮助，有效解决发展过程中的实际困难；对群众普遍急切关心而自身无法解决的热点、难点问题，共同研究，增强帮扶实效。

（5）共谋双方发展。共建党支部相互帮助理清发展思路，作阶段发展规划，在政策和条件允许的范围内，为组织实施提供协作、支持和帮助，分享党建工作经验。

本协议中，如有未尽事宜，双方应及时沟通，研究补充，协商解决。

本协议有效时间暂定为一年，自 ×× 年 ×× 月 ×× 日至 ×× 年 ×× 月 ×× 日止，如需延长或续签协议，双方另行择日商定。

第六章　高校基层党组织育人工作品牌

高校基层党组织要强化党建引领、发挥党建育人引擎作用，把党建引领的思想优势、组织优势转化为立德树人、铸魂育人的内在动力，依托学科、专业特色培育打造党建育人工作品牌，担当起为党育人、为国育才使命，培养符合社会发展要求和学校目标的新时代人才。

燕山大学机械工程学院源于哈尔滨工业大学重型机械系，至今已有百年历史，自建校起便奔流着“为国而生”的红色血脉，肩负“为党育人，为国育才”的神圣使命。学院党组织紧密结合学科、专业历史沿革的优势和特色，践行学院“匠心为国铸重器”的初心和使命，传承红色基因，凝聚红色力量，培育红色科创，在党建引领下熔铸锻造重型机械新时代育人品牌。学院各级党组织在科研、教学、团学等育人工作中不断熔铸“红色基因”所包含的底色品格，通过培养和树立“红色力量”“红色科技”品牌活动，奋力践行“志·智”双升的育人目标。

第一节　“红色力量”品牌活动典型案例

“红色力量”品牌活动，是指传承熔铸燕山大学机械工程学院和学科、专业发展过程中的红色基因，弘扬以爱国主义为核心的创造、奋斗、团结和梦想精神，通过建立教育阵地和举办教育活动，培养学生的工匠精神和奋斗基因，汇聚新时代推动学院、学科和专业发展的红色力量，擦亮师生学习工作的底色品格。

案例1：彩虹训练营

彩虹训练营是在燕山大学机械工程学院党委的指导下，于2020年创新组织的以体验军营生活、锻造军人品格、涵养军旅文化为特色的品牌活动，是在学生思想政治教育、学风建设、人才培养上的又一次全新的探索和实践。聘请退伍学生担任教官、学生自愿报名参与活动，在训练营期间集中住宿、统一着装、规律作息、严格管理，用思想引领学生、用规矩约束学生，实现“学困生”精准帮扶的同时打造校园内军旅文化的一抹亮色。活动让“传承奋斗基因、发扬工匠精神、追求卓越品质、熔铸家国情怀”的精神品格深植学生心中，同时通过润物无声的军旅文化宣传引导学生锻造军人品格，培养良好精神风貌。

（1）准军事化管理 锻造品格展风采

改善“学困生”生活、学习状态是解决学业问题的根本，彩虹训练营通过准军事化管理，实现对学生日常生活、学习的监督，引导和帮助他们形成科学的生活作息、养成良好的学习习惯、加强自律能力。

①准军事化管理中较为核心的一环是思想引领，根据活动举办的不同时间和热点问题，对学生进行爱国主义教育，同时通过各项特色活动、学校学院的人文关怀等方式对学生进行有效的爱校荣校教育。

②形成科学可行的作息时间表，合理安排学习、休息时间，尽量避免由于天气过于炎热寒冷、与正常教学安排冲突等现实困难导致不能参与训练营日常安排的情况，强化执行效果。

③建立规章制度，加强日常管理。制定《彩虹训练营营规》等制度，解决着装不统一、请销假落实不理想、手机使用规则不明确等问题；制定《彩虹训练营奖惩办法》，通过有效的奖惩措施规范营员行为，加强集体荣誉感。

④加强体能训练。除跑操、队列训练等基础训练外，设计形式更加丰富的体能训练，如素质拓展、对抗竞赛等，保证体能训练强度和效果。

（2）精准学业帮扶 问题导向见实效

优秀生的经验是趋同的，“学困生”的问题是独特的。因此，以问题导向为前提，实施精准帮扶举措。实现对“学困生”的精准帮扶是彩虹训练营创办的初衷，基于问题导向解决学生的学习困难，养成良好学习习惯是训练营的重点工作。

①提供固定自习地点，便于工作开展，固定自习室全天安排教官值班，严格执行请销假制度，通过短期的习惯强化，帮助学困生养成良好的上课、自习习惯，改善学习情况。

②定期安排“优学库”学霸志愿者进行讲解和答疑，有针对性地解决学生学业上的现实困难；营员训练期间，为每个宿舍配备一名成绩较好的学生，在日常学习生活中起到带动和帮扶作用。

③形成营员学业档案，自加入训练营起动态关注学生成绩，对比分析参加训练营前、训练营中及训练营之后的成绩变化，保证学业帮扶效果。

④根据不同学生的困难和需求尝试实行个性化管理和帮扶，如将学业问题相似、学习习惯相似的同学安排同寝室住宿；通过调查问卷充分了解学生需求，一生一策进行教育管理，严格管理和人文关怀双管齐下。

（3）宣传军旅精神 润物无声待花开

彩虹训练营聘请退伍学生士兵担任教官，采取准军事化管理，将训练营打造成为军旅文化标志性活动，充分利用彩虹训练营这个宣传载体，传播军旅文化，在辅助征兵工作的同时实现对学生的爱国主义教育。

①要求教官、营员参训期间着全套作训服，保持仪容仪表；列队活动时保持良好的精神风貌，行动干脆、口号响亮；在食堂、教室等地点时刻展现军人风采，成为学校里的亮丽风景，对其他学生产生潜移默化的教育影响。

②通过准军事化管理为学生创造感受军营生活的机会，此外组织具有鲜明军旅特色的拓展活动，如军事讲解、模拟枪支训练、急救知识学习等让营员感受军营魅力。

③搭建立体宣传平台，加强对彩虹训练营的多角度、全过程宣传。除在QQ、微信、学院网站等线上平台进行文字、视频宣传外，引导每位教官和营员成为彩虹训练营的代言人，讲述自己与训练营的故事，在学生当中产生广泛影响。

④开展“写在彩虹上”活动，让同学们留下对彩虹训练营的感悟、期待、

愿望或承诺；参与彩虹训练营同学的寄语会以电子版留存写入彩虹训练营纪念册中。通过这种方式不仅可以留存记忆、分享感悟、弘扬精神，更能将彩虹训练营打造成为具有军旅特色的文化符号。

彩虹训练营一般每学期组织 1 ～ 2 期，每期时长 1 个月左右。期间，训练营组织晨晚出操、队列训练、集体自习、考前答疑、文体对抗赛、枪械知识讲解、素质拓展等活动，邀请退伍大学生分享部队经历，并考虑增加真人 CS、定向越野等活动。学院基层党组织负责人参与训练营活动，参观营员训练、走访查看宿舍，并在这期间为营员讲党课等。

案例 2：国防科技节

建立国防军工科技爱国主义教育阵地。极端条件下机械结构和材料科学国防重点学科实验室隶属于国防科工局，是燕山大学唯一的国防实验室，集中了燕山大学特别是机械工程学院国防军工科研精英，在航空航天、舰船、深海等领域产生了一批具有独立自主知识产权的科研成果，为国家培养了一批国防科技人才，形成了一系列具有国际先进、国内领先的科研技术平台，为满足我国国防军工高新技术发展和部队装备现代化作出了重要贡献。作为河北省高校在国防军工领域的领军者，实验室利用自身及学科典型装备模型、科研成果等建设特色展室，建立国防军工科技爱国主义教育阵地，向社会大众展示和宣传实验室的发展特色，开辟高校内爱国主义教育基地的建设新思路。

收集凝练国防重点实验室科研成果（可公开内容），形成了展板和实物模型相呼应的特色展板、展台。梳理挖掘代表性成果背后的国防建设故事和案例，组织志愿者整理汇编形成案例文稿，向参观者介绍，用真实案例影响其他党员及师生。同时，向社会公众科普国防科技知识，对于公众了解实验室、宣传爱国情怀、激励青少年一代为国防现代化建设奋斗起到了重要作用。

国防军工科技爱国主义教育阵地建设凝聚实验室内部力量，在允许的区域广泛开展国防军工科技爱国教育系列活动——国防科技活动节，打造爱国主义教育基地的特色与亮点。国防科技活动节通过放映 2D 和 3D 视频、展板和视频等多种展示形式，向参观者展示我国国防发展和国防学科重点实验室的科研成果，激励中小学生、高校青年传承红色基因、投身国防建设，厚植爱国主义情怀，让爱国主义情怀激荡精神力量。

国防科技节每年举办一次，不仅燕山大学的师生参观，还吸引很多校外中小学生和民众，以此为媒介积极向公众传播科技知识，宣传科学思想，展示燕大机械人良好的精神风貌，宣传以红色国防为引领的爱国主义匠心精神。让公众学习国防军工知识、了解国家国防政策、增强国防观念、加强国防素养，同时，激励实验室师生更好服务国家科技和国防重大战略需求，推动创新发展提质增效。

案例 3：雷锋在行动

燕山大学机械工程学院拥有一支具有光荣传统的志愿服务组织——雷锋突击队，是隶属于学院团委的一支优秀青年志愿者组织，成立于 1989 年，下设实践四个组、秘书组、网宣组等多个职能部门。2001 年正式独立，成为一类学生组织，从性质单一的小型志愿队伍发展成大型正规青年志愿者组织，开展涵盖关爱新生、体育赛事、书籍借阅、身心健康、队内培养、中巴交流、爱护校园、编外志愿者以及突击志愿工作等系列活动。雷锋突击队不仅限于校内的众多大型活动中的志愿服务，每年都会承办或协办众多的大型社会、国际赛事志愿服务活动，如秦皇岛市国际马拉松大赛、徒步大会等。同时，长期承办秦皇岛市疾控中心的戒烟日、艾滋病日和结核病日的系列宣传活动。

自成立以来，雷锋突击队的足迹遍布校园的每个角落，服务广泛，做了大量的实事、好事，定期为残疾人子女进行义务家教，为他们送上宝贵的知识财富；经常去敬老院服务，为孤独的老人送去温暖；多次组织学生到贫困山区义务支教，为贫困山区小学生捐款捐物等。以雷锋突击队为基础，开展中巴友谊、关爱新生、义务家教、雷锋书架、关爱老人、珍爱生命、爱我燕园、网络文明等特色志愿服务活动，每年组织校内志愿服务活动数千人次、累计万余小时。

多年来，燕山大学机械工程学院雷锋突击队一直恪守“奉献无止境，青春无悔言”的队训，努力传承，不断改革，勇于创新，曾获第七届河北省教育系统优秀志愿服务组织、市优秀青年志愿者组织、市优秀志愿服务团队、校特殊事迹奖、校优秀青年志愿者团体等荣誉称号。

案例 4：风华机械人

燕山大学机械工程学院“风华机械人”——榜样人物评选系列活动，一般每学年组织一次，每次评选出“学习之星”“文笔之星”“科创之星”“志愿之星”“自强之星”“IT 之星”等，已经从学生活动逐渐发展为机械学院品牌学生文化活动并将持续完善，进而努力打造成具有燕大基因、机械特色的“王牌”优秀学生评选活动。

“风华机械人”——榜样人物系列评选活动，作为学院品牌文化活动，旨在挖掘新时代高校学子身边的榜样人物或榜样群体，利用学生与身边榜样间产生的共鸣，引领学院文化思潮，充分展示各类人才的良好风貌，以榜样示范的作用鼓励学生积极进取，促进全院人才队伍的发展和整体素质的提高，营造与时俱进、开拓创新的优良氛围。

“风华机械人”——榜样人物评选系列活动积极传递身边的青春正能量，为学生搭建展示自我的平台的同时能够通过榜样故事增强学生的生涯规划意识，为学生自身发展提供思路和建议，引导学生确立正确的价值观、人生观和世界观，提高学生思想道德水平。秉持“厚德 博学 求是”的校训，弘扬燕山大学“艰苦奋斗、严谨治学、求实创新”的精神，有利于开创优良的学风校风、浓厚的学术氛围、丰富大学生活和文化建设的新局面。

（一）基本思路

（1）明确目标，彰显育人功能。“风华机械人”——榜样人物评选系列活动紧紧围绕提升榜样教育实效性的目标。通过榜样示范效应和激励作用，帮助学生树立高尚正确的世界观、人生观、价值观，弘扬与时俱进、开拓创新、服务奉献精神，提高学生的思想道德水平和实践能力，树立正确的人生目标，培养全面发展的高素质人才。

（2）注重实效，增强榜样人物的吸引力。“风华机械人”——榜样人物评选系列活动通过多种形式充分发挥榜样人物的引领示范效应。尊重学生个体差异，评选符合新时代学生个性化需求的多样化榜样人物，提高榜样人物的代表性、真实性、时代性、针对性和可接受性。

（3）拓展渠道，实现教育手段的丰富性。“风华机械人”——榜样人物评选系列活动，以“评选”为核心，通过展板制作，传媒中心、新闻中心跟踪报道，“两微一端”推送等线上线下相结合的丰富宣传形式，配合多种大学生喜闻乐见的讲座、面对面交流、分享会、微视频录制等后续活动，使榜样人物的事迹以故事的形式在学生中口耳相传，最大程度地深化活动效果。

（4）科学规划，提高榜样教育的持续性。“风华机械人”——榜样人物评选系列活动始终坚持扣准时代脉搏、适应学生需要，活动方式做到动态化调整。此项学生文化品牌活动不断发展，为燕山大学机械工程学院学生营造良好文化氛围。

（二）主要内容

“风华机械人”的定义是：人物事件发生在最近两年，或者本人在大学期间有坚持不懈地完成一件能够体现“燕大精神”、并有助于激励广大机械学子的事。通过对先进个人的评选，与后续关于先进个人的座谈会、讲座、分享会、演讲等活动，引起广泛关注，推动广大机械学子进步、发展，力求书写“机械人的年度精神史诗”。

（1）榜样引领发展，践行“不忘初心、牢记使命”精神。通过寻找各类优秀人才，充分展示各类人才的良好风貌，大力弘扬优秀人才与时俱进、开拓创新、拼搏奉献的精神，以榜样示范作用，进一步形成有利于各类人才发展的环境，营造更加健康向上的氛围，促进人才队伍发展和整体素质提高。

（2）突出科技创新，强化学术型人才的培养力度。邀请在科研方面取得卓越成就的教师、学生参加经验交流会，帮助学生正视科研创新，理清科研思路，提高认识，转变观念，明确科研实质，讲究科研方法，培养科研能力。在学院内形成创新教育氛围，建设创新教育文化，全面提升学生的创新实践能力。

（3）搭建沟通桥梁，提供符合社会需求的前沿信息。在燕山大学百年校庆以及学院各类重要活动之际，联系往届“风华机械人”，搭建起学生与外界沟通交流的桥梁，邀请部分校友到校演讲，帮助同学们了解行业前沿信息，用优秀校友的事迹引导学生树立明确目标。

（4）关爱学生成长，朋辈教育解疑释惑。组织“学习”“科研”“社团”等不同方面的优秀“风华机械人”代表，以座谈会的形式，与大一新生进行面对面交流，就“时间利用”“大学规划”等话题为学生答疑解惑。

（5）参与离校教育，促进榜样力量传承。通过制作毕业生文化衫、毕业留念视频、“风华机械人”毕业生专刊等活动，让即将毕业的“风华机械人”在离校前感恩母校的栽培、诉说与母校的情感，同时展示自身在大学中所取得的成果，激励和引领更多的机械学子向他们学习，充分发挥榜样的示范引领作用。

（三）实施步骤

“风华机械人”——榜样人物评选系列活动每年春季开始，贯穿全年。春季学期在全院范围内举办动员大会，随后报名评选。然后进行对入围人物的宣传和后续交流，活动持续全年。

（1）“风华机械人”——榜样人物评选：“风华机械人”参赛方式采取推荐制与自荐制相结合，可以是所在年级、班级、社团由辅导员、班长、部门推荐优秀的“机械人”，也可以个人主动申报，以更丰富的渠道挖掘学生身边的优秀“机械人”。初审后进行复审，采取答辩形式，最后根据大众投票和答辩表现推选本次的“风华机械人”。

（2）“风华机械人”推广：线下制作风华机械人宣传册和宣传展板；线上通过机械工程学院学生会官方微信公众号、官方网站及QQ公众号等对“风华机械人”进行线上推广，使“机械人”精神贯穿学年始终、“机械人”精神深入人心。

（3）“风华机械人”系列活动：以讲座、座谈、演讲的形式在“科研创新”“志愿服务”“IT操作”“大学生活”和“对话社会”等方面给同学们以交流和激励，以榜样的力量引导同学们树立正确的大学目标，明确个人理想和自我价值的实现方式。

（4）“风华机械人”毕业生专刊：以制作“风华机械人”毕业留念视频和制作毕业生推送文案的方式，记录即将毕业的风华机械人所取得的成果，激励更多的机械学子向他们学习，营造更好的榜样风采传承氛围和学生自主奋进的学习氛围。

（5）“风华机械人”特邀论坛：将优秀教师和校友资源引入教育活动中，完成全方位、多层次互动。开阔学生视野，鼓励学生积极进取，争当优秀人才，这对营造良好的学术氛围、引领学生德智体美劳全面发展有极大的促进作用。

案例 5：机械青年说

为培养机械学子“我见我感，我思我言”的思辨精神与宣讲能力，发掘学生群体中具有代表性的“意见领袖”，展现新时代青年积极向上、乐观进取的昂扬姿态，弘扬主旋律，传递正能量，打造富有机械特色的文化活动品牌，推出“机械青年说”宣讲比赛，一般每年举办一次。

“机械青年说”宣讲内容紧扣学习贯彻党的时代精神以及党史精神等主题，要能够表达出当代大学生与党同心、与党同行的昂扬姿态，内容充实，实例动人，特色鲜明，具有较强的思想性、启发性、感染性，推动机械学子走上宣讲台，弘扬中国特色社会主义先进文化、传播积极向上思想，发出青年学子的时代最强音。

学院鼓励机械学子要踊跃参加展示活动，善于观察社会热点，勤于领悟时代精神，将学习到的文化知识与精神力量运用到实践之中，做知行合一的践行者。在理论宣讲中，既要有逻辑的体现，又要有真情实感的表达，对事物的思考既应上升高度又要联系实际，切不可被互联网上为博人眼球的片面评论带偏。

“机械青年说”宣讲比赛不仅推动机械学子走上宣讲台，用掷地有声的语言与真挚饱满的情感浸润、熏陶、感染身边人，弘扬主旋律，传递正能量；同时也激发了青年学子对“四史”、时事与责任的思考与讨论，激发其立大志、明大德、成大才、担大任的内驱动力。

在此基础上，组织成立理论宣讲实践团队——“山海宣讲团”，前往高校、社区、乡村等多地宣讲，采用线上线下相结合的方式，将党的二十大精神、习近平新时代中国特色社会主义思想等融入日常生活场景，把深道理讲

"浅"，让抽象的精神"落地"。

山海宣讲团积极打造"双线融合 协同联动"的宣讲新模式，录制多场井冈山精神微党课、拍摄定格动画视频和排演《井冈山上的一枚印章》红色情景剧；面向青海德令哈市柴达木路小学和四川凉山布拖县布拖中学的学生开展云宣讲；先后前往秦皇岛市河间里和红旗里社区、海港区邢庄村、青龙满族自治县花厂峪村等社区、乡村开展学习贯彻习近平新时代中国特色社会主义思想主题教育宣讲活动，带领当地群众学习把握习近平新时代中国特色社会主义思想主题教育基本内涵，同时深入调研和挖掘当地英雄事迹、制作红色文化绘本，并参与乡村直播带货活动。

山海宣讲团行走在学校与乡村之间，多角度、多渠道、多载体地讲述党的精神谱系，用通俗易懂的语言、活泼灵动的表现、群众乐见的形式将中国共产党的重要理论和精神说明白、讲透彻、广传唱，受众千余人，展现了燕大青年在踔厉奋发、砥砺前行中的绚丽风采。

第二节　"红色科技"品牌活动典型案例

"红色科技"品牌活动，是指把党建引领融入科技创新过程，引领师生践行学科和专业使命，充分利用专业知识，面向科技前沿、面向经济主战场、面向国家重大需求、面向人民生命健康，开展系列科技志愿服务活动，服务社会发展。

案例 1：红色助农

（1）组建科技志愿服务队。充分发挥燕山大学机械工程专业学科的优势特长，学院党委组织成立科技志愿服务队，专门面向燕山大学对口的承德市围场县银窝沟乡银里村开展技术支持志愿服务。比如，为银里村村民研发电加热蘑菇烘干机，解决燃煤型烘干蘑菇的污染和品相差问题。不仅使当地村民学会电加热烘干机的加工制造方法，也使其掌握了电加热烘干设备的操作、控制、使用等方面相关技术，对于提高当地村民自主维护、维修设备的知识和能力起到了巨大作用，增加了农户的收入，同时也提升了他们的自信心。服务队研发的蘑菇烘干机成果获批 2 项国家专利，注册三大类银里村商标，30 种小商标，真正实现了产学研的良性互动。服务队获河北省李保国志愿服务队，并于 2019 年派代表参加第五届河北省“互联网 +”大学生创新创业大赛，获得金奖和精准扶贫奖 2 项荣誉。同年，获第五届中国“互联网 +”大学生创新创业大赛全国总决赛“青年红色筑梦之旅”赛道铜奖，并得到国家领导人的接见。

（2）成立党建赋兴实践团。实践团队由燕山大学机械工程学院全国样板党支部和河北省李保国志愿服务队核心成员组成，相继在红色景点和村庄开展“党建 + 乡村振兴”社会实践活动。比如，2022 年 8 月，实践团以“红色传承 科技助农”为主题，到井冈山开展社会实践。实践过程中，团队成员共同体验红军足迹感受艰辛岁月，深入革命老区参观旧貌新颜，调研产业现状共话发展方向，深入学习井冈山市在脱贫攻坚中展现的奋斗精神，坚定报国兴业志趣，立志发挥专业特长助力革命老区乡村振兴发展。在对井冈山市茅坪镇神山村、茅坪村和马源村农业产业发展和科技需求展开实地调研过程中，针对黄桃生果滞销，急需烘干、削皮设备对产品深加工的突出问题，谋求在科技支持、品牌化设计等领域展开深入合作，助力茅坪村完善产业结构体系，为革命老区基层建设贡献燕大的科技与智慧。

案例 2：科创助残

策划举办“奇思妙想”创新创意大赛，与海港区肢残协会等深度研讨，确定“残障人士健身康养器材创新设计”的主题，旨在帮助残障人士群体恢复身体健康，并能积极引导学生的创新热情和创造激情，突出“自主创新”和“原始创新”理念。

围绕辅助站立、下肢康复训练、心肺功能训练三个主题共征集作品数百件，海港区肢残协会、上海灵钥公司和校内专家共同组成导师团队全程跟踪指导，评选出“智能康复抗阻训练椅”、音乐交互式主动心肺功能锻炼装置、电骨骼辅助行走器、辅助站立一体鞋裤—充气助力“大白”等百余件有较好市场价值的作品。

此类科创竞赛，不仅提升了学生的综合实践能力和创新能力，为创新与创业教育培养模式的改革和高质量发展提供了新引擎，也搭建了学校、企业与残障人士沟通的平台，使大学生学以致用，以争取更多的社会力量参与残疾人公益事业，营造全社会理解、尊重、关心、帮助残疾人的浓厚氛围。

案例 3：志愿科普

（1）实验室开放。每年组织举办 1 次以“家国重器 • 魅力机械”为主题的实验室开放科普日活动，开放场馆涵盖机械工程学科的多个国家级和省部级科研、教学和科普示范平台。面向校内外师生和社会人员进行专业知识、工程装备等的科学普及，体验“智能制造”“工程美学”。据不完全统计，每次接待参观者近万人次。

科普日活动期间，由机械工程学院部分教师、研究生和本科生组成的科普志愿服务队活跃在各个场馆，他们用心设计、精心布置、耐心讲解，让每一位参观者都能近距离感受重型机械装备、智能实验设备、科学测试仪器等，领略机械工程领域的独特魅力。各实验室内的宣传展板，图文并茂地展示燕山大学多年来参与的国家重大战略项目，体现燕大机械人为国为民的家国情怀；讲解人员结合展板，以重型液压机、航母舰艇、大飞机、天眼、卫星、高铁等一系列耳熟能详的“家国重器”为载体，向参观者普及相关科学常识。活动还得到博世力士乐、北京华德、海天集团、唐山开元集团、秦皇岛大鸟无人机有限公司、秦皇岛九零一五科技有限公司等企业的支持，部分企业展出了自主研发的创新产品，并邀请参观者们进行了亲身体验。

2017 年以来，燕山大学机械工程学院每年都举办面向全社会的科普日活动，为社会各界提供了一个走进科学、走进高校、了解燕大的窗口。目前，学院已拥有“河北省机器人与智能装备科普示范基地”“河北省国防科技科普示范基地”“河北省液压与气动技术科普示范基地”3 个河北省科普示范基地。

（2）科普进校园。积极开展科普进校园活动，比如 2024 年 5 月，师生赴唐山滦州市九百户镇赵庄子小学开展“雏燕第一课”科普活动。此次科普活动共设置“奇妙的3D打印”和“有趣的折纸机器人”两个课堂。在“奇妙的3D打印”科普宣讲课堂中，不仅为学生们带来了提前制作的3D打印玩具，还现场为孩子们演示3D打印实验过程，用生动的科学小故事讲述3D打印借助小材料创造大梦想的工作原理，让学生们对这项前沿技术有了更深入的了解。在“有趣的折纸机器人”科普实践课堂中，向大家展示了形状各异、妙趣横生的折纸机器人，并带领同学们完成梦幻蝴蝶的折纸作品。通过折纸，学生们不仅学会了如何制作美丽的纸艺作品，还在过程中理解了几何学的基本原理。充分发挥了高校教育资源优势，是一次为祖国未来播好种子、育好苗子的生动实践。学院选派的授课老师用“童言童语”为同学们打开了探索科学世界的大门。

（3）机器人展演。燕山大学机械工程学院利用专业特色和优势，成立“RoboMaster机器人”俱乐部。在校内外展示机器人相关科研成果，主要包括英雄机器人、工程机器人、步兵机器人等；进行基于视觉的机器人自动瞄准射击表演和“RoboMaster机器人”对抗赛等，在展演过程中也积极解答参观者的疑问。除了作品展示和表演，还播放燕山大学机器人创新团队的纪录片，更好展示燕园机械青年的精神与风采。活动过程中，参加者近距离与机器人接触，充满了趣味性与观赏性。通过活动的举办，广大师生更加了解科技的魅力，增强了学生的实践创新能力，提升了学院机器人创新技术的影响力，让创新精神广泛传承。同时，活动也充分展现了学院服务职工、服务社会的功能。

案例4：党建论坛

积极推动党建研究交流，引领带动学科学术发展。比如，2024年4月21日，燕山大学机械工程学院举办“高质量党建引领摩擦学高质量发展”党支部交流会。中国机械工程学会摩擦学分会、中国科学院兰州化学物理研究所有关人员，以及来自清华大学、西北工业大学等13所高校的党支部书记和教师代表出席会议。会议旨在强化党建对摩擦学领域发展的引领作用，落实立德树人根本任务，探索高校、研究院所摩擦学党支部建设新举措，集聚力量联合攻关关键核心技术，切实提升党支部的政治力、组织力、服务力、凝聚力和战斗力。

会上，“强思想政治引领，促党建业务融合”的主题报告介绍了中国机械工程学会以“机械科普行”“对话大国工匠”和“科学家精神基地”等党建品牌活动为载体，开展党建强会活动，形成了党建与业务深度融合、示范引领扩大党组织影响力的良好局面。报告就统筹谋划学会党建、优化实施党建强会现实路径等提出富有实效的举措，并指出交流会议的召开对提升摩擦学领域党支部党建工作水平、促进科技创新发展具有积极推动意义。

清华大学机械工程系摩擦学所党支部副书记在经验分享中，介绍了党支部在强化支部规范化建设、抓好理论武装基础上，利用技术优势在北京冬奥会多个项目上助力我国健儿争金夺银，完成国家重大项目攻关、高水平人才培养，并面向国家重大发展战略的发展需求，通过与多家单位支部共建，筹办“‘一带一路’摩擦学合作论坛”等，助推科技成果快速产业化。

中国科学院兰化所固体润滑国家重点实验室第三党支部书记介绍了该党支部在学习习近平新时代中国特色社会主义思想等方面的经验，分享了党支部在提升支委素质能力、党组织战斗力等方面开展的特色工作。着重介绍了如何瞄准国家及社会摩擦领域重大需求，在科学研究中加强党建引领作用，发挥党员先锋模范作用方面的做法和思考，让党旗在科研一线高高飘扬。

西南交通大学机械工程学院摩擦学党支部介绍了其“三三”矩阵式建设体系和“一建二融三孵化”的党建体系，通过党建与科研业务的深度融合，对标对表建设思路，带动团队合作，支部挑大梁、党员齐动员，全面提升党支部建设成效，构建了充满关爱、尊重与互助的基层党组织，并以维纳制造和纳米摩擦学技术优势，孵化出一批重点科研项目和优秀人才，服务国家原子级制造发展战略。

燕山大学机械工程学院机械工学部党支部介绍了支部面向科技强国建设的创新人才需求，面向国防和军队现代化的重大需求，推进“四引领四贯穿”筑牢服务国防军工堡垒党建工作模式，发挥“双带头人”教师党支部书记引领作用，以新型材料研发、极端工况摩擦学等为基础攻关航空自润滑运动副关键共性技术，以“工学讲堂”“校地校企智联建”品牌活动提升立德树人本领、践行科研报国理念。

北京工业大学机械制造及其自动化教师党支部、北京理工大学机械与车辆学院机电科学基础部党支部、中国矿业大学（北京）机械与电气工程学院教工机械系党支部等9个党支部的支部书记或党员代表分别分享了各自党支部特色工作，就提高党员参与支部活动热情、加深党建与业务深度融合、创新党建工作形式等方面进行了深入探讨，为同类院校、研究所等基层党组织党建工作提供了可借鉴、可操作的工作方案。

为提升党建工作水平，加强学术交流、促进科研合作、提升党员业务能力和水平，共同推动摩擦学科的发展，参加活动的13个党支部现场签订了党建共建协议。

会议强调基层党组织要让党建力量真正“沉下去”，扎实推进每一次学习、每一项活动，一项一项抓提升，一件一件抓整改，实现基层党组织组织能力大提升，进而使基层党组织面貌实现大改观。会议指出党支部交流和共建活动应持续推进，并创新形式增强交流效果，助力锻造摩擦学领域科创新引擎，激活新质生产力，为中国式现代化提供新动能。

案例5：燕鸣讲堂

燕山大学机械工程学院为活跃学术气氛，增强学术交流，开拓学术视野，洞察学科前沿，培养师生的科学精神和创新能力，提高师生学术素养，创办“燕鸣大讲堂”品牌活动，包含“燕鸣论坛”“燕鸣对话”“燕鸣学堂”三个板块。三个板块分别从传递科研力量、讲述精彩人生、传播科研方法三个方面，为师生的科研道路指明方向，点亮明灯。

1. 燕鸣论坛——传递科研力量　追求卓越品质

科学以探究真理、发现新知为使命。“善学者尽其理，善行者究其难。”燕鸣论坛旨在拓宽师生眼界、培养科学思维、引发思想碰撞、传递科研力量，通过学术论坛的方式，引发学术争鸣，激发学科发展新方向，汇聚学科发展力量，根基学科科学底蕴，形成浓郁科研氛围。

主讲人：各个学科建设团队青年学者

形式：线下或线上直播

时间：每周一次

2. 燕鸣对话——讲述精彩人生 培植奋斗基因

回顾燕山大学机械工程学院从北国雪原到渤海之滨筚路蓝缕、波澜壮阔的办学历程，几代东重人、燕大人，数九战严寒，挥锹建校舍，才有了今天的燕园。邀请那些为燕大机械鞠躬尽瘁的教师、同学，听他们讲述他们与燕大一起成长的故事、他们的科研人生、他们的生活智慧。

主讲人：校内专家或杰出校友

形式：线下、线上同步进行

时间：每月一次

3. 燕鸣学堂——传播科研方法 塑造精彩研生

学术领航青春，经验引领方向。在面对面交流中寻找方向，在心与心沟通中找寻答案。学院邀请优秀教师和研究生，通过讲述其科学研究经验、第一篇小论文诞生记、情感和就业经历等，为同学们研究生生涯指点迷津，成就精彩。

主讲人：教师、优秀研究生

形式：线下或线上直播

时间：每月一次

第七章　高校基层党组织育人创新实践

党的十八大以来，党中央坚持和加强党对高校工作的全面领导，高度重视高校党建引领作用发挥。党的二十大报告指出要增强党组织政治功能和组织功能，坚持大抓基层的鲜明导向，以基层党建引领基层治理，把基层党组织建设成为有效实现党的领导的坚强战斗堡垒。对高校来说，党建与中心工作紧密结合、深度融合是决定党建质量的重点难点堵点，这一问题的解决直接关系到高校教育事业发展和人才培养质量。发挥党建对高等教育教学改革发展的引领作用是加强党对教育事业领导的重要内容，是新的时代背景下实现高等教育内涵式高质量发展和推动我国教育强国建设的必然要求。一直以来，高校党建在引领人才培养过程中主要发挥思想政治教育作用，在推动教育教学改革的具体举措方面融合度不够，高校基层党组织要不断进行实践探索，把党的组织优势转化为育人优势、党建活力转化为育人动力、党建成效转化为育人实效，丰富高校组织育人工作成果。

第一节　组织育人视角下高校教育教学改革探索与实践

实现教育强国和新时代高等教育高质量发展，要求高校基层党组织要最大限度地发挥党组织的政治优势和组织优势，并充分转化为高等教育的发展优势。高校基层党组织育人要精准把握时代新人的培养目标和要求，坚持系统性和科学性，充分发挥领导力和组织力，在教育教学工作中找准发力点，切实产生工作成效。

一、高校基层党组织育人的时代要求

党的二十大报告强调“加快建设教育强国”，并提出到2035年“建成教育强国”的目标。[①] 习近平总书记强调：“我们要建设的教育强国，是中国特色社会主义教育强国，必须以坚持党对教育事业的全面领导为根本保证，以立德树人为根本任务，以为党育人、为国育才为根本目标，以服务中华民族伟大复兴为重要使命，以教育理念、体系、制度、内容、方法、治理现代化为基本路径，以支撑引领中国式现代化为核心功能，最终是办好人民满意的教育。”[②] 发挥高校基层党组织的育人作用是加强党对教育事业领导的重要内容，是新的时代背景下实现高等教育内涵式高质量发展和推动我国教育强国建设的必然要求。

（一）高校基层党组织育人的内驱要求

高校基层党组织建设在新时代组织育人工作中发挥着至关重要的作用，推进新时代组织育人工作，核心在于充分发挥党委领导核心作用、院（系）党组织政治核心作用和基层党支部战斗堡垒作用[③]。因此，加强高校基层党组织自身建设是提升党组织育人功能的内驱动力和先决条件。一是强化政治引领。高校基层党组织要发挥好育人功能和优势，要把政治功能放在首位，把对本单位教育教学改革、人才培养、内部治理等发展方向的政治引领作为首要任务，培养方向准确、立场坚定的新时代合格人才。二是突出思想引领。思想政治工作是人才培养的关键，是高校工作的“生命线”，抓实筑牢高校基层党组织育人工作，实现立德树人根本任务，要不断突出思想引领。一方面，在新时代加强新媒体和信息化手段的运用，强化思政实效。另一方面，以思政课程和课程思政双融双促为抓手，重点强化发挥好各类课程的思想教育功能。三是坚持价值引领。担负起核心价值引导和文化传承创新的职能，注重发挥社会主义核心价值观、创新精神、创新文化以及高校自身文化凝练和培

① 加快建设教育强国 为中华民族伟大复兴提供有力支撑 [N]. 人民日报，2023-05-30（01）.

② 秦宣 . 中国教育现代化的理论指南和行动纲领 [J]. 中国高等教育，2021（2）：19-22.

③ 秦泽淼 . 新时代高校党组织育人功能研究 [D]. 大连：大连理工大学，2021.

根铸魂的作用，担负起以文育人、以文化人的使命，通过构建文化育人平台和教育体系，培养既符合社会发展需求又具有显著组织标识的时代新人。

（二）高校基层党组织育人的外驱动力

新时代高校组织育人要与高等教育发展相适应，以“质量提升”为核心。当前，我国高等教育发展对高校各级党组织提出了新要求，要更好发挥党对教育事业的领导，提高党组织育人工作质量，要求高校各级党组织密切关注高等教育发展的关键任务。一要牢牢把握育人的首要任务。关注教育“时之变者”，敏锐捕捉其对教育要素、教育过程、教育模式、教育技术、教育传媒等的影响，研究教育改革发展趋势和先进经验，探索实践高校党组织育人的教育教学改革创新模式，实现高校人才培养质量提升倍增效应。二要突出学科建设的关键任务。学科建设是新时代高质量高等教育体系和高素质人才培养的关键，而党建思政引领举措及成效已经由“软指标”变成学科建设的“硬杠杠”，高校基层党组织建设不仅要起到引领和保障作用，更是学科建设的重要指标和内容。面对一流高校和一流学科的“双一流”建设重要任务，高校基层党组织建设工作必须瞄准“双一流”建设内容，“靶向”发力、“精准”施策，发挥应有作用。三要推动教育、科技、人才协同发展。党的二十大报告提出“坚持教育优先发展、科技自立自强、人才引领驱动”的新论断。实现教育、科技、人才“三位一体”协同发展，是面向新时代高质量发展的一项系统性工程，需要高校各级党组织发挥把握大局、统筹谋划的引领作用。

（三）高校基层党组织育人的融合需求

着力推动高校基层党组织更好地服务于教育教学工作，是新时代高校党建工作的重要内涵，也是高校基层党组织育人的理论溯源和建设目标。新时代新征程上，要全面有效激活高校基层党组织的生机与活力，充分发挥高校基层党组织的育人功能。这就要求高校基层党组织和教学有关部门、组织在探寻二者的关联性上下功夫。一要探寻契合点。正确把握党组织与教育教学工作的辩证关系，切实发现关联性找准契合点，丰富党建工作内涵、拓宽高校育人途径。二要提升融合度。加强党建引领作用，探索党建与中心工作深度融合的办法举措，突出融合的有效性，实现党政紧密支撑、配合协同。三要实施新举措。围绕高校立德树人根本任务，不断挖掘组织育人工作内容、创新教育教学工作模式，开创新时代高等教育发展新形态。高校基层党组织作为处于一线的组织，要增加与专业和学科的联系，避免脱离中心工作的“纯党建”工作，要通过与教学科研等工作的融合，引领带动党建工作实现优势转化，探索创新新时代高等教育人才培养模式，丰富完善高校人才培养体系。

二、高校基层党组织育人体系建构

近年来，各高校牢牢把握立德树人根本任务，把组织建设与教育引领相结合，把党建工作与教学实际相融合，积极构建组织育人工作体系。高校基层党组织要注重党建育人工作体系的顶层规划，做好整体设计和系统建构，统筹推进党建工作的育人机制、育人举措、行动方略、推进策略等，不断转化党组织的育人优势、激发党建工作的育人活力。燕山大学机械工程学院的党组织育人体系构建，深入展现高校基层党组织育人体系建设与实现路径，积极探索实践高校基层党组织建设与育人工作的有效结合、深度融合。

（一）坚持“双轮驱动”工作机制，提升组织育人研究能力

基层党组织工作机制的创新是开展高校基层党组织育人工作的必要前提，要长久持续推动基层党组织育人工作创新，必须首先建立适合基层党组织特点和需求的育人工作机制。燕山大学机械工程学院党委坚持机构机制“双轮驱动”工作机制，统筹推进质量党建、精准思政，提升党建思政工作科学化水平，促进党建与育人深度融合。一是建立完善工作机构。以学院“机思广益”工作室为依托，成立党建思政研究团队，研究成员由学院党委委员、专职组织员、教师党支部书记、辅导员和学生党支部书记代表等组成，同时重点吸纳思政专业教师、校外行业专家、校友企业家等加入。学院党委根据党建思政工作发展需求，结合研究人员的专业特长，设立党建思政专项研究小组。二是建立实施工作机制。坚持“理路子—出点子—育果子”的工作方针，一般每月举办 1 次党建思政工作专题沙龙，每次研究主题和参会人员由学院党委提前谋划确定，会议采取集中学习、头脑风暴、结构化研讨等方式开展，聚焦人才培养、教育教学过程中的关键问题，形成专项解决方案，牵引党建

与育人有机融合。

“双轮驱动”工作机制，促进党建育人“双线提升”。基层党组织联合教育教学部门，聚智研创新套路，联手打出组合拳，为破解育人工作困境提供有组织的、有针对性的科研团队保障和研究模式保障，聚焦准确、辨析严谨，解决育人难点工作无计可施、施策不准的问题，打开育人“新思路”。

（二）实施“精准滴灌”工作方法，推动组织育人提质增效

高校党建工作与育人工作相融合是贯彻立德树人根本任务的关键手段，是高校基层党组织工作的目标和导向，很多基层党组织存在的困惑在于找不到好的方式和方法，缺乏有效抓手和切入点。燕山大学机械工程学院党委重点以主题党日和党员发展为抓手，打通党建与育人工作深度融合路径，围绕教育教学工作关键核心问题，精确设计指导党支部主题党日活动，精细优质开展党员发展培养工作。一是坚持主题党日“精准滴灌”方法。坚持分类指导和问题导向，学院党委结合师生党支部学科优势和专业特色，精准设计系列育人主题党日活动，编制具体指导意见，每月月初向各党支部发布，统筹指导各党支部开展活动。在制定主题党日指导意见过程中，有效运用“四融四进”工作理念，即将党建工作与业务工作、理论精进与教育理念、专业优势与政治生活、师德建设与立德树人的理念有效融入主题党日指导方案。同时，采取处级领导干部列席、党支部相互学习观摩等方式，对各党支部主题党日活动开展情况进行监督检查，确保主题党日活动取得实效。二是坚持党员发展“墩苗培实”方法。做好学生党员和青年教师党员的吸收与发展工作，各党支部积极聘任专业优秀教师党员、退休老党员，以及校友企业家和校友学者党员，作为党支部和学生党员发展的指导员（思想政治辅导员）；充分利用学院学科回廊、校史馆、组织生活馆、周边红色教育基地等育人阵地开展理想信念教育，提升入党积极性，强化思想入党；坚持党员发展与学风生态建设的策划组织和实施等工作紧密结合、深度融合。

通过运用“精准滴灌”组织育人工作方法，解决党建工作与教育教学糅合“两张皮”问题。推动党建教研有机融合，结合问题统筹谋划，拿出好剧本；精准滴灌指导编排，搭建好舞台，探索育人“新途径”。

（三）推广“云智协同”建设模式，促进校地政企携手育人

基层党组织建设是高校党建工作的重要任务，是育人工作的有效载体，高校应积极拓宽组织建设视野、提升组织育人成效，夯实组织育人根基。燕山大学机械工程学院党委确立“开门联合搞党建、融通共促谋发展、优势共享育人才”的指导思想，根据高校师生党支部组织特征和发展需求，创建并实施“云智协同”高校基层党组织育人新模式，即以“青年党员云携手 使命担当肩并肩”为主旨的学生党支部校际“云共建”和以“校企融合集智慧 产教互促破难关”为主旨的教师党支部校企“智联建”。“云共建”布点全国多类学科、多种地域高校的学生党支部，开展同过组织生活、同办知识竞赛、同看红色电影、同上集体自习，共上云端党课、共读经典名著、共学理论知识、共作经验分享的“四共四同”共建活动。“智联建”布点京津冀重点工业产业链相关县区和企业基层党组织，围绕落后产能转型升级、特色产业规划布局、中小民营企业技术服务与人才培养、校企科研协同平台建设等方面开展联建活动。

创新“云智协同”组织育人模式，目的在于突破高校育人地域、文化、场景单一的客观现状，解决师生科研应用、成果转化缺少实地，地方企业技术研发、转型升级缺少实力的现实问题。基层党支部通过有规划的布点、有组织的对接，发挥自身特长和优势，构建精准互助、协同发展的育人通道，逐步形成校际校企共建联建、优势互补协同发展的赋能扶智的联合育人新场景、新范式。

（四）探索“红色基因”工作品牌，彰显高校组织育人特色

党建活动品牌是党组织工作成果的重要显示和体现，高校基层党组织应结合自身学科专业优势，打造具有自身特色和“标签”的组织育人活动品牌。燕山大学机械工程学院党委结合学科、专业优势和特色，深入挖掘“红色基因”，推动学科专业发展与组织育人有机融合，打造具有学院和各党支部学科、专业特色的组织育人工作品牌。一方面，汲取红色力量，擦亮底色品格。依托学院重要学科平台，建设爱国主义科技教育阵地，举办专题科技展览、专题学术论坛等活动，传播工匠精神和奋斗基因。另一方面，支持红色科创，服务社会发展。发挥学院在机械工程学科专业的优势和特色，引导师生针对

青少年、特殊群体、乡村振兴等开展科技志愿服务活动；引领广大师生服务地方经济发展和社会需求，开展科研攻关和“卡脖子”技术研究，培养“大国工匠”“铸剑英才”“科技帅才”。

通过熔铸“红色基因”组织育人品牌，丰盈高校育人实感阵地和实践载体，铸就“匠心为国铸重器”人才培养目标的鲜亮底色，为锻造新时代重型机械领域“尖刀上的刀尖”提供最坚韧的材料。红色力量底色培育和红色科创服务育人品牌活动的交叉融合，构建传承熔铸“红色基因”的“志·智”双升育人品牌，开辟育人新模式。

三、高校基层党组织引领融合教育教学改革发展的实现路径

为着力解决育人导向不突出、育人途径受局限、人才培养与社会需求脱节、培养特色不明显等关键问题，燕山大学机械工程学院将组织优势转化为育人优势，紧跟教育部、省有关部门提出“大思政”育人格局的工作导向，结合党的二十大对高校基层党组织的建设要求，积极开展党组织引领融合教育教学改革研究与实践，分别从高校基层教育组织的育人需求、育人途径、育人场景、育人文化四个维度，实施“四位一体”育人体系和工作模式，将高质量党建与教育教学紧密结合，找到契合点，提供融合方式和实施举措，推动构建“大思政”育人格局，完善高校思想政治工作体系，提高人才培养质量和实效。

（一）“双轮驱动”工作机制引领育人需求“系统设计”

围绕主导产业发展战略，根据学科专业优势，围绕数字化智能化产业集群升级战略需求，基层党组织统筹引领教学组织推进育人方式、办学模式、管理体制、保障机制改革等，通过机构完善、机制健全的“双轮驱动”的工作机制，将党的教育方针、先进的育人理念、实时的发展趋势等融入其中，谋划多角度、多群体协同育人，开展有组织的专题专项研究，引导教学组织和人员围绕育人需求对培养目标、培养方案、专业设置与调整等进行系统设计。“双轮驱动”工作机制，坚持“三贯彻”，引领育人发展方向，提升育人整体效能。一是贯彻党的教育方针。对标习近平总书记关于教育的重要论述、

新时代国家对高水平一流大学人才培养要求、教育改革发展的新理念新思想新观点，培养党和国家需要的时代新人。二是贯彻立德树人根本任务。始终肩负为党育人、为国育才的使命，坚持正确的育人方向，把思想政治教育、理想信念教育、师德师风教育等放在重要位置，与高校教学科研工作等有机融合，把立德树人成效作为检验各项工作的根本标准。三是贯彻教育重要使命。引领高校各部门把服务教育强国建设、服务新质生产力发展、服务中华民族伟大复兴作为人才培养的重要目标，积极推进教育教学改革模式创新和协同发展。

“双轮驱动”工作机制与育人需求“系统设计”有机融合，激活党建引领“总引擎”，突出育人需求，强化教育导向。牵引学院党建思政工作驶入快车道，推动学院党建与业务工作同向同行、双线提升。一方面积极谋划申报示范性党组织，成功入选全国高校党建工作标杆院系，入选全国高校党建工作样板支部、“百个研究生样板党支部”和“双带头人”教师党支部书记工作室共 3 个；入选首批全省党建工作样板支部和“双带头人”教师党支部书记工作室各 1 个。另一方面积极组织申报党建思政研究项目，获教育部“高校思想政治工作中青年骨干队伍建设项目”1 项、高校思政工作精品案例 1 项，获全国高校思政案例二等奖 1 项、省高校思政工作一等奖 2 项，获省级思政类相关项目 30 余项。

（二）“精准滴灌”组织生活方式促进育人途径“内涵拓延”

围绕育人过程实时需求，根据育人过程中的阶段性、紧急性、特殊性需求，基层党组织与育人部门紧密沟通配合，精准设计实施以育人为主体内容的主题党日活动以及各类组织生活活动，将高校基层党组织的政治功能优势和组织功能优势充分转化为高校育人优势和发展优势，丰富育人实施途径，拓展育人系统内涵，实现育人质量倍增效应。“精准滴灌”组织生活方式，做到“三覆盖”。一是强调覆盖度，覆盖到党支部“三会一课”、主题党日活动、为民服务活动等组织生活涉及的主体内容。二是强调覆盖面，不仅仅面向师生党员，通过“融合”向全体教师、学生延伸。三是强调覆盖率，面向不同层级年级专业学生的现实需求，面向不同教龄、职级、类型的教职员工的需求，变被动为主动，强化融合的适配性、适时性。以坚持和完善主题党日等组织生活的育人主题谋划设计为抓手，与育人部门紧密沟通配合，统筹精准设计以育人为主体内容的主题党日活动以及各类组织生活活动，通过育人为内容的组织生活的开展，发挥党组织的育人功能，扩大高校育人工作实施途径，提升高校育人工作质量。

"精准滴灌"组织生活方式与育人途径"内涵拓延"有机融合，发现组织育人"新动能"，丰富育人内涵，拓宽育人途径。主题党日"精准滴灌"党建工作方法和活动成效被河北省共产党员网报道，培育出青年教师说课、育人教学方法等示范案例，促进学院课程思政全面推进、选优培优，获课程思政省级示范课、教学名师和团队项目 3 项，课程思政教学研究示范中心 1 项，省部级课程思政教学改革项目 2 项。党员发展"墩苗培实"方法，大大提高党员发展质量，促进党员素质提升，强化党员先锋模范作用，大大激励师生党员在推动高质量发展中挑重担、当先锋、打头阵。

（三）"云智协同"组织建设模式擎动育人场景"多元范式"

围绕科技创新时代特征，根据教育强国、教育强省建设对高等教育创新人才培养模式的需求，针对高等教育缺少的社会因素、产业因素、市场因素等实际育人场景的突出问题，基层党组织布点全国多类学科、多种地域高校和布局京津冀重点工业产业链相关县区和企业基层党组织，实施"云共建"+"智联建"的"云智协同"建设模式，开展共建联建活动，满足育人"实景"的空间多维跨度需要和实践多维跨度需求，促进多元范式育人场景形成，提升精准育人和服务社会的能力和水平，大力推动科技创新人才培养。"云智协同"组织建设模式，打通"双路径"，搭建多元育人场景，充实育人实践体验。一方面，"云共建"推进四个共建方向。一是面向先优楷模英模，共建提升师生理想信念；二是面向先优基层党组织，共建提升师生组织观念；三是面向先优院校相关学科专业，共建提升师生科研认知；四是面向先优访学留学师生，共建提升师生国际视野。另一方面，"智联建"推进四个联建方向。一是面向地方政府协同产业发展顶层设计，联建提升师生政府视角认知能力；二是面向产业集群协同建链强链补链延链，联建提升师生产业发展掌控洞察能力；三是面向生产企业协同关键核心技术攻关，联建提升师生科技创新实操能力；四是面向行业研究机构协同智力资源装备资源共享，联建提升师生团队协作沟通交流能力。发挥产学研深度融合优势，搭建多元育人场景，构建产学研协作育人新范式。

“云智协同”组织建设模式与育人场景“多元范式”有机融合，建造协同育人“新场景”，创新育人范式，促进校地政企多方携手育人。校际党支部“互动、互促、互学”，开拓视野、激发创新、促进成长，携手探索学生党员培育新路；校企党支部“互助、协同、发展”，党建交流、科研融通、项目联合，联手打造党务业务组织育人通途。截至2024年，“云共建”“智联建”辐射近20所高校、5个地方政府、4个科研院所、2个行业协会、近百个党支部，数千名师生党员，形成多项教学改革和科研合作项目。其中，部分活动受到新华网、央广网、全国高校思政网等媒体报道。

（四）“红色基因”工作品牌推进育人文化“培根铸魂”

围绕文化传承创新功能，根据高校在培育创新文化、弘扬科学家精神和教育家精神等方面的重要使命，基层党组织勇担文化传承创新使命，深入挖掘学科、专业文化中蕴含的“红色基因”，将学科发展历程、科研成果、大国工匠精神等社会发展需求的创新文化、科学家精神、教育家精神的学科文化元素融入党建活动，打造具有高校学科、专业特色和“标签”的师生同台演绎的党建育人活动品牌。一方面凝聚红色力量，擦亮底色品格。构建具有学科元素的影音、网络、场馆、研室等“文化矩阵”，弘扬以爱国主义为核心的创造、奋斗、团结和梦想精神，建设国防重点实验室爱国主义教育阵地等。一是场馆文化阵地。智能化展示学科和专业发展历程，更形象生动地传递“国之红色血脉”。二是研究室文化阵地。以研究室文化传播、交流为目标，开展科研平台、实验室、专业课题室机械科技文化设计和虚拟展示活动，更丰富地感知和传递“大国工匠”精神。三是影音文化阵地。树立典型人物示范作用，开展优秀毕业生线上宣传，广泛激发优秀青年教师和退休老教师参与“燕鸣论坛”线上学术交流活动，通过线上数字化手段深度培育“大先生”敬业钻研精神。四是网络文化阵地。丰富和优化学院官微网络思政专栏和公众号，广泛发动思政工作者、专业教师、校友企业家、学生家长携手发声，持续推出学科和专业育人的高品质影音作品。另一方面抚育红色科创，锻造过硬本领。面向科技前沿、扶贫一线、技术转化，开展“彩虹训练营”帮扶学困、“奇思妙想”助残科创、“智力擎动”乡村振兴、“燕鸣讲堂”启智润心等系列红色品牌活动，提升引领育人实践“智志双升”。

“培根铸魂”文化传承创新与育人环境“学科特色”有机融合，握紧学科文化“金钥匙”，厚植育人根基，彰显培养特色。“科研实验开放日”被新华网、央广网等多家媒体报道，惠民科普年均近万人次；获全国优秀志愿工作者等3人，科技扶贫小组获省级李保国志愿服务先锋队称号；抗疫期间，向雷神山医院捐赠自主研发医用电动转运装备；师生党员参与FAST、C919、北斗三号等国之重器研发，在攻克重大工程核心技术难题，以及服务地方行业企业技术发展与科技创新等方面作出重要贡献。

四、高校基层党组织引领融合教育教学改革发展的实践启示

党的二十大提出“加快建设教育强国”，强调坚持党对教育事业的全面领导为根本保证。在新时代背景和要求下，推进高校教育教学改革，把基层党组织的工作优势转化为教育教学的系统性育人优势和高质量发展优势成为重要课题。通过高校基层党组织育人与教育教学改革融合工作研究与实践，得到以下重要启示。

（一）把握高校基层党组织育人主线

2018年，习近平总书记在全国教育大会上指出：“培养什么人，是教育的首要问题。我国是中国共产党领导的社会主义国家，这就决定了我们的教育必须把培养社会主义建设者和接班人作为根本任务。”我国高校党组织在育人中处于核心领导地位，担负着把握育人正确发展方向的首要职责。立德树人是高等教育人才培养的根本任务，高校组织育人必须坚持党的领导，确立党组织的育人核心地位，保证人才培养的发展方向。高校基层党组织必须组织建设与教育引领相结合，既要发挥党组织的思想、政治引领功能，将思想政治教育贯穿教育教学全过程，又要发挥党组织的组织功能，凝聚育人重大

力量、攻克育人关键任务、创新育人模式范式等，着力培养服务我国社会发展的时代新人。因此，高校党组织要从顶层设计角度强化组织领导，以培养新时代高等教育合格人才为目标，系统加强基层党组织建设，充分发挥高校基层党组织的育人职责和作用。近年来，高校院系示范性党组织的创建对发挥育人作用起着重要保障和支撑作用。目前，高校党组织建设的主要做法和特色成效已经成为高校学科建设和评估的重要内容。2018 年以来，中共教育部党组印发了《关于高校党组织“对标争先”建设计划的实施意见》、教育办公厅印发了《关于开展新时代高校党建示范创建和质量创优工作的通知》等文件，大力推进新时代高校党建示范创建和质量创优工作。根据党中央大抓基层的鲜明导向，用力抓基层、强基础、固基本，各省大力推动高校基层党组织建设，深入实施教育部党组“对标争先”计划。为了更好发挥党组织的育人功效和作用，高校基层党组织应对照学科建设指标体系、全国高校“对标争先”申报体系以及党建思政先优和项目评选体系等，确定党组织建设培育方案，制定党建思政组织和先优申报培育规划图，明确党建思政工作目标、任务和行动路线，擘画一流组织育人工作。

（二）拓展高校基层党组织育人途径

高校基层党组织要不断扩大育人途径、创新育人手段、丰富育人内容，探寻与教育教学改革的有效结合点。一方面，夯实组织育人的坚强阵地。建强高校基层党组织，夯实战斗堡垒，充分发挥示范带动作用，是提升高校组织育人质量的基础。以教师党支部“双带头人”、学生党支部“活力创新”、机关党支部“转作风树形象”等三种主要类型的党支部建设工程为载体，聚焦创新人才培养模式、师生思想政治引领、产出高水平学术成果、建设高素质教师队伍等重点任务，培育创建党建工作“标杆院系”、样板党支部、“双带头人”教师党支部书记工作室、“百个研究生样板党支部”等，彰显组织育人的示范引领作用。另一方面，推动党的组织和党的工作向育人领域延伸。持续优化党组织设置，使党的组织建设与高校学科专业发展、改革发展重大任务相适配。具体来说，党支部的建立要与学科、专业以及重点工作和重大项目相结合，高校基层党组织，特别是党支部在强化思想政治引领的同时，要积极引导融合专业学习、志愿服务、科创竞赛、心理健康、学术研究等方面的专题活动，通过开展具有专业性质的特色活动，满足师生实际需求，提升党组织育人的功能，使育人工作更加贴近师生的思想和生活实际。

（三）提升高校基层党组织育人质量

推动组织育人与高校教育教学改革相融合，发挥党组织对高等教育教学改革发展的引领和保障作用是加强党对教育事业领导的重要内容，是新的时代背景下实现高等教育内涵式高质量发展和推动我国教育强国建设的必然要求。因此，高校组织育人质量提升，要始终坚持将组织建设与教育引领结合起来。强化高校基层党组织的育人职责，充分发挥高校党委领导核心作用、院（系）党组织政治核心作用和基层党支部战斗堡垒作用，切实将党组织建设与高校教育教学等育人中心工作紧密结合、深度融合。

遵循组织育人规律是高校基层党组织育人实现育人质量提升的前提和基础。遵循组织育人规律要求注重组织建设与教育引导的结合，高校各院系党组织要增强对高校教育教学规律、学生成长规律等的认知和把握，积极参与各个部门、各类组织育人工作的指导与设计，使院系各个部门、各类组织能结合院系专业特征有针对性地开展育人工作，充分发挥对院系专业人才培养的推动作用，形成显著的育人特色。要切实落实工作职责，既要突出思想引领，又要注重与专业育人工作融合，谋划开展与教育教学、学科建设、社会服务等相关的主题党日活动，真正实现围绕中心工作抓实基层党组织建设和党建工作。要注重顶层设计和组织领导，将基层单位负责人与基层党组织班子统筹考虑、交叉任职，如党支部书记兼任系主任或副主任，必要时增设副书记，实现党建基因的深度融合，促进党支部书记领航有力带得动、统筹融合想得全、高位视角行得远。同时，将基层党组织建设与学科、专业发展以及教育教学改革统筹考虑，将基层党建“第一责任”与推动发展“第一要务”有机融合，建立谋划同向、部署同步、落实同力、检查同考的“一盘棋”组织育人工作体系。

转化提升基层党建工作优势是提升基层党组织育人质量的关键。当前，高校基层党建在引领人才培养过程中主要发挥思想政治教育作用，在推动教育教学改革的具体举措方面融合度不够，党建在大学生工程实践创新能力培养的教育教学工作中亟需增强方向引导力、创新驱动力和实践组织力。高校基层党组织要肩负起为党和国家输送高质量人才的重任，面对新时代发展对人才的迫切需求，要充分发挥党建工作独特优势，积极引领和参与高校人才培养模式改革与创新，找准融合点、增强契合度，用高质量党建赋能高等教育事业发展，培养真正符合经济社会发展需求的创新型人才。有关部门要增加对高校党建思政研究的投入，鼓励高校围绕高质量党建引领教育教学改革模式进行创新和实践，申报教学改革项目、课程思政项目、创新创业项目等，谋划产生高水平教育教学成果，丰盈“大思政”育人格局，引领新时代创新型复合型应用型人才培养模式，形成高质量基层组织育人工作模式和范式。

第二节　高校基层党建引领大学生工程实践创新能力培养的实践探索

当前，发展新质生产力推动实现高质量发展，已成为重大时代命题。“新质生产力的源头在科技创新，落脚点在产业升级，关键因素在人才支撑。”[①] 教育是加快新质生产力形成的关键因素，新质生产力也会驱使教育理念、目标、内容、方式、体系和治理的系统性变革。高等教育承载着人才培养、社会服务、科技创新等方面的作用，要根据社会发展新趋势不断优化人才培养模式，为发展新质生产力和促进高质量发展，培养集生产、建设、管理与服务于一体的高素质应用型人才。其中，新工科是直接孕育培植新质生产力的交叉学科，是新质生产力的核心驱动力量。因此，在高等教育中，新工科建设对新质生产力发展的影响最重要、最直接。

新工科建设的最终目标在于培养大批爱党报国、敬业奉献、具有突出技术创新能力、善于解决复杂工程问题的卓越工程师。其中，工程实践创新能力是新工科人才培养的核心宗旨和关键目标，体现在新工科要适应新产业、

① 常州．锻造新质生产力 培育新工科人才 [N]. 新华日报，2024-03-06（44）.

新经济对人才的需求，更加注重学生应用能力、创新能力的训练。当前，在大学生工程实践创新能力培养中，存在缺少“真问题”“真训练”、推动新经济的政府和掌握新技术的企业参与不足、缺乏工程创新意识和思维的培养等问题，极大降低了大学生工程实践创新能力的培养质量。

本节从组织育人的视角，提出高校基层党建引领大学生工程实践创新能力培养的时代要求与价值体系，进一步分析突出问题与创新动力，具体介绍燕山大学机械工程学院的教改模式与模型构建以及实现路径与实践方案。

一、高校基层党建引领大学生工程实践创新能力培养的时代要求与价值体系

2021 年中共中央印发《中国共产党普通高等学校基层组织工作条例》，明确提出“坚持高校党的建设与人才培养、科学研究、社会服务、文化传承创新、国际交流合作等深度融合，为高校改革发展稳定、完成党和国家重大战略任务提供思想保证、政治保证、组织保证”[①]。正确的政治引领、强大的思想支撑和坚实的组织保障，这既是高校党建对人才培养质量提升的价值体系，也是社会发展对高校党建提出的时代要求。

（一）高校基层党建为大学生工程实践创新能力培养提供正确政治引领

一方面，高校基层党建能够发挥强大的政治引领作用。紧跟党和国家政策导向，研究经济社会发展形势和对高校人才培养需求，分析高等教育赋能新质生产力的目标要求和实践路径，在大学生工程实践创新专业知识和技能的培养过程中，落实为党育人、为国育才的使命，培养方向准确、立场坚定的工程实践创新型人才。另一方面，高校党委具有统筹协调各方的功能优势。调动整合校内外各方面资源，调动育人过程中的一切有利因素，大力引入新质生产力发展过程中的新产业形态和企业资源，从顶层设计上制订“校政企”协同育人发展和实施方案，形成育人有机整体，建立更加系统完善的工程实践创新能力教育教学工作体系。

① 王洪才 . 创新创业能力培养：作为高质量高等教育的组织保障核心内涵 [J]. 江苏高教，2021（11）：21-27.

（二）高校基层党建为大学生工程实践创新能力培养提供强大思想支撑

一是提升师生工程实践创新能力培养的思想自觉和行动自觉。引导全体教师认清推进新质生产力对大学生工程实践创新能力培养产生的重要意义，提升他们对大学生工程实践创新能力培养的认知高度和教学深度，在工作学习中自觉提升工程实践创新能力。二是为破解工程实践创新能力培养中的难题提供理论支撑。党建工作研究新质生产力发展对教育教学带来的影响，能够引领教育教学改革的正确导向，积极运用党的创新性理论解决工程实践创新能力培养过程中需要解决的突出问题。三是进行工程实践创新能力培养中的思想政治教育。在大学生工程实践创新能力培养中进行必要的思想政治教育，正确认识新质生产力的生成逻辑、理论创新与时代价值，教育引导大学生笃定发展方向，敢于挑战自我，勇攀技术高峰，成为符合时代发展的“新质”人才。

（三）高校基层党建为大学生工程实践创新能力培养提供坚实组织保障

一方面，党组织与地方政府和企业联建，可以开发拓展工程教育实践场景资源。从协同育人角度看，大学生工程实践创新能力培养需要协同社会、企业等多种校外资源，需要遵循新质生产力发展的使命，将新质生产力的时代特征有效植入产教融合共同体建设的全过程。高校党组织可以发挥自身的独特组织优势，通过与地方政府、企业开展联建共建等方式，推进高校与地方政府、企业等建立合作机制，形成大学生工程实践创新能力培养的全过程协同培养体系，增加专业开辟实践教学资源的途径，进一步夯实工程实践创新能力培养平台。另一方面，高校将新质生产力有关理论、大学生工程实践创新理论和实践知识等纳入党支部的“三会一课”及日常组织生活中，开展经常性研讨或开展主题党日活动，能够调动广大师生的工程实践创新意识与能力，发挥广大师生党员的先锋模范作用，进一步强化工程实践创新意识、拓延工程实践创新角度、提升工程实践创新能力。

二、高校基层党建引领大学生工程实践创新能力培养的突出问题与创新动力

在新质生产力发展背景下，高校党建如何引领大学生工程实践创新能力

培养，既是一个迫切需要深入研究的重要命题，也是一个极具实践价值的重要领域。党建在大学生工程实践创新能力培养的教育教学工作中亟需增强方向引导力、创新驱动力和实践组织力。

（一）增强党建在大学生工程实践创新能力培养的方向引导力

培养高层次创新型人才，加快形成新质生产力，要进一步加强产学研的深度融通和品质升级。新工科人才培养以创新型工程科技人才培养为宗旨，以工程创新能力培养为核心，突出学生工程实践能力提升的本位，借助产学研融合平台开阔学生视野、拓展学习空间、锻炼学生能力。缺少工程实景的实践创新能力培养方式，极大影响了高校新工科学生工程实践创新能力专业核心素质的形成。高校基层党组织是贯彻落实党中央决策部署的“最后一公里”，要将党建与业务工作统筹谋划，定位准确，方向明确，一体推进，确保党建与业务同部署、同落实。现阶段，高校基层党建要深入研究新质生产力发展对人才培养带来的影响，积极谋划、主动作为，加强党建引领，发挥独特的政治和组织优势，以产业需求为导向，搭建高校与政府、产业之间的育人新平台，推动形成与新质生产力相匹配、相适切的多方协同育人培养模式。

（二）增强党建在大学生工程实践创新能力培养的创新驱动力

加快形成新质生产力，高等教育要发挥龙头作用，紧贴产业升级，建立健全人才培养创新机制，推动塑造自主可控、高效优质，更具引领性、融合性的发展新动能。一直以来，高校工科专业多以培养“一专多能”的应用型技术人才为教学目标，课程工具理性倾向凸显，注重知识而忽略文化与思想。高校基层党组织对大学生人才培养工作的参与不足，高校党建完善的工作体系、模式及路径未能在大学生工程实践创新能力培养工作中发挥优势或转化为教育教学成效。党建引领融合的大学生工程实践创新能力教育教学模式，能够解决当前高校“党建是党建”“育人是育人”“教学是教学”等问题，为开展大学生工程实践创新能力教育教学工作提供更丰富的工作路径。在党建引领融合并推动转化新时代创新型复合型应用型人才培养模式方面，具有创新性和实效性的工作模式、范式亟须产生。

（三）增强党建在大学生工程实践创新能力培养的实践组织力

在新质生产力视角下，行业产教融合共同体需要重视技术技能人才培养，有效推进行业关键技术、人才需求与学校培养目标之间的契合，建立行业高水平实训基地，用“真问题”培养学生的创造力和执行力。当前，高校在工程实践创新能力培养主要采取生产实习、参加科技创新大赛、培育科技创新项目、鼓励科研活动与教学活动相结合等方式，其中以围绕教师承担的科研项目为基础提取综合训练、毕业设计的题目和内容为主流改进方式，具有一定成效。教师科研活动与大学生工程实践创新能力培养相结合，能提供一定的工程实践场景，但这种方式具有一定依赖性和局限性，并未形成高校专业或基层教学组织有规划、有组织、有普适性的实践教学管控模式。高校基层党组织在大学生工程实践创新能力培养的教育教学改革过程中，要发挥好党“观大势、谋全局、抓根本”的领导核心作用，科学统筹、集中力量、优化机制、协同攻关，进行统一、权威的决策指挥和组织动员。特别是，基层党组织要在各环节落实过程中发挥强大组织力。

三、高校基层党建引领大学生工程实践创新能力培养的教改模式与模型构建

新质生产力是以科技创新为驱动，以战略性新兴产业和未来产业为载体，以数字化、智能化、绿色化为基石所形成的高效能、高质量生产力。数字化与智能化逐渐成为我国工业生产的主要形式，培养具备解决复杂工程问题和解决“卡脖子”难题的创新人才成为关键，高校新工科教育在工程实践创新能力培养中要积极探索数字化、智能化赋能。燕山大学机械工程学院面向地方特色产业集群科技创新与数智赋能发展需求，以党建引领校政企三方协同为组织方式，构建新时代新工科专业人才工程实践创新能力培养的“新场景、新体系、新机制”模型，进一步丰盈新时代高校大学生工程实践能力培养的教育教学改革模式。（见图 7-1）

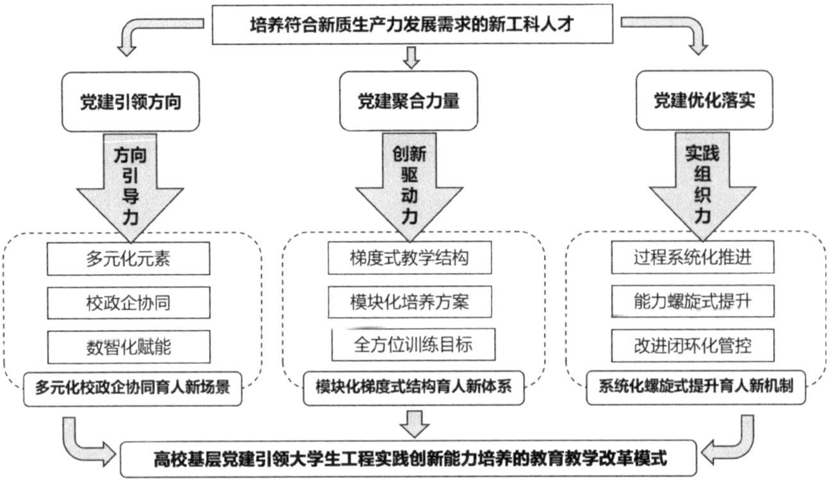

图 7-1　教育教学改革模式的基本模型框架

（一）搭建多元化校政企协同育人新场景

多元化校政企协同育人新场景，是以新质生产力发展为背景，面向地方特色产业集群科技创新转型升级需求，聚焦数字化、智能化元素，主动协同运用多方互利互补优势资源，搭建学生、教师、企业工程师、政府科技工作人员联动协同共赢的实践育人平台，建设基于省域特色产业集群数智赋能的实践育人新场景。

党建引领方向。党组织在构建协作平台、培育协作意识上具有独特优势。基层党组织以“智联建”为驱动，在构建多方协同的工程实践育人平台中发挥政治优势，强化引领作用。“智联建”是校政企三方为联合开展主题党日活动、业务研讨交流等党建与中心工作融合的组织工作模式，通过线上谋划、线下实施，信息资源共享，研讨交流融通。一是统一建设思想。确立“开门联合搞党建、融通共促谋发展、优势共享育人才”的指导思想，以“校企融合集智慧 产教互促破难关”为主旨，以教师党支部带动学生党支部开展校政企党组织联建共建。二是明确建设布局和联建任务。将人才培养与新质生产力紧密联系，布点京津冀重点工业产业链相关县区和企业基层党组织，围绕落后产能转型升级、特色产业规划布局、中小民营企业技术服务与人才培养、校企科研协同平台建设等方面开展联建活动。三是落实具体工作。围绕毕业设计实践教学改革提出要求，开辟学生、指导教师、企业工程师、政府科技工作人员线上现场共同学习交流的空间，调动政府相关部门和产业集群企业积极性，协同政府相关部门凝练产业发展前瞻性技术需求。

（二）构建模块化梯度式结构育人新体系

模块化梯度式结构育人新体系，是将地方特色产业转型发展和企业技术升级需求动态反馈运用到实践教学体系，围绕“任务驱动提升学生专业基础能力—项目驱动提升学生工程综合能力—问题驱动提升学生科技创新能力”的实践教学梯度式结构，制订包含“企业需求 + 数智驱动 + 实景评判 + 持续改进”的实践教学模块方案，突出工程实践创新意识、思维和技能多方面强化训练和素质养成。

党建聚合力量。加大对工程实践创新人才培养体系的创新，基层党组织发挥统筹协调和顶层设计作用。一方面，协调多方力量。关注新质生产力对行业发展的影响，与政府紧密联系，注重发挥政府在地方产业集群发展中的主导作用，组织多个学科专家形成团队，精准高效对接产业发展前瞻性技术需求和企业实际工程技术难题。另一方面，引领培养体系建构。基层党组织参与教育教学体系构建和组织实施，将产业发展需求动态反馈运用到教学体系建设中，聚焦新质生产力发展新元素、新形态，制订以实景项目为载体的多元项目式体系设计和训练方案。比如，基层党组织通过展开专题调研，将“企业实需”和“生产实景”动态反馈给教学部门，并组织专业融汇运用到毕业设计各环节之中；协调调动校政企三方形成教学工作组，引领“企业实需”转化为“问题、任务、项目”，培养学生科技创新能力、专业基础能力、工程综合能力；参与教育教学内容制定，引导非专业和技术因素融入，立足新质生产力发展需求和产业发展制订“企业需求 + 数智驱动 + 实景评判 + 持续改进”模块化方案，培养工程实践创新意识、创新思维和创新技能。

（三）建立系统化螺旋式提升育人新机制

系统化螺旋式提升育人机制，指系统推进实践教学项目规划设计、培养考核方式、指导教研方法三者之间融合促进与持续改进，进行多学科交叉、非技术指标、校企导师全流程协作三项重点因素融合提升方法，对应毕业设计项目规划设计、培养考核方式、指导教研方法三个方面的再设计和再创新，促进学生工程实践创新能力系统化螺旋式提升。

党建优化落实。系统化螺旋式提升育人新机制是一项系统工程，需要基层党组织发挥强大组织力，积极部署，改变工程实践创新能力培养过程零散化、碎片化的现状。一是在实践教学题目和内容设定方面发挥组织力。立足地方特色产业链发展过程中的复杂工程实景，进行多学科交叉融合与拓展，推行具有挑战性、创造性的项目式实践教学题目和内容的设定。二是在教学过程和考核环节发挥组织力。引入非技术指标培养与考核，推行具有协作性、研讨性的结构化实践教学环节和方式的运用。三是在教学系统闭环管控整体设计方面发挥组织力。开展校企导师全流程策划与合作，推行具有前期策划调研、中期研讨修正、后期总结反馈的系统闭环教研工作方式。将“持续改进”融入各个环节的组织形式、落实措施、成效评判等均建立有效的制度和机制，解决毕业设计实践教学质效和管控环节存在的短板弱项。

四、高校基层党建引领大学生工程实践创新能力培养的实现路径与实践方案

燕山大学机械工程学院以省内县域的管道先进制造与智能装备产业集群为实践基地，充分发挥学校和学院党委领导统筹协调、系部和专业师生党支部带动实施作用，通过“智联建”形成大学生工程实践创新能力培养的“三个”平台，并积极转化大学生工程实践创新能力培养的“三种”资源库，为基层党建与大学生工程实践创新能力培养融合的教育教学提供实现路径与实践方案。（见图 7-2）

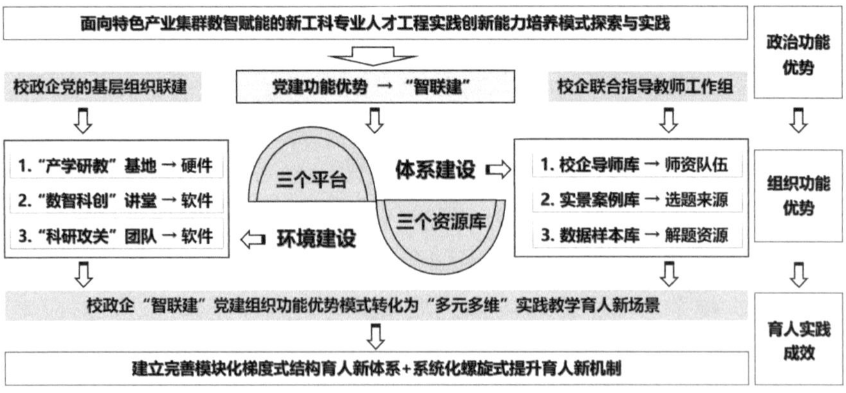

图 7-2　实现路径和实践方案的基本框架

（一）“智联建”形成大学生工程实践创新能力培养三个平台

高校基层党组织通过“智联建”，增进校政企三方的紧密联系，强化政府在“产学研教”基地硬件建设中的主导作用，发挥高校在人员、智力等软件建设方面的主体作用，拓展夯实大学生工程实践创新能力实训平台。

（1）校政企联建“产学研教”基地。强化政府的主导作用，由政府牵头，校政企三方联合组建设立研究院、技术创新中心、测试中心等实体“产学研教”基地。比如，在某市政府有关部门主导下，围绕县域产业经济发展要求，校政企三方在合金管道管件结构设计、合金管道管件成形工艺优化、合金管道管件热处理等关键技术问题攻关上达成长期战略合作协议，同时推动高校智力资源和科研仪器设备共享，推动管道装备制造业向集群化、数据化、智能化方向发展。

（2）校政企联建“数智科创”讲堂。高校基层党组织发起“数智科创”讲堂，讲授内容根据产业集群数智赋能发展需求制定，旨在校政企三方共同学习新知识、新理念、新方法、新手段。讲堂分为线上和线下两个部分，线下课程与县政府联合组织实施，讲授与产业相关学科的专业基础知识；线上讲授工程软件应用，并遴选部分优秀本科生毕业设计案例开展学习交流，使校企指导教师在毕业设计的要求和标准方面形成统一认识。同时，组织“数智科创”讲堂讲座教授团，开展行业与企业发展调研，持续总结改进更新专题讲座内容。

（3）校政企联建“科研攻关”团队。面向政府、企业前瞻性技术评估预研和专项技术攻关，高校基层党组织协调校企科研力量建立“科研攻关”团队。根据产业集群涵盖企业提出技术需求，定期开展共性技术和专项课题的研讨。同时，从中提炼科学研究和技术研发核心元素，并进一步转化为学生竞赛、项目教学、毕业设计的选题，为学生开展相关内容的毕业设计提供可现场观摩操作、调参测试、优化改进的实景条件。

（二）“智联建”转化大学生工程实践创新能力培养三个资源库

高校基层党组织积极将“智联建”优势转化为育人实践优势，组织校企导师库建设改变传统指导模式，指导实景案例库建设强化“真问题”选题来源，促进样本库建设丰富实践教学资源，不断建立完善实践教学新体系和新机制建设。

（1）建设校企导师库。聘请有实质性合作企业的专家和工程技术人员作为毕业设计校外指导教师团队，并逐步开拓合作范围和多学科交叉融合领域拓展校内外指导教师团队，构建校内外导师库。强调指导教师的多元化选配，打破原有校内外“1+1”的导师配置，特别是针对青年教师工程经历经验不足问题，采取校内导师一名、企业导师多名的“1+n”配置方式；强调引入基础共性技术校企专家学者加入指导教师团队，强调非技术因素引入，为开展毕业设计学生提供基础知识、应用软件、生产实景、行业标准、企业规范的集中性培训，并列入毕业设计指导工作环节。

（2）建设实景案例库。基于当前产业前瞻性技术需求和企业工程技术实际问题，构建实景案例库。指导教师团队针对“产业未来 + 企业实需 + 生产实景”开展毕业设计选题凝练，为学生毕业设计选题提供丰富的方向；在已完成的毕业设计资料中，遴选相关方向的优质作品，并通过指导教师团队批注校正，为学生提供参考蓝本，从而强化具有挑战性、创造性的项目式实践教学内容来源多元化，推进模块化梯度式毕业设计指标达成的质效提升。在实施过程中，不断明晰“产业未来 + 企业实需 + 生产实景”来源依据，提升毕业设计题目挑战性、创造性规划水平，使学生研究“真问题”。

（3）建设数据样本库。建立技术研发基础数据共享协同机制和数据样本资源库的入库、维护、共享、保密等管理机制，面向企业广泛收集与产业集群技术密切相关的数据样本，包含产业经济发展数据、行业企业产品标准、材料性能测试等多种类型数据和样本，构建数据样本库。既发挥高校和企业高端仪器装备资源优势，实现优质资源校政企共享，也为高校开展实践教学提供精准数据样本资源，促进人才培养过程环节企业需求迅速接轨。

在新质生产力发展背景下，高校基层党组织要肩负起为党和国家输送高质量人才的重任。面对新时代发展对“新质”人才的迫切需求，充分发挥党建工作独特优势，积极引领和参与高校人才培养模式改革与创新，找准融合点、增强契合度，用高质量党建赋能高等教育事业发展，培养真正符合经济社会发展需求的工程实践创新人才。燕山大学机械工程学院运用并积极转化党组织“智联建”党建优势，构建并实施大学生工程实践创新能力培养的教育教学改革模式。党建引领方向增强党建方向引导力，建立“多元化校政企协同育人新场景”；党建聚合力量增强创新驱动力，建立“模块化梯度式结构育人新体系”；党建优化落实增强实践组织力，建立“系统化螺旋式提升育人新机制”，并通过面向特色产业集群数智赋能的新工科专业人才工程实践创新能力培养探索与实践，提供实现路径和实施方案。

第三节　高校基层党建与研究生科技创新能力培养融合的探索与实践

研究生教育是我国教育体系的最高层次和重要组成部分，是我国拔尖创新人才培养的重要渠道。习近平总书记强调，研究生教育在培养创新人才、提高创新能力、服务经济社会发展、推进国家治理体系和治理能力现代化方面具有重要作用[①]。当前，在教育、科技、人才一体化推进下，研究生特别是工科研究生的科技创新能力培养越来越重要。习近平总书记也强调，各级各类学校党组织要把抓好学校党建工作作为办学治校的基本功，把党的教育方针全面贯彻到学校工作各方面。党建工作不能玩虚功、搞花架子、做表面文章，必须抓实抓严。要发挥好基层党组织作用，使基层党组织成为师生最贴心、最信赖的组织依靠，成为学校教书育人的坚强战斗堡垒[②]。这就要求高校基层党组织要提高存在感，勇于创新功能实现方式，在与实际工作融合中找到自己的方位。将基层党建与研究生科技创新能力培养工作紧密结合起来，以高质量党建提升研究生培养质量，是新时代高校人才培养和党建工作的重要课题。

---

① 焦扬 . 完善党建育人体系建设，引领研究生教育高质量发展 [J]. 中国研究生，2021（11）：18-21.

② 习近平 . 论教育 [M]. 北京：中央文献出版社，2024：22.

一、时代背景与价值探究

研究生的培养主要包括思想政治教育和学术创新能力两个方面。其中，科技创新能力是工科类研究生学术创新能力的主要表现和重要转化形式。高校应立足于学科专业特色，紧贴国家战略需求和优势特色产业、区域经济社会发展需求，以特色党建引领研究生学术水平提升。

（一）政治赋能“领航”，把准培养方向

在研究生的教育中，加强党的政治建设的目的是坚定政治信仰，强化政治领导，提高政治能力，保证不偏离我国人才培养的方向，确保人才特别是高水平科技创新人才忠诚于党和国家、真正服务于我国的经济发展和社会主义建设事业[①]。高校党组织要积极参与到研究生培养中，围绕办好人民满意教育的目标，锤炼研究生工作者的政治判断力、领悟力、执行力，聚焦研究生培养顶层设计、培养目标、培养体系等方面，为研究生教育高质量发展“掌舵”“领航”。基层党组织要抓好研究生教育工作者、研究生党支部书记、研究生骨干的政治素养和能力的培养以及实践锻炼，抓好关键少数，以更加完善的骨干培养体系锻造人。

（二）思想赋能“固本”，培育时代新人

研究生的思想政治教育，是在我国顶端层面落实好立德树人根本任务、培养德才兼备的高层次人才的重要保障。随着近些年来研究生不断的扩招，研究生党员的数量不断增加，思想政治教育工作也更加关键。高校党组织可以在师生精神领域的净化提升方面有更多建树，积极推进习近平新时代中国特色社会主义思想、社会主义核心价值观培育等与研究生的学术活动、科研实践等深度融合，不断渗透科技创新、科技强国的教育理念，明晰研究生的使命愿景，提高师生以科技创新驱动强国建设的积极性，培育具有家国情怀的新时代科技创新人才。

① 顾志勇，吴宏杰．大学党建与“双一流”战略互动：价值旨归、表达缺失与路径契合 [J]. 教育探索，2024（7）：42-46.

（三）组织赋能“强基”，激活发展动能

中共中央、国务院印发的《关于加强和改进新形势下高校思想政治工作的意见》明确要求，要加强高校基层党建工作，建立健全高校基层党组织，加强教师党支部、学生党支部特别是研究生党支部建设[①]。高校基层党组织要通过把研究生党支部设置与专业方向、学科团队等相结合，推动党支部（党小组）与课题组（项目组）深度融合，开展研究生党支部与企业党支部党建联建、组建硕博士团等形式，助力企业破解技术研发和转型升级中遇到的难题，不断激发研究生党支部在科技创新能力培养方面的动能，并通过开展研究生科技创新方面的主题党日活动、实践教育等拓展工作途径，强化工作成果。近几年，在“双一流”建设中，思想政治教育是人才培养质量的一个重要考核指标，而党建工作是思想政治教育特色与成效中的重要内容，全国党建工作标杆院系、全国百个研究生样板党支部等是本领域最具代表性、最有影响力的成果。这凸显了示范性党组织的价值，把高校党建从“软指标”变成了“硬杠杠”，也反映出高等教育对高校基层党组织建设价值与功能的高度重视。

（四）机制赋能“施治”，勇担社会使命

当前，科技创新和产业创新融合更加紧密，必须在产业的创新发展中探求人才科技创新培养的新途径和新方法，为教育、科技、人才一体化发展提供新范式。高校要积极搭建实践互动平台，加强高校党组织与地方政府、行业企业等的联系，通过党组织共建联建建立更多新型产学研实体平台，以推动研究生科技创新方面的产学研一体化发展。同时，党组织要积极组织党员开展参观调研、志愿服务等活动，使他们有更多的机会了解科技创新，增强科技创新意识和能力。高校应当抓住研究生教育改革创新的契机，发挥特色党建引领作用，在激发师生勇担社会使命、服务社会发展的过程中，探索构建党建与研究生培养融合机制，促进形成产学研深度融合与良性互动的培养模式，探索更多对研究生科技创新能力培养工作具有示范意义的做法。

---

① 中共中央国务院 . 关于加强和改进新形势下高校思想政治工作的意见 [EB/OL].（2017-02-27）[2024-03-15].https：//www.gov.cn/zhengce/2017-02/27/content_5182502.htm.

二、实现路径与方法举措

燕山大学机械工程学院坚持党建与研究生教育教学深度融合，努力打造培育科技创新人才和服务国家战略需求的战斗堡垒，近年来，入选全国高校“百个研究生样板党支部”2个。

（一）政治引领与科创训练相结合

把政治建设放在首位，发挥学科优势和特色，进行党建科创育人品牌的创建及培育，形成具有一定影响力的实践成果，发挥教育、示范和辐射作用，深化师生的认同感。比如，在做好理论学习教育的基础上，突出学科特色，注重实践锻炼，组建“党建赋能实践团队”赴井冈山开展社会实践，在为革命老区农业技术升级提供服务的活动中受教育、长才干；加入“寻根实践 振兴东北”研究生实训团，赴东北老工业基地实训，实践振兴重机行业，熔铸家国情怀，练就扎实本领；积极开展实验室开放日、科普实验课堂等活动，传播科学知识，弘扬科学精神；打造“燕鸣讲堂”学术文化品牌，开展与专业老教授、行业优秀校友、企业工程师等进行访谈、对话的活动，传递科研力量，追求卓越品质。

（二）思想教育与学术研究相结合

根据研究生规模大、管理难的特点，开展“精准滴灌”式帮扶，坚持每月指导发布主题党日活动。每次活动前，学院党委认真研究上级最新部署，结合研究生工作现状与发展需求，策划主题和内容，制定具体指导意见，整理提供学习素材和案例，为党支部开展工作提供“一站式”“菜单化”定制服务。扎实落实学习贯彻习近平新时代中国特色社会主义主题教育，常态化组织开展诵读红色经典、分享红色故事、共唱红色歌曲、观看红色影视、参观红色展馆等“五红”活动，引导党支部成员传承红色基因，熔铸报国红心。同时，以党支部为载体搭建科研团队、导师与学工团队、辅导员同向发力的研究生培养协同育人平台，由辅导员担任支部书记，同时聘请科研团队学术骨干担任党支部“党建协同”指导教师。实行党建和学术相结合的导师负责制，导师既是科研导师，又是思想导师。此外，师生党支部进行协同共建，设立科研团队型党小组，围绕学术诚信、工匠精神、科学家精神、科技强国战略等开展主题教育。

（三）组织建设与平台创建相结合

学院基层党组织与政府机关、企业（行业协会）三方共建联建党组织，通过共建共享，最大限度地发挥资源共享、优势互补的作用，促进三方党组织共建联建、企业实践、教学科研等合作育人，深度开展党组织“云智协同”建设。一方面，积极开展校际党支部“云共建”，与国内多家高校开展校际支部“云共建”，搭建共享共建共融网络平台，实现党支部发展建设、党员成长蜕变的耦合增量。另一方面，发挥自身智力优势和科技特长，与专业教师党支部联合，与行业内重点企业的党支部开展“智联建”，以党建工作为切入点，以科技创新和应用为落脚点，促进党建优势向教育教学转化以及助力传统产业转型升级。以“云智协同”党的组织建设优势为引领，面向科技创新和地方经济发展，聚焦智能数字制造新元素，协同校政企等多方“软硬实力”，联合建立研究院（中心）等。大力发挥地方政府和企业优势，为研究生搭建科技创新实景训练平台。

（四）党建活动与服务社会相结合

制定实施《研究生党建与业务工作融合方案》，将党建品牌创建与解决工作难点相结合，与打造优质品牌活动相结合。发扬胸怀祖国、服务人民的爱国精神与勇攀高峰、敢为人先的创新精神，采用“两凝一创”工作法，即主题教育凝心铸魂、科技攻关凝聚合力、匠心为国创造成绩，发充分挥党支部在科技报国实践中“把关、攻关、闯关”的关键作用，把学思践悟、学以致用的成果转化为为人民服务的内在动力，以高质量党建为引领，形成“基础研究—技术开发—成果转化”的创新链，发力技术赋能，促进产业升级。比如，冶金机械系研究生党支部积极服务传统钢铁产业转型升级，推进绿色智能化生产，百名支部成员于首钢、鞍钢等钢铁生产企业一线，于一重、二重等重型装备生产企业一线，笃行实干；聚焦科技创新，加强转化合作，参研的板带轧制、数字化设计制造等技术均处于国内一流水平，科研成果在河钢集团、宝武集团等大型钢铁企业转化为生产实际。

三、教学实践与典型案例

燕山大学机械工程学院发挥基层党组织和党建工作的独特优势，积极将高校党建工作优势转化为育人优势，以支持县域经济和研究生培养相结合为特色，围绕河北省重点扶持的县域特色经济产业链和中小型高新技术企业，面向特色产业技术升级“强链、补链、延链”，培养高级技术和产业领军人才，探索构建实施校政企融合的研究生教育教学模式，促进研究生教育教学高质量发展。如图 7-3 所示。

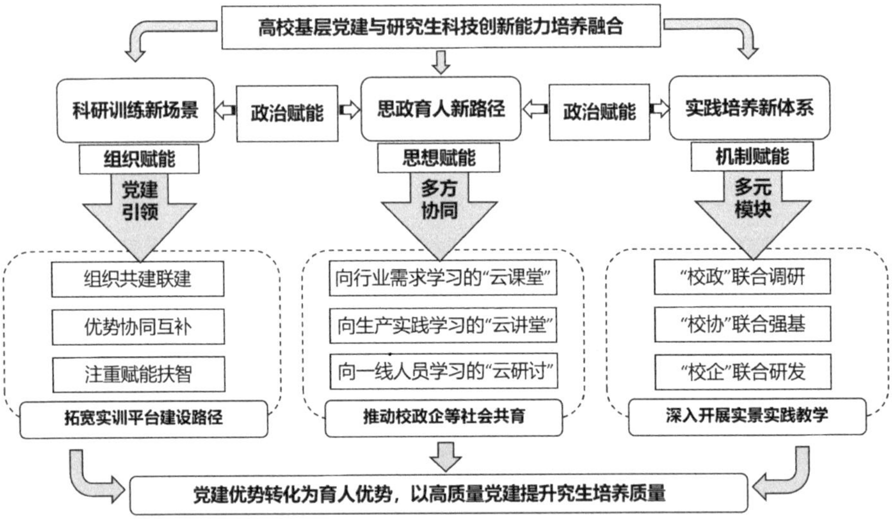

图 7-3 高校基层党建与研究生科技创新能力培养融合的教育教学模式

（一）构筑党建引领的科研训练新场景

党建工作要注重与市场接轨，即立足社会、企业的人才需求开展党建工作，学院发挥基层党组织和党建工作的独特优势，确立“一个学院建好一个地方研究院、一个学科对接一个产业、一个团队服务一个大型企业”的科技服务组织新范式，以基层党组织为牵引，积极与地方政府、企业的有关党组织进行共建联建，即开展“云共建”“智联建”活动，创建并实施“云智协同”高校基层党组织育人新模式，以党组织建设为“钥匙”，开启人才培养、科研攻关等全面合作的“大门”。近几年，布点联建京津冀重点工业产业链相关县区和企业基层党组织，将专业教师党支部和相对应的研究生党支部结合起来，紧跟地方政府、企业、行业与产业发展以及区域经济发展需求，通过扎实牢靠的校地、校政、校企等合作，围绕落后产能转型升级、特色产业规划布局、中小民营企业技术服务与人才培养、校企科研协同平台建设等方面开展联合建设与交流活动，逐步形成校地政企等组织共建联建、优势协同互补、赋能扶智的联合育人新场景。其中，推动建立的管道产业装备研究院、管道制造测试技术校企合作基地等成为研究生科技创新能力培养的重要平台。平台根据政府、企业的实际需求，定期组织研究生开展工作。同时，在此过程中，建立临时师生党支部，在与政府和企业的项目、业务交流过程中，开展更为深入的党建学习与交流活动。以“科技创新、成果转化、人才培养”为契机，学院与地方政府、企业签订战略合作协议；以“产学研”合作为基础搭建“党支部联建”平台，实现“教育教学、科学研究、党组织建设”相互促进、协调发展的新格局。通过引入学校与地方政府的合作，增进校企合作的积极性，增强校企合作的保障性，更有利于将高校基层党组织育人工作与社会的经营、管理、生产、营销等市场活动结合起来。由此，以党组织建设引领的研究生训练平台，进一步拓宽了研究生的科技创新能力培养途径，形成实体化科研训练场景。

（二）构思多方协同的思政育人新路径

以基层党支部为连接点，推动校地政企多方协同育人，能够有效解决教学与育人的脱节问题，加强产与教的融合，发挥合作行业、企业等的育人功能，让行业组织、企业等参与学校人才培养方案的制定，将学校的思想政治教育融入企业对学生的管理，实现高校研究生培养与社会共育的目的。同时，传承学校“厂校结合”的优良办学传统，研究激发提升师生服务社会、服务地方经济发展意识和能力的途径，搭建师生“云共建”平台。一是向行业需求学习的“云课堂”平台，主要面向政府、产业集群企业技术人员专业基础知识培训设立，根据政府、产业集群企业技术人员需求征集制定教学大纲，课程讲授由相关专业教师和具有技术特长的博士、硕士研究生承担。二是向生产实践学习的“云讲堂”平台，面向政府、产业集群企业主管及高管等行业前沿科技讲座设立，根据政府和企业需求以及行业发展状况，邀请科研院所、优势企业、政府和社会团体的不同领域的专家学者开展讲座，为硕士博士研究生提供更宽阔的学习交流平台。三是向一线人员学习的“云研讨”平台，面向政府、企业的前瞻性技术评估预言、专项技术攻关设立，根据产业集群涵盖企业提出的技术需求，定期开展有关共性技术或者专项课题的研讨活动，适时为企业解决生产过程中的技术问题。研讨由教师和研究生共同参与，从技术需求中提炼科学问题，通过研讨分拣一般问题和立项问题，再进一步推进相关合作。上述育人平台，涵盖职业素养、基础知识培训、行业前沿科技、前瞻性技术评估、专项技术攻关等内容，结合社会工作实际要求、企业技术实际需求的实际，与高校研究生培养需求的工程实践、行业规范、法制道德、工匠精神等关键非技术因素能力指标有机融合。将育人平台纳入研究生培养的实践模块和学术报告中进行考核，可以拓宽“大思政”育人路径。

（三）构建多元模块的实践培养新体系

探索实践理论、实验、生产、劳动相结合的研究生实践教学创新点，建立符合新时代要求的，富有挑战性、创造性的研究生实景实践教学培养体系，构建校政企多方协同的多元科创实践模块。“‘校政’联合调研”模块，与地方政府相关部门联合，面向政府推进产业集群“强链、补链、延链”的顶层设计规划需求，设立专项调研课题，组建由高校教师、研究生和政府相关人员组成的专题调研团队，通过对相关、相近优势产业集群的地方政府和企业，以及科技攻关紧密关联的科研院所的深入调研，形成调研报告、资政报告，为政府相关政策法规的制定和修订提供科学依据，从而培养研究生对行业发展趋势的深度认知。二是“‘校协’联合强基”模块，与产业集群相关企业联盟、与行业协会联合，在政府相关部门主导下，面向产业集群的基础共性科学技术问题需求，设立专项科研课题，组建由高校教师、研究生和企业联盟、行业协会科研人员组成的专项科研团队，利用高校高精尖、多种类科研仪器设备条件，利用企业联盟丰富的生产装备和实测环境，融合开展基础共性科学技术研究，为产业集群整体技术提升和基础夯实提供有力支撑，从而提升研究生的基础研究能力。三是“‘校企’联合研发”模块，与企业直接对接联合，面向企业重大关键工程技术攻关需求，面向企业前瞻预见性技术研判需求，设立专项研发项目，组建由高校教师、研究生和企业科研人员组成的专项研发团队，利用高校师生理论和智力优势，利用企业员工工程实践和经验优势，联合申报国家、省、市课题支持，融合开展科技攻关研发，为企业产品核心技术和竞争力提升提供有力支撑，从而增强研究生的科技攻关与创新能力。

将高校基层党建优势转化为研究生培养的育人优势，发挥党建引领作用，面向科技创新和地方经济发展，系统探索实施研究生教育教学“新场景、新路径、新体系”，进一步提高研究生培养质量，为高校加强对研究生科技创新能力的培养提供了具有参考价值和实效成果的新型范式。

参 考 文 献

[1] 习近平 . 习近平谈治国理政 [M]. 北京：外文出版社，2014.

[2] 习近平 . 习近平谈治国理政（第二卷）[M]. 北京：外文出版社，2017.

[3] 习近平 . 习近平谈治国理政（第三卷）[M]. 北京：外文出版社，2020.

[4] 习近平 . 习近平谈治国理政（第四卷）[M]. 北京：外文出版社，2022.

[5] 习近平 . 教育论 [M]. 北京：中央文献出版社，2024.

[6] 习近平新时代中国特色社会主义思想学习纲要 [M]. 北京：学习出版社、人民出版社，2019.

[7] 习近平 . 在全国组织工作会议上的讲话 [M] 北京：人民出版社，2018.

[8] 刘军君 . 协同共育：高校党建引领组织育人的理论与实践研究 [M]. 长春：吉林大学出版社，2023.

[9] 高俊玲，董国疆 . 新时代高校基层党建工作的创新性探索与实践 [M]. 秦皇岛：燕山大学出版社，2023.

[10] 王帅 . 高校组织育人研究 [M]. 北京：经济管理出版社，2022.

[11] 马志强，周国华 . 新时代高校组织育人理论与实践 [M]. 镇江：江苏大学出版社，2021.

[12] 陈立思 . 比较思想政治教育 [M]. 北京：中国人民大学出版社，2011.

[13] 尹艳梅 . 新时代高校组织育人功能提升研究 [D]. 衡阳：南华大学，2022.

[14] 秦泽淼 . 新时代高校党组织育人功能研究 [D]. 大连：大连理工大学，2021.

[15] 文凡 . 高校组织育人质量提升研究 [D]. 武汉：华中师范大学，2020.

[16] 张茜 . 大思政视域下高校“十大”育人体系整体建构研究 [D]. 武汉：华

中师范大学，2019.
[17] 陈燕玲 . 新时代高校组织育人研究 [D]. 漳州：闽南师范大学，2019.
[18] 王娇，王仕民 . 新时代高校组织育人刍议 [J]. 学校党建与思想教育，2022（17）：49-51.
[19] 朱爱胜 . 论高校组织育人工作体系的建构 [J]. 学校党建与思想教育，2022（4）：91-93.
[20] 马顺圣 . 高校组织育人的意义，困境与路径 [J]. 教育评论，2022（2）：95-100.
[21] 汪力，李晓庆 . 高校组织育人的内涵与质量提升路径 [J]. 党政论坛，2021（3）：28-30.
[22] 梁红，余倩，石颖 . 基于“三全育人”的基层党组织育人功能探析 [J]. 教育观察，2021，10（26）：66-67，115.
[23] 赵保平，胡正友，陈云亮 . 新时代高校组织育人质量提升探究 [J]. 安徽工业大学学报（社会科学版），2021（1）：113-114.
[24] 盛春，汪力 . 提升新时代高校基层党组织组织育人质量的路径研究 [J]. 思想理论教育，2019（12）：74-79.
[25] 严帅，任雅才 . 新时代高校学生组织育人的功能内涵与实施路径 [J]. 学校党建与思想教育，2019（9）：32-35.
[26] 项久雨，王依依 . 高校组织育人：价值、目标与路径 [J]. 思想教育研究，2019（5）：115-119.
[27] 曹锡康 . 高校组织育人：现状考察与机制构建 [J]. 思想理论教育，2018（11）：91-95.
[28] 陈荣武 . 高校组织育人协同体系建构及其功能实现 [J]. 思想理论教育，2018（3）：95-99.
[29] 教育部 . 高校思想政治工作质量提升工程实施纲要 [EB/OL].（2017-12-06）[2024-03-12].http：//www.moe.gov.cn/srcsite/A12/s7060/201712/t20171206_320698.html.
[30] 中共教育部党组 . 关于加强新形势下高校教师党支部建设的意见 [EB/

OL].（2017-08-02）[2024-03-15].http：//www.moe.gov.cn/srcsite/A12/moe_1416/moe_1417/201708/t20170823_311692.html.

[31] 国务院 . 关于加强和改进新形势下高校思想政治工作的意见 [EB/OL].（2017-02-27）[2024-03-22].https：//www.gov.cn/xinwen/2017-02/27/content_5182502.htm.

[32] 新华社 . 让高校成为坚持党的领导的坚强阵地：习近平总书记在全国高校思想政治工作会议上的重要讲话持续引发热烈反响 [EB/OL].（2016-12-10）[2024-03-19].http：//www.xinhuanet.com/politics/2016-12/10/c_1120090838.htm.

[33] 习近平 . 把思想政治工作贯穿教育教学全过程 [EB/OL].（2016-12-08）[2024-03-26].http：//www.xinhuanet.com/politics/2016-12/08/c_1120082577.htm.